BANZHURENZHUANYEHUA
PEIXUNCONGSHU

班主任专业化
培 训 丛 书

U0866423

班主任必备的300个精彩教育故事品读

BANZHURENBIBEIDE
SANBAIGEJINGCAIJIAOYUGUSHIPINDU

杨连山 编著

天津出版传媒集团
天津教育出版社
TIANJIN EDUCATION PRESS

图书在版编目(CIP)数据

班主任必备的300个精彩教育故事品读 / 杨连山编著.
—天津:天津教育出版社,2013.9
ISBN 978-7-5309-7383-7

Ⅰ.①班… Ⅱ.①杨… Ⅲ.①中小学—班主任工作
Ⅳ.①G635.16

中国版本图书馆CIP数据核字(2013)第232005号

班主任必备的300个精彩教育故事品读

出版人 胡振泰

作　者 杨连山
选题策划 耿学明
责任编辑 齐　力
封面设计 郭亚非

出版发行 天津出版传媒集团
天津教育出版社
天津市和平区西康路35号 邮政编码:300051
http://www.tjeph.com.cn

印　刷 唐山天意印刷有限责任公司
版　次 2014年1月第1版
印　次 2014年1月第1次印刷
规　格 16开(787×1092毫米)
字　数 300千字
印　张 19.75

定　价 35.00元

前言

20世纪90年代初，笔者去江西参加一次全国班集体建设理论研讨会，一位知名校长，在介绍他的治校方略时，讲了一条经验："我要求我的老师们除了要有自己的代表课和代表作之外，还必须掌握100个教育故事。"他说："事实证明，这样不仅对提高教师专业素养发挥了重要作用，而且大大提高了教育教学的质量。"从那时起，我开始在读书读报时把遇到的听到的故事记在本子上，并写下了我读故事后的感悟和心得。十几年坚持不辍，积累越来越多。

在我长期从事的教师教育和班主任专业培训工作，及到各地讲学的近百场讲座中，经常引用一些故事阐述自己的学术观点，深受听众的欢迎和好评。2002年以来我又应邀参与中小学校长的专业培训，这种讲课风格又得到了组织者和校长们的高度肯定。许多校长和老师经常向我索要这些故事，并希望将其结集出版。这一切激励了我的写作热情，开始对所积累的故事进行分类，对品读故事写下的文字进行修改，并从中精选出300篇，分成十大类。分别是：

谁热爱学生，学生就由谁来塑造——师爱的艺术

有时宽容引起的道德震动比惩罚更强烈——宽容的艺术

在不显山不露水之中——暗示的艺术

袖手无言味更长——等待的艺术

让学生有话敢说，有意见敢提——沟通的艺术

智慧人生的结晶——应变的艺术

启动远航的风帆——激励的艺术

不愤不启，不悱不发——启发的艺术

没有惩戒的教育是不完整的教育——惩戒的艺术

学生不仅听你怎么说的更看你是怎么做的——身教的艺术

并把书名定为《班主任必备的300篇精彩教育故事品读》。在每部分前撰写

了画龙点睛式的导言。每个故事后都有深刻的品读，以引起老师们的深度思考和在实践中借鉴。

当前，教师教育逐步深入，教师专业化特别是班主任专业化水平不断提高对这类书的需求仍然很大。2006年教育部又颁布了《关于进一步加强中小学班主任工作的意见》，启动了“班主任培训计划”，我们希望通过本书的出版为广大教师特别是班主任提供一部值得一读的参考书。为老师们坚定教育信念，更新教育观念，提高专业技能，修炼专业智慧，以及为教师们在自己的专业岗位上，积极推进素质教育，贡献一点力量。该书得到了天津教育出版社领导和编辑的关注、指导，并得以出版，特表谢忱。

由于积累这些故事经历了一个长期的过程，当初也未曾想到出版，因此所选故事大部分未记录出处，只能借本书出版之际，向原创者表示歉意和感谢。另外首都医科大学教授赵世芳为本书提供了三十多个故事的精彩解读。中学高级教师杨照、赵朝晖也为本书提供了一些教育故事，在此一并表示谢意。

杨连山

2013年3月于天津华苑

目录

卷一

谁热爱学生，学生就由谁来塑造

——师爱的艺术

一个人可能很有智慧，但是，如果他从事教育工作仅仅是不得已而为之的选择，或只是一种暂时谋生的手段，那他就不会热爱教育事业，不会热爱他的学生，就会因为教师工作的艰巨、复杂而感到烦恼，甚至对学生中出现的问题缺乏耐心，控制不住自己的情绪，产生违背师德的行为，如此，何谈教育智慧。许多专业素养高的教师实践证明，只有热爱学生，才能把学生所犯错误视为其生命成长的必然，才能理解他们，并在尊重其人格的前提下，帮助教育他们，才能保持良好的心态，并从中孕育教育智慧。

教育应该是一个温馨又充满诗意的过程，应该是一个用爱来诠释生命成长的过程。作为教师，我们都深爱着自己的学生，然而，很多时候，我们总是在抱怨：我们那样辛苦、那样劳累、那样甘于清贫、那样不计名利，学生面对我们的良苦用心却是无动于衷。其实这一切的尴尬很可能是我们对学生的爱过于武断、包办和专制。对学生的爱是立场，爱的智慧则是一种境界。

说师爱的智慧是一种境界，是因为她不是一己之爱，她与爱生活、爱事业、爱人民、爱祖国紧紧地连在一起，这种境界，集中体现在以下三个方面。

博大的。博大的爱说的是要爱所有的学生，不管其家境如何，也不管学生是聪慧的还是迟滞的，老师要把自己诚挚的爱撒向每位学生的心田。这就是“博爱”，它体现了教育的公平和公正。

深刻的。深刻的爱说的是既要关注学生的智力，更应关注学生的态度、情感和价值观；既要关注学生的身体，更应关注其精神成长；既要关注学生的基础，更应关注学生学会创造；既要关注学生的今天，更应关注学生的未来，以体现师爱的深刻性。

艺术的。智慧的爱说的是能够用教育智慧去呵护学生的心灵，焕发学生生命的活力、使学生产生无穷的斗志。因此，师爱是一种艺术的爱，它能使学生如沐春风，快乐成长。

苏霍姆林斯基说："我一生中最主要的东西是什么？我会毫不犹豫地回答热爱儿童。"许多优秀教师的工作实践也证明了谁爱学生，学生就会交给谁来塑造。马卡连柯说："爱是一种最伟大的情感，它是在创造奇迹、创造新的人、人类最伟大的珍贵的事物。"智慧的师爱像一缕春风、一夜喜雨，能在"润物细无声"中教育人、打动人、唤醒人，从而收获一种心灵的对话、情感的沟通、思想的互动。智慧的师爱是用智慧启迪智慧、用情感陶冶情感、用思想影响思想、用人格塑造人格。之所以有如此神奇，是因为师爱是以尊重学生、理解学生、一视同仁、严格要求为前提，反映在教师工作的方方面面。

1. 从不喜欢的孩子做起

在美国一所小学里，汤姆森老师教五年级，开学时她对学生说："我是你们的老师，我爱你们每一个人。"说完之后，她有点心虚，因为她不喜欢其中一个小孩子。这个孩子叫泰迪，又脏又懒，上课从不认真听讲。

那天说了那句话之后，汤姆森老师想自己既然是泰迪的老师，又已经做出承诺，就应该兑现承诺，对他多些关心。于是她把泰迪的资料拿出来看。在泰迪的资料上，一年级老师写道：这是一个多么天真可爱的孩子，很喜欢他；二年级的老师也说：他是一个出色的学生，作业本干净整齐而且学习能力很强；三年级的老师说的情况却是：妈妈病重，爸爸不关心他，他的功课在退步；到四年级时，老师说：他妈妈去世，爸爸酗酒，他根本就不念书了，除非采取什么措施，否则这孩子就毁了。

了解到泰迪的不幸经历后，汤姆森老师开始真正关心起泰迪，常常找他谈话，鼓励他。那年的圣诞节，每位学生都为老师准备了圣诞礼物，并且包装得漂漂亮亮。轮到泰迪送礼物时，全班同学哄笑起来。泰迪的礼物是用牛皮纸袋包起来的。老师接过礼物让大家安静，然后打开，里面是一串石头项链，有的地方还缺了几颗，另有半瓶香水。汤姆森老师拿起项链戴在脖子上，又用香水喷了两下，说："我好喜欢这瓶香水。"

下课后，泰迪没有走，他留下来对汤姆森老师说："看到老师带着这条项链，我想起了我的妈妈，这香水是我妈妈最喜欢的，闻到它的味道，我觉得好高兴。"泰迪走后，汤姆森老师趴在桌子上哭了。

一年后，孩子们要毕业了。一天，从门缝里塞进来一个信封，汤姆森老师一看，是泰迪写给她的，信上说："你是我最好的老师。"六年过去了，汤姆森老师又收到泰迪的信，他已经中学毕业了，信里说："我是以全年级第三名的成绩毕业的。你是我遇到老师中最好的。"四年之后，泰迪又写信来，说他以优异的成绩大学毕业了，还是说"你是我最好的老师"。又过了四年，已经做了医生的泰迪又来信，信里除了再次说"你是我最好的老师"之外，还加了一句："我认识了一位女孩子，我要和她结婚了。你可不可以来参加我的婚礼，并且坐在我家长的位置？"汤姆森老师当然很愿意去。在婚礼仪式结束后，汤姆森老师走上去和新郎拥抱并祝福他，泰迪轻声说："谢谢你对我有信心，没有你就没有我的今天，你改变了我的一生……”汤姆森老师再也忍不住了，哭了出来，她说：“泰迪你错了。是你改变我的一生。如果没有你的话，我还是会把改作业、批考卷这些当做最重要的事情，而把人放在一边。认识你以后，我才知道，最重要的是我能够去关心别人，有热忱，让孩子们感到被尊重，成为一个自信的人。”

今天泰迪已经成为美国爱荷华州一个地方基督医院的院长，有一整幢楼是以他的名字命名的。

品读：这个故事告诉我们具有爱心的老师是最好的老师，热爱所有学生的班主任是最好的班主任！换句话说，在一个好教师的眼中，每个学生都是可爱的，因为他对待每个学生也都是一视同仁的，即使是不讨人喜欢的学生，他也能给予真诚的关爱。

然而，要真正成为一个好教师，又确实不是一件容易的事情。因为，爱不是打着“严师出高徒”的旗号，对学生百般训斥、求全责备；爱，不是打着“为学生的前途着想”的旗号，对学生搞题海战术；爱不是刻意的表演，爱应该是心田里自然流出的甘泉，是一种无私的奉献，是一种实实在在的人文关怀。当你真爱学生时，你就能充分地理解、尊重、信任学生，就能毫不犹豫地为学生付出自己的一切，并从不企求回报。所以，一个“爱”字说起来容易，爱所有的学生很难，毕竟学生是千差万别的，不讨人喜欢的学生是客观存在的。作为一个常人，面对不讨人喜欢的学生，爱的情感是很难产生的。

作为教师，能像汤姆森老师那样被学生称为“最好的老师”，那真是无比的光荣和骄傲！要成为这样的好教师，就应该立刻行动起来，从修炼自己的爱心入手，从关爱不讨人喜欢的学生做起！

2. 一字师

陶行知去南通州推广“小先生”制，写了一篇演讲词，其中有一段：“读了书，不教人，甚么人？不是人。”他讲完后，一个小孩子马上说：陶先生，你的演讲最好把“不是人”改为“木头人”，“木头人”比“不是人”更好。因为“不是人”三个字不具体，桌子不是人，椅子不是人，而“木头人”能给我们一个具体的印象。陶先生非常高兴地说：小孩子也都有创造的能力。他还介绍了晓庄学校停办后，没有老师了，那里的孩子自己组织起来，推举同学做校长、当教员，自己教、自己学、自

己办,并自称自动学校。陶行知称“这是中国破天荒的创造”,为此,写下了一首诗祝贺他们:

有个学校真奇怪,\大孩自动教小孩。\七十二行皆先生,\先生不在学如在。并寄给晓庄的孩子以表赞扬。第三天孩子们回信表示感谢,并说诗中的“大”字应改为“小”,并说:“大孩能教小孩,难道小孩就不能教大孩吗?大孩能够自动,难道小孩不能自动吗?而且大孩教小孩有什么奇怪啊?”陶先生说:“我马上把他改为‘小孩自动教小孩’,这样一改,是更好了。农村小孩改留学生的诗,又是破天荒的证明,证明小孩有创造力。”与此同时,陶先生还写诗告诫大人们不要小看小孩子的创造力:

没有父母带,\先生也不在。\谁说小孩小?\划分新时代。

人人都说小孩小,\谁知人小心不小。\你若小看小孩子,\便比小孩还要小。

品读:读了这个故事,让我十分感动,作为伟大的人民教育家,其最本质的特质就关爱学生、尊重学生,向自己的学生学习。一位伟大的人民教育家都能虚心接受学生的意见,并称学生是自己的“一字师”,这无疑是我们教师的楷模。这个故事也足以让我们的青少年朋友们坚信创新绝不只是科学家们的专利。他们的创新意识会大大增强。

3.你不去上学我会想你的

某小学一年级新生,还不适应学校生活,经常赖在家里不去上课,父母一筹莫展。为此,老师登门家访。学生对老师说:“我不愿意上学!”老师微笑着说:“你不去上学,我会想你的!”学生高兴极了,从此每天都早早地来到学校,她对同学们说:“老师可喜欢我啦,我不来上学老师会想我的!”

品读:“你不去上学,老师会想你的!”好让人感动啊,难怪学生会天天早早来到学校,不仅改掉逃学的毛病,而且还产生了一种自豪感,“我不来上学,老师会想我的。”老师的话语好似一股春风温暖了学生的心。

记得法国作家拉封丹曾写过一则寓言。

讲的是北风和南风比威力,看谁能把行人身上的大衣脱掉。北风首先来一阵猛烈的寒风,结果不仅没有把行人的衣服吹掉,反而使行人为了抵御凛凛寒风的侵袭,把大衣裹得更紧了。南风则徐徐吹动,顿时暖风习习,行人因之觉得春暖上身,始而解开纽扣,继而脱掉大衣,南风获得了胜利。这就是心理学上的“南风效应”。

在我们从教生涯中,教育学生何尝不是如此呢?你看,教师为了“脱掉”学生身上那无知无识的土气、道德缺失的流气、独生子女的霸气,认真地工作着,然而,不同的教师在工作成果上却大相径庭。有的学生甘心情愿地“接受改造”,终成社会栋梁;有的则阳奉阴违,依然故我;还有的顽固不化,甚至变本加厉。

为什么会出现如此不同的结局呢?原因无非是来自教育者和被教育者两个方面。被教育者暂且不议,教育者的问题出现在何处呢?也许,上边讲的故事和“南风效应”对我们会有启发。

4.“你没到的时候,老师可挂念你了。”

有位男生经常迟到,每次总是迟到一两分钟,而且一副满不在乎的样子,被老师批评时还满腹委屈。一天,迟到的他在楼道里又遇到了班主任,这一次老师没有指责他,只是温和地问他现在才来,是不是路上不顺,孩子马上点头并举出证据。老师看着他说:“是啊,现在路上确实不好走。所以每次到班里,看到你的座位空着,我心里就不踏实,直到你来了,才放下心。你没到的时候,老师可挂念你了。”孩子什么也没说回到座位上,奇怪的是从此再也不迟到了。过了几天班主任突然接到了男孩妈妈的电话。妈妈说那天孩子放学回来问:“妈妈,我上学骑车过两三个路口,您挂念我吗?”妈妈说:“都这么大了,还挂念什么?”男孩沉默了一会儿,忽然说:“可老师看不到我的时候,就挂念我。”当天晚上,男孩自己上了三个闹钟,并且从那天起,每天都早早起床上学,再也不用妈妈催促了。

品读:这个故事与上个故事有异曲同工之妙。读了它,让我们在感动之余,也会让我们更加坚信:“不是槌的击打,乃是水的歌舞,使鹅卵石臻于完美”这句名言。我们教师能做的就是关爱孩子,耐心地等待他们生长。现在的孩子压不住、吓不住,骗不了,因此,权力型教育开始渐行渐远,而对教育智慧的要求已经提到了班主任专业发展的日程。作为班级管理者的角色,要求我们要有一定的技术含量,班主任工作不仅去做,更需要用心去做。要在孩子的心灵里埋下一颗爱的种子,就需要教师先去爱他们。

5.26个孩子和一道题

这是一则鲜为人知的真实故事。

在新泽西州的一座小镇上,一所学校有一个由26个孩子组成的班级,班里所有的人都有不光彩的历史,有人吸毒,有人进过少管所,有个女孩子甚至一年内打过三次胎,家长没法,学校和老师几乎放弃了他们。

就在这个时候,一位叫菲拉的女教师接手这个班。开学的第一天,菲拉没向别人那样首先整顿纪律,来个下马威,而是给大家出了一道题。

有三个候选人,他们分别是:

A.笃信巫医,有两个情妇,有多年的吸烟史,而且嗜酒如命;

B.曾经两次被赶出办公室,每天要到中午才起床,每晚要喝一公斤的白兰地,而且有过吸食鸦片的纪录;

C.曾是国家的战斗英雄,一直保持素食的习惯,不吸烟,偶尔喝点酒,但大都只是喝一点啤酒,年轻时从未做过违法的事。

菲拉要求大家从中选出一位在后来能够造福人类的人,毋庸置疑,孩子们都选了C。然而,菲拉的答案却让人大吃一惊:你们都错了。这三个人是二战时期三个著名的人物,A是富兰克林·罗斯福,身残志坚连任四届美国总统。B是温斯顿·丘吉尔,英国历史上最著名的首相。C是臭名昭著的阿道夫·希特勒,一个夺去了几千万无辜生命的法西斯恶魔。

菲拉接着说:"你们的人生道路才刚刚开始,过去的荣辱只能代表过去,真正能代表人一生的是他的现在和将来的所作所为,从过去的阴影里走出来吧,从现在开始努力吧……"

正是菲拉的这些话,改变了26个孩子一生的命运。后来孩子们长大成人,其中许多人都在自己的岗位上做出了骄人的成绩。

品读:教书育人,"百年大计",可谓兹事大矣。假如育人没有人类文明的素养,育人的效果就大打折扣。菲拉接手的班比我们所谓的"差班"还要"坏",然而学校没有遴选一位年轻力壮的体育老师当班主任,班主任也没有选一个有"拳"威的孩子当班长。菲拉既没有压,也没有打,却改变了这26个劣迹斑斑的孩子的命运,这到底是什么原因呢?

古话说“哀莫大于心死”。这26个孩子劣迹在身,可以说属于心灰意冷的人。不过,菲拉老师深知他们不是天生的心“死”者,而是因为过去犯过错误之后,长期受人奚落,遭到歧视,得不到关怀和温暖,看不到前途和希望。她深信只要把他们放在一个良好的集体中耐心做思想教育工作,给予应有的尊重和信任,使他们感受到集体的温暖、同伴的情谊,认清前进的方向,看到光明的前途,丧失了的自尊心是能够逐步恢复过来的。因此,她巧妙地运用这道非常典型的题目唤醒他们的“人性”使其懂得了过去的荣辱只能代表过去,从而从阴影里走了出来。用这道题目令人叫绝,充分显示了她高超的智慧,其教育结果也着实令人信服。

人们所熟知的苏联卫国战争中不朽的人民英雄马特洛索夫(1924年—1943年),他从小失去父母,缺少家庭教育,导致屡次违法犯罪,被儿童教养院收容,经过悉心管教,他终于树立了正确的荣誉感,痛改前非,不辜负教师谆谆教导和期望。前苏联卫国战争爆发后,他先入步兵学校,随即志愿上前线,在战斗中用胸膛堵住敌人碉堡上的枪口,为连队进攻开辟了胜利的道路。

菲拉育人的做法,虽不是放之四海而皆准,但却是最佳的。我感叹我们某些教育的不得法,的确应从菲拉身上吸取些经验,使自己变得更聪明点。

6. 因为爱

25年前,有位社会学教授,曾叫班上一群学生到一个贫民窟,调查200名男孩的成长背景和生活环境,并对他们未来的发展作一个评估。结果每个学生得出结论都相同:“这些贫民窟的男孩不会有出头之日的。”

25年后,其中一个大学生成了教授,他无意中在办公室的档案中发现了这份研究报告,他很好奇地想知道这些男孩的现状到底如何,因此他叫自己的学生继续追踪调查。

调查结果是:这些男孩已经长大成人,除了有20人搬迁和过世,剩下的180人中有176名都有很好的工作,而且还有一部分人成就非凡,其中担任律师、医生和企业家的比比皆是。

这位教授颇感惊讶,决定深入调查此事。他拜访了当年被评估的那些人,问道:“你今天能成功的最大原因是什么?”结果每个人不约而同地回答:“因为我遇到了一位好老师。”

教授终于找到了这位虽然年迈,但仍然耳聪目明的老师,请教她到底用了什么办法,能让这些贫民窟长大的孩子各个出人头地。

这位老太太眼中闪着慈祥的光芒,嘴角带着微笑回答道:“其实也没什么,我爱这些孩子,我尽全力给他们尽可能多的文化知识和做人的道理,事情就是这样。”

品读:无需过多的分析,这个故事已经令人信服地说明了是爱的力量,使这些孩子能够出人头地。“谁爱孩子,孩子就接受他的‘塑造’。”因为爱可以融化冷漠和绝望,爱可以使学生懂得爱自己、爱生活、爱母亲、爱祖国。有了这种爱就会创造人间的奇迹。爱学生不仅要给他们尽可能多的知识,更要使他们懂得做人的道理。对学生的爱可以改变他们的人生,使他们从悲惨的命运中解脱出来,甚至创造出种种的人间奇迹。

7. 让学生承受挫折

美国一所学校的女教师第威夫人在与一位学生家长单独面谈时,大大地赞扬了学生一番后,把话题一转说:“对于克莉斯蒂这样优秀的学生,我唯一的担心是如果有一天她的成绩报告单上有一个甚至几个B,她会怎样处理这个事情呢?”

一直以女儿优异成绩感到自豪的家长,听着老师的话,很有些被一语惊醒的样子。接着,第威又给学生家长讲了自己亲历的故事:她的女儿曾经是个非常优秀的学生,门门功课都拿A。可是上了高中以后,由于功课越来越难和一些其他原因,成绩单上也有几个B了。女儿无法承受自己在学习上失去优势的事实,便想方设法寻找能让自己最出色的方面。最后,她终于找到了——那就是节食。其结果可想而知。女儿差点连命都丢掉了。幸亏父母发现得早,千辛万苦总算把她救了过来。第威老师给这位学生家长讲了她的打算,并说在实行这个计划之前,需要得到家长的允许:她准备有意给克莉斯蒂增加学习和考题的难度,让她的成绩单上至少有一两个B。她要观察克莉斯蒂的反应。第威老师认为培养孩子承受挫折的能力和建立自信心是非常重要的。

品读:目前,老师和家长有一个共同的倾向,即重视孩子智力的发展,却忽视他们承受挫折能力等非智力因素的培养。殊不知,各种挫折或不如意才是生活的常态,对此,一旦精神准备不足,后患无穷。

现在的孩子在生活中不缺少父母亲情之爱、老师欣赏之爱、家人关心之爱,缺少的是面对挫折、困难如何去承受的能力。老师在教育过程中,应有意设置一些障碍,让他们体会跨越障碍的艰难与痛苦;对那些优秀学生,也要适当让他们经受一些挫折,引导他们越挫越勇,形成健康的心态。挫折教育不仅必要,而且是当务之急。因此,当我读完了这个故事之后,这位美国老师的做法的确是一种明智的选择,是非常正确的,也是师爱的一种升华——深刻的爱。

8. 保护

教育家苏霍姆林斯基讲过这样一个平凡而又惊心动魄的故事。这件事发生在小学一年级某班。孩子们正在做作业,独立解答习题,班上一片寂静。突然,不知谁说了一句话:“季米特里克的爸爸关在牢里。”这个“新闻”打破了教室的寂静。

教师警觉地从座位上站了起来。说话的是季米特里克的同桌佩特里克。“他爸爸在牢里已经蹲了三个月了。”佩特里克继续向全班同学发布“新闻”。由于意外,教师还来不及考虑到底怎么回事以及如何应对。教师发现季米特里克脸色发白,手中的钢笔也掉了下来,以央求的目光望着他。此时,所有的孩子也同时望着教师。有的被这突如其来的“新闻”惊得目瞪口呆,有的却在小声交头接耳。

“没有什么奇怪的。”教室里更加寂静,教师顿了一下又接着说,“季米特里克的爸爸是个玻璃工,他还为我们学校安过玻璃,记得吗?监狱里的玻璃每逢暴风雨就损坏一批……他的爸爸是被派到监狱里安玻璃的。这个工作并不是很快就能做好的……”教师的一席话,使班上的紧张气氛缓和了不少。季米特里克的眼里闪着感激的泪光。

品读:这个故事无疑是这位教师向孩子们编造的一个美丽的谎言:让季米特里克的爸爸“到监狱里安玻璃”。他靠教育智慧保护了季米特里克脆弱的自尊心;他以一颗善良的心拯救了一个孩子的灵魂。苏霍姆林斯基所讲的这个偶发事件,在每个学校,每个班级都有可能发生。这种事件的偶然性,对教师的敏感性、果断性和机智性是一个不小的考验。这位老师用了一个美丽的谎言呵护了学生受伤的心灵。敏锐地发现、机智巧妙地处理这种偶发事件,是教师爱心和智慧的体现。教育关键要呵护学生的心灵,特别是在涉及他们隐私和自尊的种种小事上,教师是精心呵护幼苗健康成长的园丁。这种呵护,无疑是小心翼翼触及学生稚嫩心灵的细致的工作,切莫粗心大意。

9. 心中有花

初接班时,老班主任给我送来几个孩子的名单,并告诉我:某某是"混世魔王"、"偷鸡摸狗"、"打架斗殴"、"无恶不作",常有家长、邻班同学、老师找上门来;某某是"难缠户",平时一言不发,上课从来不听讲,作业从来不交,请家长请了一年都没"请"来一次……旁边老师也好心地对我说这个班差透了,年年换班主任。刚毕业的我一下懵了,这该咋办?我拿着名单,去找校长说。老校长听后笑了,看了看我手里的名单,讲了一个改变我一生的教育故事。

两人坐在岸边晒太阳,甲问乙:"你看我现在像什么?"乙说:"你现在的样子很像一朵美丽的花。"乙反问甲,甲眼珠一转说:"你现在的样子像一堆烂泥!"乙笑了笑没再说什么。甲回到家,得意地对他父亲说了。这时,父亲说:"孩子,难道你不明白?人家心中有花,所以看你像花;你心中有泥,所以看别人如泥!"

校长一言不发地走了,留下目瞪口呆、思绪万千的我!"心中有花",我默默地念着,我不能过早地给孩子们贴上标签,打上烙印,孩子毕竟是孩子,我把名单撕得粉碎,心中豁然开朗,眼前竟然出现了一幅美丽的师生同乐图景。于是我轻松地走进教室。早晨,我与孩子们一起忘情地晨读;课堂上,我和孩子们一起"没大没小"地争论不休;课间,我和孩子们一起嘻嘻哈哈、吵吵闹闹;周末放学回家,我和孩子们一起嬉笑玩耍,玩成语接龙,幸福无比。不管名单上的哪一号,都是那么的可爱、本真和帅气!果然"满眼是花"。

这个故事告诉我们,只要我们心中有花,就能悉心听到花开的声音;不管花种如何,精心就能培育出灿烂的鲜花。"混世魔王"原来是电脑高手,一张张电脑绘画呈现在教室里,是那样耀眼夺目,孩子们的掌声是那么持久、真诚;"难缠户"原来是"书痴",在班会上竟然破天荒地背诵了法布尔《昆虫记》的片段,原来他的声音是那么的好听……

品读:这个故事告诉我们,孩子们心中有花,班级一下子就生动起来,格外灿烂,仿佛一个大家庭,其乐融融。班主任心中有花,感染孩子们心中有花,是班主任班级管理的第一"锏"。而且这个故事还生动地说明了,只要教师树立正确的学生观,就能和学生打成一片,只要老师热爱学生就能有良好的师生关系,任何困难都可以迎刃而解,教育智慧也会从中形成。

10. 打赌

这个学期我们班上新转来了一位学生,长得可惹人喜欢了,脑子还挺灵活,上课的时候常常会冒出许多别人想不到的妙句,但他就是嘴勤手懒,每次作业都是马马虎虎地完成,任你三令五申,管你苦口婆心,他却表面一套——俯首认"罪",背后一套——我行我素。每天的作业还是脏脏的,马马虎虎的,真是让我又爱又恨。

"我敢打赌,你输定了!"瞧他,又拍着胸脯和同学吹开了。打赌,又是打赌!哎,对了,不如将计就计,我也和他来个打赌。

于是,我把他叫到办公室。

"志超,老师也想和你打个赌。你看怎么样?"

他愣愣地看着我,好一会儿才半信半疑地问:"老师,你是真的……要跟我打赌?"

"当然啦,怎么? 不敢啦?"

"行呀! 打什么赌? 我肯定赢!"他很有把握地说。"那可不一定。"

"你快说赌什么?"志超有点迫不及待。

"假如你赢了,我就送你一本《蓝猫淘气三千问》。"我故意卖关子。因为我知道这小子喜欢看书。

竟有这等美事! 他乐得简直有点手舞足蹈了。要知道,这书对他的诱惑可大了。

"假如你在一个星期里,把作业认认真真完成,作业保持干净,就算你赢。"

"这……其实也很容易……嗯,老师,我敢和你打赌,你输定了。"他又拍起了胸脯。

我笑着,没有说话。

想不到志超这孩子还挺守信用,一个星期的作业都是干干净净、整整齐齐的,虽然有时字写得差一点,但是从笔迹上看得出他是很认真去完成作业的。让他订正,让他重写,他再也不说二话。我当然也要履行自己的诺言,我把书送给了他。那一刻,他显得非常兴奋,几次欲言又止。

一个星期后,我什么也没说,志超每次作业都完成得特别好。我好几次注意看他,他总会用眼神告诉我他的自信,告诉我他一定会做得更好。

我知道,这一次他赢了,我也赢了。

品读:读完发生在师生之间的故事:师生打赌,学生赢了这毫无疑问,那么,老师赢在哪里呢?用打赌的方式激励学生改正缺点,既符合学生的心理特点,又充满了情趣,表现了老师爱学生的品质。

11. 天使般的微笑

肯特·基恩是英国牛津大学著名的心理学教授,他的学术成果曾多次获得过国际大奖。可他小时候是个捣蛋、不爱学习、极爱报复的孩子,许多人讨厌他。自从学校来了一位新老师后,他变了。因为这位新老师赞扬他热情、灵活,让他十分感动。老师还经常予以天使般的微笑,这让他觉得老师是上帝派来的。因此,他决定做一个上进、体面的人,因为他知道天使正在注视着他。

品读:当教师说:"我来教你"时,学生会保持警惕;而当你把爱和真诚展示给学生时,学生会回报你爱与真诚。

每一个儿童都是一个珍贵的生命,每一个学生都是一幅生动的画卷。素质教育首先是充满感情的教育,一个受学生爱戴的老师,一定是富有人情味的人。因此,一位好的教师不仅要传道、授业、解惑,还要启发孩子的良知以完美的人格影响学生,要用爱面对每一天、每个人、每件事,以爱心、耐心及平常心来教学,让教育走进学生的心灵,给每个孩子全面的关怀,让他们快乐成长并获得全面发展。只有学生是快乐的,老师才是幸福的。

12. 学生遇到尴尬时……

那天上课,我提了个问题,学生争先恐后地举起手来回答。令我惊喜的是,一向性格内向、不善言辞的文静也把手举得高高的。“下面,请文静同学起来回答。”我微笑着说。“哐”就在她站起来的同时,却不小心把凳子绊倒在地上。顿时,教室里笑开了花,文静的脸也羞得通红。“如果让她坐下,内向的她以后可能更没有勇气起来回答问题;如果批评其他同学,让他们保持安静,认真听文静的答案,这样又会伤害她的自尊。怎么办呢?”老师急中生智:“文静同学的开场白与众不同,她的答案也一定很精彩,同学们愿不愿意听听呢?”“愿意。”同学们异口同声地说。老师见缝插针:“那大家为文静同学鼓掌。”文静沉思片刻后,通红的脸露出了一丝喜悦,正确流利地说出了答案。掌声又一次响起,文静也高兴地扶起凳子坐了下来。

品读:这位老师当时没有在文静遭遇尴尬的时候让她坐下,也没有批评其他同学,间接伤害她的自尊。一句略带幽默的语言,竟然为一个害羞的女生解除了尴尬,增添了信心,这让我们赞叹不已,同时也让我们教师们明白了,作为一名教师,在学生遭遇尴尬时,要想方设法给他们一个台阶。这就是一种理智而深刻的师爱,是教育智慧的体现。

13. 教师的吻

罗斯是个品学兼优的学生,毕业典礼上,女教师让罗斯致词后觉得很棒,当即亲吻了他的额头,预祝他努力走向成功。

此时,女教师的吻使一位比罗斯小的同学非常羡慕,他对女教师说:“我也应该得到你的一个吻,因为我各方面并不比他差。”

女教师对男孩的话表示理解。她当即表示,如果小男孩今后各方面都能像罗斯一样出色,也一定奖励他一个吻。男孩十分自信地说:“肯定行。”

以后,小男孩发奋学习,从各方面严格要求自己,成为一名品学兼优的孩子。后来,美丽的女教师终于在同学们面前,满足了小男孩的愿望,奖励了他一个特别的吻。这个小男孩就是后来成为美国第三十三、三十四任总统的哈里斯·杜鲁门。而非常有趣的是,那个叫罗斯的学生,竟成为杜鲁门总统负责文字出版工作的助手。

品读:这个故事委实令人感动,它使人深刻感到师爱的崇高伟大,这位女教师对学生一视同仁的由衷的爱，对学生说到做到的诚信具有多么巨大的教育和激励功能！善于赏识，由衷热爱自己的学生吧，并用你的方式去激励自己的学生。

14. 感谢霍奶奶

被誉为“中国教育家”的霍懋征老师，讲过这样一个故事：她在北京第二小学任教时，她班上的一个男生拿了同学的钢笔，霍老师知道后，没有责备，也没有声色俱厉的批评，而是自己掏钱买了一支送给了这位学生，并说：“我知道你喜欢钢笔，这支钢笔就送给你。我也知道人家的东西你肯定不会要，趁别人不注意，你一定会送回去的。”几十年后，这位学生带着自己孩子来看老师，一进门就跪在霍老师面前对孩子说：“没有霍奶奶，就没有你爸爸的今天。”

品读：当学生知道自己犯错误的时候，内心有一种接受惩罚的准备，这是一种心理需求。因此，对犯错误的学生得当的处理，又不伤害其自尊心，是教师工作成败的关键。面对拿了别人东西的学生，一旦把这种行为与“偷”字联系起来，足以击碎其脆弱的心灵，使其背负终生，霍老师用一颗爱心巧妙地维护了学生的人格尊严，呵护了学生的自尊心，同时也给这个学生指明改正错误的方法。这种别致的批评方式，具有十分高超的艺术性和感染力。

15. 这个秘密

北京景山学校的一位老师，上课后过了二十分钟，孩子们累了。老师要求孩子趴在桌子上休息一会儿，谁趴得最好，老师就摸一下他的头，每个孩子都觉得老师摸了自己的脑袋瓜儿，似乎只有自己独享老师的爱抚。其实老师在每个孩子的头上摸了一下——这个“秘密”孩子们谁也不知道。

品读：儿童都希望得到老师的夸奖，而爱抚是一种无声的夸奖。但是，如果把每个人都夸一遍等于不夸。反过来，如果只夸一两个而置大多数表现较好的学生于不顾，就可能使大多数学生得不到鼓励而激不起上进心，个别学生也可能滋生骄傲情绪。这个故事,恰好表现出这位教师高超的教育艺术。孩子们趴在桌子上,只觉得老师抚摸了自己,以为别的学生脑袋没被老师抚摸,因而,每个学生都觉得自己做得最好,是老师心目中最好的学生而得到心理上的满足,进而产生激励的效应。

16. 真爱无声

盘圭禅师是一位诲人不倦的禅宗大师。一次,他的一名弟子行窃时被当场抓获,其他弟子纷纷要求盘圭禅师把此人逐出佛门,但盘圭没有理会。不久之后,那名弟子恶习不改,再次偷窃又被抓获,众徒再次请求盘圭进行惩治,盘圭依然不予发落。众徒十分不满,联合写了份陈情书,表示若不将窃贼开除,他们就集体离开。盘圭读了陈情书,把弟子全部招来,对他们说:"你们都是明智的人,知道什么是对,什么是不对,只要你们高兴,到什么地方去学我都放心。但是你们这位兄弟连是非都还分不清,如果我不教他,谁来教他?我要把他留在这里,即使你们全都离开。"

热泪从那位偷窃者的眼中涌出,涤净了他的心灵。从此他偷窃的冲动如烟消散。

品读:这才是无私的爱,是像大海一样宽容的胸怀。教育,从本质上说是一种充满人文情怀的、一个生命对另一个生命的无私关爱。这是教育的核心。真爱,是宽容,是耐心,是感化,是等待,是教育的上上策。

教育,需要呼唤爱的回归,需要一个充满爱的心灵去震撼另一个心灵。盘圭禅师的故事不仅昭示了这样的至理,也用完美的结局证实了:爱是一种无声却有理的教育。

慈悲为怀,宽容待人,这是佛家的根本。我们教师也应牢记这一原则,做到真爱无声、宽容至上。

17. 师徒

有一回,日本歌舞伎大师勘弥扮演古代一位徒步旅行的百姓,正当他要上场时，一个弟子提醒他说：“师父，您的草鞋带子松了。”

他回答一声：“谢谢你呀。”然后立刻蹲下，系紧了鞋带。

当他走到弟子看不到的舞台入口处时，却又蹲下，把刚系紧的带子复又弄松。

显然他的目的是以草鞋带子的松垮，来试图表现这个百姓长途旅行的疲劳。

正巧那天有位记者到后台采访，看见了这一幕。等演完戏后，记者问勘弥：“你为什么不当时指教学生呢，他不懂得演好这出戏的真谛呀。”

勘弥回答说：“别人的亲切关爱与好意必须坦然接受，要教导学生演戏的技能，机会多的是，在今天的场合，最重要的是要以感谢的心去接受学生的提醒，并保护他的自尊。”

品读：从大师的言行中我们是否可以收到这样的启发：教育应该是一个温馨而又充满诗意的过程，应该是一个用爱来诠释生命成长的过程。作为教师特别是班主任，无疑都深爱着我们的学生。然而，很多时候，我们总是在抱怨着，我们那样辛苦、那样劳累、那样甘于清贫、那样不计名利，而学生们面对我们的良苦用心却似乎总是无动于衷。其实，这一切的尴尬都只因我们对学生的爱缺乏一种智慧，甚至爱得过于武断、包办和专制。师爱需要尊重、理解，更需要感谢。

对学生，爱是立场，爱是智慧，爱是境界。

智慧的师爱应该学会保护。

18.“偷”试题的老师

一位特别爱学生的老师，在他做初中班主任的时候，班上有一名学生功课不好，见到考试就害怕，常常借故“逃考”。尤其是数学考试，哪怕是小测验，也要提前两天“装病”，数学成绩总是红灯高悬。

一次又要考数学，袁老师提前三天，从数学老师那里“偷”了一份试题。手把手地教这位学生答题，从头到尾，无一遗漏。考试的时候，这个学生把老师教的几乎忘了一半，但是还好，考了71分，这简直是破天荒的事！

接下来的一次考试，又从数学老师那里“偷”了一份试题。但告诉这位学生：“我实在没时间，这份试题你自己琢磨。”于是他借了别的同学的听课笔记，翻了自己的教科书、练习册，甚至绕着弯子向其他同学请教。考完了，他得了80分，用数学老师的话说,“简直是奇迹”!

接下来的一次考试,这位学生突然拒绝老师“偷”的试题了。他说,他已经认真听课,作业一次都没有少做。袁老师由衷地赞扬了他,并用星期日一天的工夫,和他一起复习那个章节。

这次考试,尽管这位学生只得了63分,但挂在他脸上的是很久没有的灿烂的笑容。

品读:对孩子的爱心可以使教师变得聪明起来,教师越是认识理解学生的可爱,爱和爱的激情越强烈越充沛,教师的智慧就越深刻、越完整。

19. 智慧的谎言

二战期间,一个犹太父亲和儿子进了集中营。在那黑暗、灭绝人性的地方,他害怕会毁了儿子的童年,让他一生都蒙上阴影。所以,在去集中营的路上,他告诉孩子:要去一个特殊的地方,玩一个游戏,营里所有的人都是游戏的参与者,所有的人,都将会庆祝他的生日。

年轻的父亲假装会说德语,为儿子翻译穿着制服大喊大叫的德国卫兵的话。那些辱骂、呵斥都是游戏的一部分,规则是孩子不能整天念叨着要妈妈,并且,不能让穿制服的人看见自己哭了。做到了,就可以得分,否则就扣分,分数足够了,他就可以赢得这场游戏,还有一份特别的生日礼物,一辆装备齐全的坦克。

那可爱又可怜的父亲,为了维持这个谎言,煞费苦心。他不得不面对艰难的生活,在极度暴力、恐惧中欢声笑语,给孩子一个童话的世界。日子在谎言中过去,好不容易熬到纳粹下台的前夕,父亲把儿子藏在垃圾桶里,告诉他这是游戏的最后部分,你熬过去了,就可以得到那辆坦克。

品读:读了这故事,你能说父亲是在向儿子撒谎吗?当然不会,在这个艰难的过程中,充满着父亲对儿子的挚爱,我们也可以领悟出,这特定背景下的“谎言”,不是“欺骗”而是一种智慧。

生活中应该讲诚信,但在有些时候,能讲一点善意的“谎言”也是十分必要的。在教育过程中,这样的“谎言”还会产生很好的效果,因此,许多人都将其称为“智慧的谎言”。

20. 亲吻出的画家

一天,母亲有事要出去,临走,她交代儿子照顾好正在睡觉的妹妹。母亲走后,百无聊赖的小男孩发现了几瓶彩色墨水,他很好奇,忍不住打开瓶子。看到妹妹还在熟睡,于是,小男孩开始在地板上画起了妹妹的肖像。不可避免地,室内各处都被洒上了墨水污渍,家里变得脏乱不堪。

母亲回来,色彩凌乱的墨水污渍充斥着她的眼睛,但她也发现了地板上那张画像——准确地说是一片乱七八糟的墨迹。她惊喜地说道:“啊,那是莎莉。”然后她弯下腰来亲吻了她的儿子。

这个男孩就是本杰明·威斯特,后来成了一位著名的画家,他常常骄傲地对人说:“是母亲的亲吻使我成了画家。”

品读:有些家长和教师,当看到这种糟糕的场面时,往往缺乏耐心更缺乏发现。不能发现这“乱七八糟的墨迹”中饱含着创造的意识。甚至缺乏耐心地责怪孩子,一个天才就会在这责怪声中被扼杀。我们要学习这位了不起的母亲。

21. 约 定

故事发生在小学校里。课堂上老师提问的时候,一名同学总是举手,可老师叫他起来的时候他却答不上来,引得下面的同学窃笑不已。

老师找到他,问他为什么要这样做,他说如果老师提问时他不举手,同学们会在课下叫他傻瓜。于是,这个老师就和他秘密约定:“以后回答问题,要是你不能回答就举右手,能回答就高高地举起你的左手,怎么样?”学生信心大增,当他真会的时候就高高地举起左手,不会的时候就举起右手。渐渐地,这名同学越来越多地举起他骄傲的左手,越来越多、越来越好地回答出老师在课堂提出的问题。这个原本可能在太多的嘲笑中沉沦的孩子,也由一个差生转变成了一个好学生。

品读:被重视、被关爱是青少年强烈而又合理的心理需求,满足他们的需求可以激励其奋发向上,对成长期的学生尤为重要。所以教师在施教中应该高度重视。本案例看似普通的一个师生约定,却包含了老师对学生阳光雨露般的爱,和由爱而产生的教育智慧。我们教师从这个故事中要学会尊重、信任、宽容学生,使他们产生积极向上的愉悦心境。须知一个不懂得适当表达师爱的教师,可能会毁掉学生美好的未来。

22. 大 爱

一天早晨,教师发现教室里的两块玻璃昨晚被风刮破了。他很生气,认定是值日生走时没有把窗户关好。学生却生生地说,昨晚放学时,教室有两只蝴蝶,赶来赶去,总有一只蝴蝶飞不出教室,于是她只得开着一扇窗,好让里面的蝴蝶飞出去,或让外面的蝴蝶飞进来做伴,想不到风把玻璃吹破了……"我愿意赔。"老师听了,用手摸了摸学生的头发说:"不用赔,去玩吧。"然后他来到财务室,说:"请在我下月工资里扣除两块玻璃的钱。"

品读:这两块玻璃折射出的是孩子的善良,是教师的大爱!他呵护了孩子那颗纯洁善良的心。玻璃有价,大爱无价。而这种大爱,同样源自教师的心田,同样不需要言说。反之,教师给学生的爱如果流露得过多,对于学生来说有时会是一种无法承受的负担。

弗鲁姆在《爱的艺术》中说:"爱是一种艺术,正如生活也是一种艺术,艺术的爱使人精神愉悦,焕发生命的活力,产生无穷的斗志。愚蠢的爱让人心生厌恶,唯恐避之不及。"在平时的教育中,对于那些常常上课走神的学生,教师只要边讲课边走到他们身边,用手轻轻地抚摸他们的头,或轻轻地拍拍他们的肩,学生就能领会教师的意思,专心地听起讲来。这就是教育的智慧、教育的艺术。蕴含着大爱的教育,足以让所有的学生感动!这种无言、无痕的大爱,才是教师对学生的爱这门艺术的最高境界。

23. 门的启示

学校大厅的门被踢破了。可怜的门,自从安上那天起几乎没有一天不挨踢,十三四的孩子,正是撒欢的年龄。用脚开门,用脚关门早已成了不足为奇的大众行为。教导主任为此伤透了脑筋,他曾在门上张贴过五花八门的警示语,可是不顶用。他找到校长:干脆换成铁门——让他们去"啃"那铁家伙吧!校长笑了,说:放心吧,我已经定做了最坚固的门。很快,破门拆下来,新门装上去了。

新门似乎挺带"人缘",装上以后居然没有挨过一次踢。孩子们走到门口,总是不由自主地放慢脚步。阳光随着门扉旋转,灿烂的金色洒满了孩子们一身一脸。穿越的时刻,孩子们感觉到了爱与被爱的欣幸。

这道门怎能不坚固——它捧出一份足金的信任,它把一个易碎的门大胆地交到孩子们手中,让他们在美丽的忧惧中学会了珍惜与呵护。

这是一道玻璃门。

品读:同为教育者,当问题出现的时候,有人总爱堵洞,可堵来堵去,不是这里破了,就是那里又漏了,越堵出现的问题越多。采取堵的方法,可能会在短时间内起到一定的震慑作用,可是更多的问题将接踵而至。这里边不仅仅是方法问题而且是观念问题,是对学生缺乏足够的信任和关爱,是不了解学生的心理,这位校长为我们做出了榜样。他是用爱和信任去浇灌学生的心灵,让学生在爱与被爱中成长。虽然这只是针对某一问题采取的某一具体措施,可是因为校长关注的是塑造好学生的心灵,也就抓住了解决问题的根本,其他一切问题也就迎刃而解了。其实,育人如同治水,硬堵终将决口,疏导方为良策。

24. 呵 护

一天夜里,一个父亲抱着一个啼哭的小男孩,急匆匆走进接诊室。那父亲说:"就在20分钟前,我4岁的儿子不慎从窗台上摔下来。"

实习医生给小男孩做了初步诊断:左手腕向后偏移大约45度,决定安排他照X光。

但是,那男孩一直哭闹不停,躲避着不让碰他受伤的手臂,无论他父母怎样哄劝都没用。最后,他干脆躲在门口拐角处,说什么也不肯进入X光室。

实习医生语气生硬地对他说:"请你听从医院的安排!否则,我们没办法为你治疗。"但是,固执的男孩依然又哭又闹地跑到父亲身后。

正当实习医生无计可施时,尼尔医生走过来。他微笑着问男孩:"孩子,你叫什么名字?”

“杰瑞!”“杰瑞,你几岁了?”“4岁。”男孩抽泣着。

“真是一个棒小伙儿!”尼尔医生伸出手摸了摸男孩的头发,“谁是你的好朋友?”

男孩慢吞吞地从身后的背包里掏出一只毛绒玩具熊,递到了尼尔医生的面前说:“是维尼。”

“啊!他可真是个可爱的小家伙。我想,维尼知道你受伤一定很难过吧?你要赶快让医生帮你治好手腕,你的朋友还在等你和他一起玩呢!”尼尔医生微笑着说。

男孩若有所思地点点头,跟着尼尔医生走进X光室。突然,他转过头对尼尔医生说:“可是,我从窗台上摔下来的时候,维尼也掉到了地上。而且,我还摔到了他的身上。”

“噢!那么说,你的朋友也受伤了,需要和你一样的治疗。不过,他是一个坚强的孩子,因为他始终都没有哭闹。”尼尔医生微笑着说。男孩儿努力地控制着眼眶中滚动的泪水,顺从地随尼尔医生站到了X光机的前面拍了照。之后,尼尔医生也给玩具熊拍了照。

片子显示出,男孩儿骨折的地方严重移位,必须接受断骨复位手术。男孩儿和玩具熊并肩躺在轮床上,实习医生推着他走进石膏室。麻醉师给他打了麻药,随着麻药生效,男孩儿昏沉睡去。

在尼尔医生的指导下,实习医生扶住男孩的胳膊,尼尔医生把他的肘部变成90度,用牵引法将内折的部位拉开一点,然后“喀嚓”一声把骨头重新复位。实习医生托着男孩儿的胳膊,尼尔医生为他缠上了石膏绷带。然后,将男孩儿推进病房,由他父母照料。

当实习医生清洗完毕回到诊室时,看到尼尔医生正在玩具熊的一条胳膊上裹石膏绷带,并打了一个吊腕袋套在了他的脖子上。

“您对孩子还真有办法!”实习医生微笑着对尼尔医生说。

尼尔医生微笑着回答:“一个孩子,除了肉体的伤痛,他的内心世界更需要我们呵护。”

品读:对受了伤的儿童,尼尔医生做到了既关心他的伤痛,更重视呵护他的心灵,显示了医生应有的职业精神。特别是呵护孩子心灵的一些做法,给我们教育工作者的启示尤为深刻。呵护孩子心灵必须了解孩子的心理，只有这样才能向尼尔医生那样循循善诱，巧妙地运用表扬激励、榜样激励的方法。这是爱（耐）心的体现，更是一种智慧的体现。我们教师对待学生的教育应该具有尼尔医生的精神和智慧。

25. 尊重不同

3 岁的女儿提出要走另一条路回家。妈妈不同意，认为女儿不会比自己更清楚该走哪条路。可是女儿很坚持。妈妈想，就让事实来教育她吧。

小家伙迈开脚步带路，没过多久就喊："妈妈，到了！"可不是，真的到了自家的屋后。女儿走的是一条妈妈从来都没有发现的近路。

妈妈发现女儿特立独行和不肯从众的个性，此后无论是学习还是嬉戏，只要女儿认真做出决定她就不再干预，让女儿倔强坚持和喜欢另辟蹊径的个性得到进一步的巩固和发展。

这个女孩就是芭芭拉·麦克考林托克，她因发现"可移动的遗传基因学说"而获得 1983 年诺贝尔生理学和医学奖。

品读：只要是女儿认真做出的决定她就不再干预，好一个"不再干预"！这绝对是明智之举。不同，隐含着特长；不同，意味着出色。嫩黄的鸭群中，是那只被围的丑小鸭最后变成了美丽的天鹅！遗憾的是，我们一直那么害怕不同；害怕解题不同丢失高分；害怕意见不同遭人非议；害怕路径不同误入歧途……学学故事中的妈妈和女儿吧。善待不同，坚持不同，才有创造个性品质的发展。爱学生首先应该尊重学生的"不同"。

26. 诗人一样的才华

有这样一个故事：一天中午，在巴黎街头，一位著名的诗人看见一位老妇人木然地站着。她佝偻着腰，苍白的头发在风中飘荡。在她身边，立着一块木牌，上面写着："我什么也看不见！"这是一位双目失明的老人，因为生活所迫，不得不在街上乞讨。诗人走到老人跟前，俯下身问到："老人家，今天给你钱的人多吗？"

听到有人询问,老人先是一愣,接着长叹一声,说:“我……今天什么也没得到。”诗人听了,拿出笔,悄悄地在木牌的那行字前面加上“春天到了”几个字,然后把身上的钱全部给了老人,说:“这够你吃一顿饭了。”晚上诗人又经过这条街,发现人们经过木牌时,大都停下来。无论是着装华丽的绅士贵妇,还是打扮漂漂亮亮的少男少女,都掏出一枚枚铜币送到老人手中,就连寒酸的小职员也摸出一枚铜币交给老人。

品读:“春天到了,我什么也看不见!”诗人仅仅在原句上加了四个字,竟产生这样大的魔力!是啊,春天多美好,但是,对于双目失明的人来说,面前仍然是一片漆黑。盲人一生都无法看到万紫千红的春天,谁能不产生同情之心呢?寥寥几个字不禁勾起人们对美好情景的憧憬,而且衬托老人的不幸,激发了人们的同情心。如果我们在生活中多注意自己的语言,讲究说话的艺术,那生活将是多么的精彩!有想象空间、激励作用的语言能让每个人的生活充满快乐与希望,让每个人的心灵丰富起来,也定能让世界更加多姿多彩。

联想我们的老师,运用语言艺术该是多么重要。如一位老师拿着练习卷子走进教室时,发现学生们的厌学情绪正在蔓延。该怎样扭转局面、安抚这种集体厌学情绪呢?训斥只能火上浇油,于是他换种方式,对学生们说:“这几天大家复习很辛苦,但我们都有一个共同目标,就是在期末考试中将自己的最高水平发挥出来,针对大家在阅读练习上的薄弱点,老师准备了练习卷子,需要的同学到讲台上来拿。”话音刚落,大家就涌上讲台领取试卷,就连平时学习积极性不是很高的几个学生也要求领取,而后认真学习的劲不用说了。同样是发试卷,说法不同取得的效果却大不一样。正是这体谅人的语言激发了学生的情感,积极的情绪产生了积极的行动。这便是语言的魅力,它应在生活的每个细节中出现。

有魅力的语言不是可以寻求的,而是教育智慧的自然流露,同时,这需要有像诗人一样的爱心以及能成其为诗人一样的才华。

27. 一位母亲与家长会

孩子上学了,作为妈妈,哪个不希望听到来自学校的好消息。然而,每次家长会都令她失望,因为人家都有一个聪明乖顺的孩子,而她的孩子却是一个愚顽不化的人。

第一次参加家长会,幼儿园的老师说:“你的儿子有多动症,在凳子上连三分钟都坐不了,你最好带他到医院看一看。”

回家的路上,儿子问她,老师都说了些什么?她鼻子一酸,差点流下泪来。因为全班30位小朋友唯有他的表现最差;唯有他,老师表现出不屑。然而,她还是告诉了她的儿子:“老师表扬你了,说宝宝原来在板凳上坐不了一分钟,现在能坐三分钟了。其他的妈妈都非常羡慕妈妈,因为全班只有宝宝进步了。”

那天晚上,她的儿子破天荒地吃了两碗米饭,并且没让人喂。

儿子上小学了。家长会上,老师说:“全班50名同学,这次数学考试,你儿子排第49名。我们怀疑他智力上有些障碍,你最好带他去医院查一查。”

回去的路上,她流下了泪。然而,当回到家里,看到诚惶诚恐的儿子,她又突然想起第一次参加家长会的情景,便振作起精神,对坐在桌前的儿子说:“老师对你充满信心。他说了,你并不是一个笨孩子,只要能细心些,会超过你的同桌,这次你的同桌排在第21名。”

说这话时,她发现,儿子黯淡的眼神一下子充满了光,沮丧的脸也舒展开来。第二天上学时,儿子去得比平时都早。

孩子上了初中,又一次家长会。她坐在儿子的座位上,等着老师点她儿子的名字,因为每次家长会,她儿子的名字在差生的行列中总是被点到。然而,这次出乎她的预料,直到结束,都没听到。她有些不习惯。临别,去问老师,老师告诉她:“按你儿子现在的成绩,考重点中学有点危险。”

她怀着惊喜的心情走出校门,此时她发现儿子在等她。路上她扶着儿子的肩膀,心里有说不出的甜蜜,她告诉儿子:“班主任对你非常满意,他说了,只要你努力,很有希望考上重点中学。”

高中毕业了。第一批大学通知书下达的日子。学校打电话让她儿子到学校去一趟。她有一种预感,她儿子被清华录取了,因为在报考时,她跟儿子说过,她相信他能考取这所大学。

儿子从学校回来,把一份清华大学的录取通知书交到她的手里,突然转过身跑到自己的房间里大哭起来。边哭边说:“妈妈,我一直都知道我不是个聪明的孩子,是您……”

这时,她悲喜交加,再也按捺不住十几年来凝聚在心中的泪水,任它打在手中的那只信封上。

品读:每一次读这个故事都让我激动得热泪盈眶。这是一位懂得真爱、充满智慧的伟大母亲。面对孩子的愚笨,面对老师的怀疑甚至“不屑”,任何一位母亲都会焦虑、急躁,失去信心,甚至丧失理智,而这位母亲却能控制住自己的情绪,永远关注孩子未来的发展,却始终没有放弃对孩子的激励、唤醒和鼓舞。这其中总是向孩子传递老师根本不存在的积极评价:老师表扬你了,老师对你充满信心,班主任对你非常满意等。这是一种智慧的谎言。可以说,没有母亲这种理智的爱、深刻的爱就没有孩子今天的巨大进步和未来的发展。于是我又想起我们的老师是否该学学这位伟大的母亲,在面对后进生时,多一些爱心、多一些理解和关怀、多一些发展的眼光、多一些伟大的师爱,让教育充满智慧的阳光,去温暖学生的心,去唤醒学生尚在沉睡的潜能,让每个学生都能享受完全发挥自己才能的幸福。

28. 恍然大悟

我曾在《读者》杂志上看到这样一篇文章,记载了一个美国大作家亲身经历的一件事,事情是这样的:这位大作家小时候家里很穷,为生活所迫当起了报童。有一天,在街上一帮人把小报童辛辛苦苦挣的钱抢走了,便驱车而去。这时正好一位乘坐马车的影星经过,看到此景后,影星一边安慰小报童,一边表示立即去追赶。过了一会儿,马车回来了,影星把报童被抢的钱如数还给了他。小报童渐渐长大,成了一名作家,有一天他忽然想起:马车哪能追上汽车呢?他恍然大悟,原来这位影星是为了不伤害他那幼小的心灵,用美丽的谎言让他理所当然地收下了钱。

品读:读完这个故事,我真为这位影星的精湛“演技”所感动,更为他的细心而叫绝,因为他不仅救助了孩子,而且呵护了孩子的心灵,这是一种智慧的体现。

29. 我最了解它的心

一把坚实的大锁挂在门上,一根铁杆费了九牛二虎之力,还是无法将它撬开。钥匙来了,它瘦小的身子钻进锁孔,只轻轻一转,大锁就“啪”的一声打开了。

铁杆奇怪地问："为什么我费了那么大的力气也打不开，而你却轻而易举地就把它打开了呢？"钥匙说："因为我最了解它的心。"

品读：每个人的心，都像上了锁的大门，任你再粗的铁棒也撬不开。唯有关怀，才能把自己变成一只细腻的钥匙，进入别人的心中，了解别人。如果说教师的人格力量是一种无穷的榜样力量，那么，教师的爱心就是成功教育的原动力。陶行知先生说得好，"捧着一颗心来，不带半根草去。"著名的瑞士教育家裴斯泰洛齐说过这样一段话："从早到晚我一直生活在他们中间……我的手牵着他们的手，我的眼睛注视着他们的眼睛。我随着他们流泪而流泪，我随着他们微笑而微笑……"他们正是教师无私奉献爱心的典范。愿我们广大的教师在教育工作中都能用自己的爱心去打开学生心灵的窗户。

卷二

有时宽容引起的道德震动比惩罚更强烈

——宽容的艺术

意大利作家爱米契斯在《爱的教育》一书中写下了教师宽容和仁爱的许多事例,最感人的莫过于《十月 · 宽宏大量的品德》一节所写的事。

失去理智的科罗西 · 弗朗蒂掷去墨水瓶,正好打在来上课的年轻女教师的胸脯上,老师非但没有责怪他,反而用亲切的话语安慰他,温暖他,因弱小而倍感压抑的科罗西从中得到力量,从此渐渐抬起自卑的头。一个残缺的灵魂就在宽容的港湾中找到了航向。

雨果说过,比大海更宽广的是天空,比天空更宽广的是人的心灵。对教师而言,宽容是一种境界,是一种艺术,更是一种智慧。教师能够在非常生气的时候,宽容地对待自己的学生,意味着他的教育思想更加深刻,胸怀更加宽阔,情操更加高尚,教育方法更加艺术。为人师者,年岁长于学生,知识多于学生,阅历丰于学生,涵养胜于学生,为什么不可以宽容学生的缺点呢?“年轻人犯错误,上帝也会原谅。”何况处于成长之中,尚还蒙昧无知的孩子呢?

在教育教学过程中,当学生的学习出现困难无所适从时,当学生出现近乎荒谬的问题时,当学生的行为超出了你的预料时,作为教师,你要给学生更多的真诚、更多的理解,用博大的宽容和接纳之心温暖每个孩子,让他们昂起头走自己的路。我们可以深信,这样的孩子一旦长大,都会感谢您——敬爱的老师,而且会深深地把您记在心中。宽容那些暂时迷失方向的学生吧!您宽容的种子,也一定会获得智慧的果实。

苏霍姆林斯基说:“年轻的朋友,请记住,这是一种脆弱的东西,对待他要极为小心,要小心得像对待一朵玫瑰花上颤动欲滴的露珠。”他还说:“有时宽容引起的道德震撼比惩罚更强烈。”宽容是教师用心灵感化学生的一种有效方式，是相互尊重、相互信任的新型师生关系的表现。学生正处于接受教育阶段，不要用成人的标准来要求他们。对学生要多一些耐心，少一点苛刻计较；多一点亲近关怀，少拿一点架子；多一些尊重，少一些指责和约束。要给他们多一点自由空间，使他们多一点自尊、多一点自信。只有在民主、平等、自由宽松的环境里，学生才能感受到尊重和爱，才能勇于质疑，发表自己的见解，才会变得生动活泼，大胆创新，成为个性鲜明的具有创新精神和创造能力的人才。

当然宽容也不是没有界限的，因为宽容不是妥协、姑息，不是放纵、迁就，而是在严格要求的前提下，对犯错误学生的理解、尊重，给予充分反思的时间，给予改过自新的机会，使他们最终改正错误。

30. 一位大学生的自述

最近我读到一位年轻教师自述的文章，讲述他中学时代发生的一件事情，读后让我的心情久久不能平静。这是一位还在师范大学读书的学生，他在回忆中学的一位老师时说：我为了在考试中一鸣惊人，从窗户跳进老师的办公室，想偷一张试卷。这时老师正好走进办公室，我紧张地钻到办公桌下。没料到这时老师却说："你不要害怕，也不必回头，回答我的问题只需点头或摇头。""你是不是想找一件你现在不该得到的东西？你是不是觉得这是不对的？今后不会再发生了？"我惭愧地点着头。"那好了，现在什么事情也没有发生过，明天你照常到教室上课，你还是一个好学生。"自此以后，老师从没有提起过这件事，我也真的懂得了应当做个堂堂正正的人。今天，我选择了教师的职业，要向我的老师那样，以自身崇高的人格、博大的胸怀为学生做出示范。

品读：这个例子，使我们更加清楚，教师与其他职业的人相比，更重视人格的感化。其人格更具有丰富的内容，更严格的要求。也更使我们懂得了宽容的教育力量。

宽容不是纵容、不是放任。宽容会使我们避免因情况不明而失去理智，造成难以收拾的后果。俗话说："仁者无敌"，其实质就是宽恕、包容。教师们常说："宽容是一种智慧、是一种修养和美德、是一种教育方式。"作为优秀教师都应以宽恕、包容之心对待学生，这无疑是非常正确的。

31. 宽容，拯救了暗恋的学生

有一个学生，几乎被所有的任课教师瞧不起，以致有点自暴自弃。新来的年轻漂亮的音乐女教师不但没有歧视他，还帮他树立信心。这让一个十三四岁的男孩暗恋起自己的老师来。他常常看着老师想入非非。音乐考试了，老师让他到讲台前，帮助登记学生成绩。当教师开口较低的衣服露出雪白的胸脯时，他在痴迷之中，竟忘乎所以地把手伸了过去。学生们惊呼了起来。老师的眼中掠过一丝惊慌和愤怒，但只是一瞬间，就又恢复了笑容，并在自己胸前的蝴蝶胸针上做了一个用拇指和食指捏的动作说：你只抓住了一只蚂蚁，瞧，还有一只你没有发现呢！老师巧妙地替这个学生解了围。这一节课后，老师调走了，但留给他一个包裹：那枚胸针，一本心理健康方面的书和一封信。后来，这个学生成了一位音乐家，他创作的《青涩年代的蝴蝶胸针》一度在金曲榜上排名第一。

品读：这个故事真的令人感动，我们设想，如果没有老师的宽容，如果没有老师巧妙的掩饰，如果老师当时勃然大怒，在一怒之下掴了学生耳光，辱骂他，并把他交给校长……此后会怎样呢？也许非常复杂，也许会很简单，但其结果只有一种可能：这个差生只能朝着更差的方向走，而绝不会成为著名的音乐家。我总是坚信：具有宽容精神的老师，才会产生这种智慧，即巧妙地为学生作掩饰，成就了学生的未来。

当然，宽容并不是对学生缺点、错误姑息迁就，不是无原则地让步，更不是放纵。宽容必须以教师的人格魅力作为背景。这种背景所形成的巨大的人格磁场，足以让学生的缺点、错误乃至人格缺陷被"磁化"、矫正、弥补和消解。

宽容，是一条神奇的飘带。

老师，请舞动那条宽容的、神奇的飘带吧！它会让你创造教育的奇迹。

32. 多一点宽容

有一天，我教学《元日》一课，先让学生读读这首诗。朱宇同学几乎把手伸到我的脸上，嘴里嚷着："我来！我来！"他站起来，大声念道："爆竹声中一岁除，春风送暖酒屠苏……"全班同学哄堂大笑，有的笑得前仰后合，有的叫起来："这首诗都不会，我在幼儿园时就会背了！"朱宇手足无措，十分尴尬。我摆摆手："大家别笑，朱宇读的意思一点没错，这首诗就是写人们喝着屠苏酒感受到春天的气息。"大家一下子静了下来。我转过身摸着他的头说："当然，意思对并不等于你读对了，这首王安石的名作千古流传，不能随便改动。读书要仔细看，认真读，相信你第二次一定能读好了。"朱宇拿起书，有声有色地朗读起来。

品读：教师的态度决定着良好师生关系的建立，一个诙谐的批评、一个鼓励的目光都会渗入学生的心头，达到以情动情的效果。如"罗森塔尔效应"说明，在教师关爱激励下，无论是好学生还是"差"学生，都会产生自尊、自信的心理，并以此作为参与学习的动力。师生之间的情感在宽容的交往中不断交融。所以,教学中,教师应注意换位思考,正确把握教师的角色,对学生不求全责备,允许失败,鼓励“异想天开”,乐于接受孩子的意见和建议,尊重需要,提倡合作,鼓励探究,共同参与。

33. 长头发男孩

他是我班一个帅帅的时尚男孩,体育健将。那天,他被主任“逮”住了,因为那头过长的头发。

大半个小时后,他回来了,满脸的不服气。将他叫到面前。他仍昂着头,别着脸。

“你怎么了? 这个样子可不好。”

“他揪我头发!”他几乎是向我喊出来的。泪也应声落下。

我的心也隐隐作痛。

我轻声说:“可能主任刚才的态度伤害了你,替他向你道歉。但是他指出的问题是对的,你看你头发,这么长,这么乱。”他不出声了。一番谈心过后他终于答应双休日去理发。

星期一,一到校,我的目光便最先锁定了他的发型——理了,整齐了,但长度变化不大。我叫他过来,一脸不好意思地笑:“我不喜欢剪短。”“你可以剪自己喜欢的发型,但有一定的限度,长发不行,你是学生。”我说。他低着头沉默了。“你说怎么办?”我问他。“我这周末……”“不用周末。今天中午我准你一小时的假去理好。”我打断他的话。他点了点头。

下午到校,我满心希望地看向他,我又失望了:耳边短了,但脑后的头发仍然很长。现在怎么办? 我可以带着他强制剪短,可这样的话,剪断的不仅仅是他的长发,还有他的自尊和师生间的和谐。一时间,事情陷入了僵局。

第二天上午有作文课,题目:说不尽的他(她)

猛然间,我有了主意。

“我们班,可谓是地灵人杰,英才济济。有技压群雄的学习状元,闻名校园内外的小主持人,出手不凡的小作家,还有驰骋赛场的体育明星。今天咱们就来说说咱班的那个他(她),实话实说。”一时间,教室里热闹了。

不久,有人说起他。

“体育特棒,是咱班的‘刘翔’。”

“人长得很帅。”大家哄笑。

“很讲义气。”

“脾气有点坏,喜欢用拳头说话,希望他学会控制自己。”

“头发有点长。希望他能剪短一点,那样会更帅气。”我看见他低下了头。

“同意大家的评论吗?”我问他。

他红着脸点了点头。

“那就让我们看他的行动吧。”教室里响起了掌声。

下午。他走进教室时像变了个人,一头整齐的短发显得更加清爽。更加潇洒。

非常庆幸,当我面对一块坚硬的冰时,我没有选择用同样的坚硬与之对抗、将其击碎。

品读:中学生的着装与发型不合规范要求的时有发生,如何教育引导也经常引起争议。有的主张用强硬的态度,像本故事中的主任那样。但这位班主任说得好:我可以带着他强制剪短,可这样的话,剪断的不仅仅是他的长发,还有他的自尊和师生间的和谐。一时间,事情陷入了僵局。有的主张说服引导。但怎么说服引导说起来容易,做起来并不那么简单。我觉得这位班主任的做法起码给我们以下三点启示:一是要坚持用规范要求学生不动摇的原则,对学生不符合规范的问题绝不迁就。二是要有耐心,不急不躁,要学会适当等待。三是要善于利用集体教育,发挥集体舆论教育学生。这不正是这位班主任教育艺术的体现,也是最值得我们学习的地方。

34. 留长发的男孩

班里有个男生,性格外向、热情好动,乐于帮助同学,在同学中有一定的影响力。但就是喜欢留齐肩长发,老师家长多次劝其理发,可这位男生竟说:“头可断,发型不可乱,甘愿受罚,但求留发。”真令人啼笑皆非!可仅仅因留长发就处分一个学生,又有师出无名之嫌。于是,一时之间教师家长竟也无可奈何。几经苦思,这位班主任决定改变方法。经过调查了解,发现这位男生围棋下得颇有水平,且爱好流行歌曲。于是班主任就约这位男生对弈,棋至终局,教师直夸他棋艺精湛,学生也颇露得意之色。教师又提起流行歌曲,谈兴正浓之际,教师巧妙问及其留发的原因。原来这位男生崇拜长发飘肩的一位歌星,于是便模仿着留起长发。了解这些情况后,这位班主任便说:"留长发自有它的道理。不过,我倒觉得你眉清目秀,理成短发,会显得更潇洒、更有朝气。"一席话,使这位男生茅塞顿开。第二天就理成了短头发,朝气蓬勃出现在同学面前,赢得了同学们热烈的掌声。

品读:前后两次谈话目的相同,可结果迥异。为什么?

一是有备而谈。学生出现问题或犯了错误后,常伴有消极的心理定势和恐惧情绪,此时班主任如若不先调查问题和了解学生,就贸然而谈,那么,"谈崩"的可能性很大。

二是情理兼容。谈心是为了使学生明理,因此理要点透。然欲晓之以理,须先动之以情。情感是师生沟通思想的纽带。班主任在谈话时要将对学生的关爱在言谈表情中恰如其分地流露出来,使学生体会到教师对他的爱,以求心理相容,使谈话更具效果。

三是诚恳待人。班主任与学生的谈话应是平等的思想交流,应认识到,谈话的对象首先是人,然后才是学生。只有认识到这一点,班主任才能以礼相待,说话和气,才有可能站在学生的立场上进行换位思考。万万不能以教育者的身份自居,摆出一副师道尊严的面孔,一副盛气凌人的架势。班主任只有以诚恳的态度和关爱的语言与学生谈话,才能消除学生的恐惧、疑虑、抵触、紧张、对立等消极心理,才能使谈话达到预期的效果。

四是因人施法。学生的思想基础、觉悟程度、知识水平、环境影响和性格特点都各有差异。因此谈话方法的选择要因人而异,做到有的放矢,对症下药。对性格内向的学生可用拉家常的办法,由远及近先轻后重,循循善诱;对性格耿直爽快的,最好直截了当,一针见血;对于觉悟较低,性格独特的学生要善于从对方的内心情绪要求谈起,避实就虚,委婉含蓄;对于敏感胆小的学生,可采用旁敲侧击,巧妙暗示的方法,甚至可以采用"笔谈"的方式进行。

35. 改 正

我曾听说过这样一则故事:有一个小男孩兴奋地在大街上跑来跑去,完全忘记了隔壁邻居的水泥街道是刚刚铺好的。一不小心,他一脚踏在还没有干的水泥地上。小男孩心里很害怕,因为平整漂亮的水泥地上已经印上一个个清晰的脚印。他心里想,幸好没有人发现他犯了这个错误,只要不讲出来,没有人知道是他干的。这个小男孩迅速回家把鞋子冲洗干净,在门前的台阶上静坐了一会儿。他一直觉得心里不安,终于决定告诉邻居叔叔:"很对不起,刚才我误踩了你家新铺的街道。"

邻居叔叔随着孩子走到现场查看后,拍拍他的肩膀说:"好孩子,很高兴你告诉我这件事,现在我还来得及修补好它。假如你不马上告诉我,等水泥干掉后,这些脚印就无法修补了。"

品读:我从这个故事中得到一个启示:很多事情其实还有回旋的余地,只要我们愿意勇敢面对。当我们直面错误时,问题反而好解决。

如果我们从教育的角度看,学生犯了错误,心里会十分矛盾,如果他能诚实地面对错误,勇敢承担责任,这是一种非常值得赞扬的好品质。我们是否应好好学习这位叔叔的宽容做法。

36. 宽容的力量

一次上课,曹中原老师问学生:"世贸组织简称是什么?"学生回答:"WTO",小林插嘴说:"打屁呕",全班哗然。老师目视小林后,继续上课。

下课后老师与小林在楼梯口相遇,小林满脸通红。曹老师却笑着说:"你的想象力很丰富,但比喻不贴切。"小林低着头说:"以后我不插嘴了。""没关系,你再想想,看能不能比喻贴切些。"曹老师鼓励着她。

第二天,曹老师问小林,小林说:"WTO 可分别比成两个陷阱和一个拐杖。说明中国入世后会遇到许多陷阱,我们用拐杖探路,但还是失败了。"曹老师说:"你想的太悲观了,我不满意……"

数日后,小林来找曹老师说:"W 可比喻成两个 V,V 是 Victory(胜利)的缩写;T 是 try(尝试)的缩写;O 是 ok 的缩写。说明中国入世后会不断走向胜利,只要我们敢于尝试最后一定会 ok。"曹老师为之拍手叫绝,连连夸小林肯动脑筋。

不久,曹老师又收到小林的一张字条上面写着:"……是您的宽容和鼓励,使我产生了学习的兴趣,您是我心中最好的老师。"

品读:曹老师具有令人钦佩的育人艺术。他的宽容和鼓励使小林积极开动脑筋,成了一位有学习兴趣的好学生。

37. 莫忽视学生天性

一次,班里同学向班主任反映一个叫圆圆的男孩没有完成作业。经过了解知道,他与同学在一起玩耍忘记了。我气不过,暴风骤雨地批评过后,惩罚他抄写一篇作业。后来,我想这不仅忽略了孩子的天性,而且伤害了他的自尊。使其产生抵触情绪。于是又把他叫到身边,只见他战战兢兢地走向我。我猜测他害怕我再批评他,于是先作了自我批评,然后,微笑着拍拍他的肩膀说:"圆圆是不是很喜欢玩儿?"孩子没有回答,我又继续说:"老师也喜欢玩儿,同学们都喜欢玩儿。你看大家是不是做完了事情再玩儿,那样心情多么愉快!圆圆现在是大孩子了,知道怎样安排时间了,对不对?圆圆很聪明,什么事情一学就会。"这时,我发现孩子情绪放松了许多。于是我趁势说"我们一起写作业好不好?"孩子愉快地接受了我的建议。我想,这就是宽容,允许他犯错误,再给他改正错误的机会。给孩子讲清道理,让他从心里接受你的正确思想。

品读:宽容可以使自己控制不良情绪,可以发现自己工作中的失误,并勇于作自我批评。当然,宽容不是对学生的过错视而不见、置若罔闻,而是以一种平和的心态原谅学生目前的过错,并用发展的眼光相信学生日后的优秀。宽容是一种等待,因为从播种到收获之间有一个过程。等待的结果或许暂时让人不够释怀,甚至大失所望,但只要我们充分地相信他们,最终他们一定会非常优秀——或许不在学校。我们绝不能因为一张白纸上有一颗黑斑,就否认这是一张白纸。白纸固然纯洁,但有一点"瑕疵"的白纸未尝不是更为美丽。苏霍姆林斯基说过:"有时宽容引起的道德震动比惩罚更激烈。"宽容是教育学生时十分明智的选择。

智慧的师爱就像一缕春风,一夜喜雨,能在"润物细无声"中教育人、唤醒人、打动人,从而收获到一种"心灵的对话,情感的沟通,思想的碰撞"的互动。智慧的师爱应该用智慧启迪智慧、用情感陶冶情感、用思想影响思想、用人格塑造人格。

38. 埃德蒙的小提琴

一天中午，埃德蒙先生刚到客厅，就听到楼上卧室有轻微的响声，那种响声对他来说太熟悉了，是阿马拉小提琴的声音。

“有小偷！”埃德蒙先生一步冲上楼，果然有一个大约 13 岁的陌生少年正在那摆弄小提琴。

他头发蓬乱，脸庞消瘦，不合身的外套里面好像塞了一些东西。毫无疑问他是一个小偷。埃德蒙先生用结实的身躯挡在门口。

这时，埃德蒙先生看见少年的眼里充满了惶恐、胆怯和绝望。那是一种非常熟悉的眼神。刹那间，让埃德蒙先生想起了往事……

愤怒的表情顿时被微笑所代替，他问道：“你是丹尼尔先生的外甥琼吗？我是他的管家。前两天，丹尼尔先生说你要来，没想到来得这么快！”

那少年先是一愣。但很快就回应：“我舅舅出门了吗？我先出去转转，待会儿再回来。”埃德蒙先生点点头，然后问那位正准备将小提琴放下的少年，“你也喜欢拉小提琴吗？”

“是的，但拉得不好。”少年回答。

“为什么不拿着小提琴去练习一下，我想丹尼尔先生一定很高兴听到你的琴声。”他语气平和地说。少年疑惑地望了他一眼，但还是拿起了小提琴。

临出客厅时，少年突然看到墙上挂着一张埃德蒙先生在歌德大剧院演出的巨幅彩照，身体猛然抖了一下，然后头也不回地跑远了。

埃德蒙先生确信那位少年已经明白是怎么回事了，因为没有哪位主人会用管家的照片来装饰客厅。

那天黄昏，回到家的埃德蒙太太察觉到异常，忍不住问道：“亲爱的，你喜爱的小提琴坏了吗？”

“哦，没有，我把它送人了。”埃德蒙缓缓地说道。

“送人？怎么可能！它不是你生命中不可缺少的一部分吗？”埃德蒙太太有些不相信。

“亲爱的，你说得没错。但如果它能够拯救一个迷途的灵魂，我情愿这样做。”看见妻子并不明白他说的话，就将经过告诉了她，然后问道：“你觉得这么做有什么不对吗？”

“你是对的,希望真的对这个孩子有所帮助。”妻子同情地说道。

三年后,在一次音乐大赛中,埃德蒙先生应邀担任决赛评委。最后,一位叫里特的小提琴选手凭借雄厚的实力夺得了第一名!评判时,他一直觉得里特似曾相识,但又想不起在哪见过,颁奖大会结束后,里特拿着小提琴匣子跑到埃德蒙先生的面前,脸色绯红地问:“埃德蒙先生,您还认识我吗?”埃德蒙先生摇摇头。

“您曾经送过我一把小提琴,我一直珍藏着,直到有了今天!”里特热泪盈眶地说:“那时候,几乎每个人都把我当成垃圾,我也以为自己彻底完了,但是您让我在贫穷和苦难中重新拾起了自尊,心中再次燃起了改变逆境的熊熊烈火!今天,我可以无愧地将这把小提琴还给您了……”

里特含着泪打开琴匣,埃德蒙一眼瞥见自己的那把阿马拉小提琴正静静地躺在里面。他走上前紧紧地搂住了里特,三年前的那一幕顿时重现在埃德蒙先生的眼前,原来他就是“丹尼尔先生的外甥琼!”埃德蒙先生的眼睛湿润了,少年没有让他失望。

品读:埃德蒙先生的宽容拯救了一个失足少年的故事,让我们万分感动,也使我们懂得了宽容可以扫除失足者心中邪恶的阴霾,换回其心中的良知。特别是埃德蒙先生,那种巧妙的宽容方式,分明是在呵护孩子的心灵,保护孩子的自尊。正是因为如此,孩子就不会让我们失望。青少年学生有缺点,犯错误并不奇怪,作为教师一定要保持一颗宽容的心,给他们改正错误的机会,相信他们能够走上正路。

39. 纵火少年

美国加州,两名少年恶作剧点燃了一片林场,他们想象消防警察灭火时的慌乱和焦灼,得意不已。可他们万万没想到的是一名年仅22岁的消防警察在这次救火行动中不幸牺牲了。痛心的是这名警察早年丧父,由母亲抚养长大,他表示长大后要好好报答母亲,而他刚刚参加工作,还没领到一份薪水,就……

事情发生后,整个城市的人们愤怒了,并表示一定要把纵火者抓获归案,让他们接受严厉的惩罚。

而这一切并不是两个少年的初衷,他们惊恐地离开了这座城市,四处流浪,听着来自四面八方的谴责,两名少年陷入深深的悔恨之中。

人们更关心牺牲的消防警察的单身母亲。但是当她说出第一句话时,所有人都震惊了。她说:“我很伤心我的儿子离开了我,但我现在只能对制造灾难的两个孩子说几句……你们现在一定活得很糟糕,可能生不如死。作为世界上最有资格谴责你们的我,想说:请你们回来吧,家里还有等待你们的父母。只要你们这样做了,我会和上帝一道宽容你们。”这声音不是哀伤,不是愤怒,竟然是宽恕!就在这位母亲发表讲话后两名少年投案自首了。

一个悲剧终于以一个温馨的结局收尾了。

品读:苏霍姆林斯基把宽容每个孩子作为教育原则和策略,作为新时代的教师更要学会宽容。宽容就是允许学生犯错,也允许他们改正错误,绝不揪住不放;宽容就是允许学生提出不同的意见,甚至批判自己的观点,并予以充分的尊重;宽容就是懂得学生是成长中的未成年人,他们身上有许多不完美的地方,需要教师的爱心呵护和引导;宽容就是当学生犯错误时,不恶语相加、一棍子打死,不仅善待他们的失误,而且给他们改过的机会。

宽容是一种美德,它就像一盏明灯,在黑暗中放射出万丈光芒,照亮了人性善的心扉;宽容是一种爱,它使痛苦的人觉得这个世界温暖,生活充满希望;宽容更是一种拯救,它的意义不仅拯救了自身也拯救了他人,更重要的是拯救了孩子的未来。作为教师没有能力点燃火种,但绝不能熄灭火种。面对眼前这群充满好奇和天真的孩子们,请奉献你的宽容之心吧。

40. 面对孩子的“破坏”

一位美国父亲在教他孩子使用割草机时,妻子走过来问他点儿事情。就在他和妻子谈话的几分钟里,他们的孩子——一个一刻也闲不住的小男孩,把割草机推到草坪中央父亲最引以为自豪的花圃上,大约两尺宽的、令邻居们羡慕不已的花圃在顷刻间被夷为平地。愣了两分钟后,父亲突然惊呼,冲了过去——这片花圃花了他两个月以来所有的业余时间,只有他最了解这其中的艰辛。就在他把手高高举起将要落下时,孩子的母亲柔柔的声音很清晰地传来:“记住——我们是教养孩子,而不是在养花!”

品读:好一位伟大的母亲！是的,孩子以及他们的自尊比他所破坏的任何物质方面的东西更为重要。被足球砸碎的玻璃,被摔坏的自行车、打翻在地的牛奶瓶……当我们面对这一切时,我们要记住,合理的批评固然必要,但千万不要去轻易伤害孩子的心,践踏一个孩子的自尊,否则将会使他们充满活力的心灵变得麻木。

41.我家的蛋没有坏

发明大王爱迪生也有一位伟大的母亲。爱迪生从小就爱动脑筋、提问题,什么“2加2为什么等于4?”,“1加1能不能等于1?”,这些问题使得先生无言以对。而且爱迪生醉心于“科学把戏”,常常把化学药品带到学校去玩。先生不理解他,觉得厌恶,因此,上学不到三个月就被冬烘先生以“坏蛋”之名开除出校。幸而爱迪生的母亲南希,很了解儿子的性格,对他被开除不以为然,而且说:“我家的蛋没有坏。”先生这样简单粗暴地对待学生是“无能”的表现。从此,南希亲自担负起教育爱迪生的任务。还把家里的地下室让给爱迪生做试验。她和儿子约定好,历史、地理由她教他,化学药品由自己保管,将各种瓶子做上记号,放在地下室里,爱迪生欣然接受母亲的意见。被誉为“中国爱迪生”的著名机电专家胡汝鼎教授说:“由于母亲的了解、支持和鼓励,爱迪生‘才一步步把自己造就成发明之王’。”

品读:一些教育家和心理学家认为,青少年的突出特点是具有旺盛的求知欲和强烈的好奇心。爱迪生就是在好奇心的驱使下,蹲在母鸡身旁观察它孵化小鸡的情景,甚至拿了一只鸡蛋,放在怀中,想用自己的体温孵化小鸡。这是何等宝贵的探索精神啊!

事实证明,任何发明创造,无不与强烈的好奇心紧紧相连。培养学生的创造力,教师必须千方百计地激起学生的好奇,鼓励他们大胆提出包含“创造因素”的猜想,满足他们好奇需要,以发展他们的创造性思维,培养他们的创造力。目前,我国的青少年思想极为活跃,思维更加敏捷。他们知识面宽,尤其敢于质疑问难。他们常常独出心裁,或对教师的讲解提出质疑,或撇开教师思路另辟蹊径,或大胆反驳教师的见解。这种独立思考的探索精神和敢向教师挑战的勇气恰是我们科学事业发展的希望。为师者则应不怕学生把自己问倒,不怕学生超过自己，须知“教师的成功是创造出值得自己崇拜的学生”（陶行知语）。这正是为师者应有的宽阔胸怀和深邃的认识。

陶行知先生面对爱迪生成才的事实曾著文批评“中国对于小孩子一直是不许动手，动手要打手心”的做法是“摧残儿童的创造力”。他还对一位把“拆坏了新买来的金表”的孩子打了一顿的朋友说：“恐怕爱迪生被你枪毙掉了。”这话无疑为我们的现实教育敲响了警钟。我们教师应当学习这位伟大母亲，要有南希那样了解儿童及帮助儿童“从事特殊学习的修养”，鼓励孩子们“做追求真理的小学生”……

在我们的中小学里，常会看到这种情况：

学生质疑、质惑、敏思好问，使某教师大为恼火，竟以“逞能”、“捣蛋”斥之，笔者不禁要问，学生惑而好问，何错之有？韩愈说：“师者，传道授业解惑也”，又说：“惑而不从师其为惑也，终不解矣。”教师，不愿帮助学生“解惑”，何以称师？又怎样发挥主导作用？学习不动脑筋，不会质疑问难者，能算好学生吗？

敏思好问本是认识的先导，他能使人清除假知，获取真知。有些现象许多人都以为“理应如此”，但深究起来，却不知“为何如此”。这种知其然而不知其所以然的“知”便是假知。牛顿看到苹果落地产生疑惑，提出“为什么”的问题，又经过长期认真研究，发现了“万有引力定律”，才从假知变成真知。可见学生“惑”而“从师”，敏思好问是大好之事。清代刘开说：“君子之学必好问……非学无以致疑，非问无以广识。”教师遇到好问的学生应当感到欣慰，而不应当恼火。敏思好问是好学的表现，是智力发展的象征。为师、为父母者，应当热情欢迎，并抓住学生的疑难，激发其进取精神和求知欲望。然后设法巧加点拨，引导学生自求得之，达到疑除惑解。许多优秀教师在教学中为使学生想知，想学，往往是于无疑处设有疑，于有疑处教无疑，并在帮助学生排疑解惑时，以惑为“诱饵”，把学生的认识步步递进地引向深入，直至真知的彼岸，使学生产生“山穷水复疑无路，柳暗花明又一村”的快乐。

42. 国王的视角

有个国王有一大群羊，他雇了一个牧羊人，每天出外放牧。

有一天，牧羊人发现一头似羊非羊的动物，混在羊群里，他便向国王请示说：“有一只从未见过的动物混进了羊群，该如何处置？”

国王说:“你要特别照顾好那个动物。”

牧羊人一听,十分不解地看着国王。

国王告诉他:“这些羊是我们一手养大的,所以没有什么好担忧的,但这个动物在完全不同的环境中长大,却能和我的羊群一起行动,这不是令人高兴的事吗。”

品读:这个故事值得我们反复玩味,深入思考,大家都清楚,独特的生活视角可以点化人生,很多出色的东西,都带有鲜明的个性。其实推而广之,教育也是一种视角转化的艺术。可是我们的许多教师在听到异样的声音,在发现异类的时候,往往不能容忍,因此也就不具备国王的智慧。具备智慧教育视角的教师相信所有学生都具有丰富的创造潜能,能尊重他们的主体地位,发挥他们的主观能动作用,注重让每一个学生有一个主动探索张扬个性的时间和空间。为此,聪明的犹太先哲们在《塔木德》上提醒他们的后辈:神喜欢犹太化的非犹太人。

43. 凳子四只脚

有一次,丰子恺的小女儿阿宝把自己的鞋子穿到了圆凳子的脚上。正在做针线的妻子看见了,心疼鞋子的布里子给弄脏了,呵斥一声之后,把孩子抓到凳子上打了几下。

正在窗前写作的丰子恺对妻子的做法很不以为然。在他看来,孩子明明是在发挥其创造性的想象力。对孩子的创造性想象加以粗暴的打击,大煞风景了。

于是,丰子恺提起了毛笔,画下了一幅日后非常著名的漫画。画面上,一个女孩全神贯注地蹲在圆凳子边上,用两双颜色不同的鞋子,为每一只凳子的脚上穿上了一只鞋子。画面上有丰子恺和那漫画一致的笔墨文字:“阿宝两只脚,凳子四只脚。”寥寥几笔就把儿童天真活泼、充满想象的无邪童真表现出来了。

品读:孩子是不缺乏想象力的,缺乏的只是我们的家长或老师看孩子的慧眼。就像丰子恺夫妻一样,同样一件事,两个人却采用了不同的态度,也反映了两种不同的教育观念。

有先哲曾经说过:如果人类的祖先没有想象力,今天的我们就会依然蜷缩在树上或者山洞里,身上还裹着树皮或者兽皮呢。

毋庸置疑,想象力推动了世界的进步。有研究认为:学生的想象力越丰富,对所学东西的理解越透彻、越有创见。对学生来说,具有丰富的想象力比具有一定的知识更重要。学生思维活跃,想象丰富,头脑中总会有一些出乎常规的"奇特"想象,因此,我们的老师要寻找大面积激发学生充分想象和自主创新的时空和方法,并渗透到课堂教学的每一个环节,使学生多一些想象,多一些创新的主动权。我们的家长,应时刻地关注孩子,不要把孩子的想象力扼杀在摇篮里,应更好地保护和培养孩子的想象力,因为想象力不仅能激发孩子的学习兴趣,还能帮助学生透彻地理解学习科目中的抽象问题。孩子能够更好地学习不是我们每个家长的期盼的吗?

为师为家长者,在孩子做出离奇的事情时,万万不可忽视其中可能有神奇的想象,我们有责任保护他们的想象力,而宽容则具有这种作用。

44. 卡耐基与女秘书

美国成功学家卡耐基先生演讲后回到办公室,其秘书莫莉小姐先笑吟吟地迎上来说:"卡耐基先生,演讲成功吗?""非常成功,掌声四起。""祝贺您!"莫莉由衷地笑着说。"莫莉,你知道吗,我今天演讲的内容是'如何摆脱忧郁创造和谐',可我从公文袋里取出讲稿,刚一开口,下面便哄堂大笑。""的确精彩,我读的是一段如何让奶牛产奶的新闻。"说着将手中的材料递给莫莉。莫莉的脸刷地红了,喃喃地说:"昨天我太粗心了,卡耐基先生,这不会让你丢脸吧。""当然没有,你这样做使我发挥得更好,还得谢谢你呢!"从那以后,莫莉再也没有因粗心而造成工作失误的现象。

品读:卡耐基先生对莫莉的批评和教育是一种"将教育意图掩盖起来"的教育艺术,是一种充满人性关怀的超凡的教育智慧。其"润物细无声"的教育成效应该给我们中小学教师以有益的启迪。

尽管赏识教育、激励教育在一些学校开花结果,但对问题学生进行直言不讳的批评指责乃至训斥、讽刺,仍是一些教师的首选之策,让人触目惊心的侮辱、体罚等"反教育"行为也不乏其例。这种"反教育"的教育行为严重伤害了学生的自尊、自信,也在摧残着学生的人格和身心健康。

要使自己成为一个智慧的教育者,首先要使自己成为具有人文情怀的人。

因为一个具有人文情怀的人,才能够给他人以人文关怀。

教师每天都有可能面对学生的困惑和无助。如果我们能够聪明地给学生以情景暗示,或者创设具体的情境,让学生在自悟中走出困惑和无助的状态,教育效果肯定是明显而持久的。那么,怎样才能丰富自己的人文情怀呢?朱永新教授说:"要想具有人文情怀,读书显得尤为重要。"尽管读书不是获得人文情怀的全部条件,但读书可以夯实我们做人的精神底蕴,为人文情怀的生根发芽提供肥沃的土壤。

此外,我们要学习卡耐基成为一个具有宽容心的人。

45. 宽容朋友

二战期间,一场激战过后两位来自同一个小镇的战友与部队失去了联系。他们在森林里艰难跋涉了十几天后,用以维持生命的鹿肉已所剩无几。一天,他俩再次与敌人遭遇,交战中他们巧妙地避开了敌人。就在自以为安全时,却听到一声枪响,走在前面的年轻士兵中了一枪——幸亏打在膀子上。后面的士兵恐慌地跑了过来,他害怕得语无伦次,抱着战友流泪不止,并赶快把自己的衬衣撕开包扎战友的伤口。所幸的是,第二天他们就找到了部队。事隔30年,那位受伤的士兵安德森说:"我知道是谁开的那一枪,他是我的战友。当他跑过来抱着我时,我碰到了他发热的枪管。我知道他想独吞那仅剩的鹿肉,也知道他想为了他的母亲而活下去。当晚,他跪下来,请我原谅他。我没让他说下去,宽容了他。之后我们又做了几十年的朋友。"

品读:一个人能宽容患难与共的战友对他开黑枪,面对学生成长过程中的错误,我们何尝不能以宽容之心待之?当然,对学生错误的宽容并不是听之任之,而是不要揪住错误不放。其实,很多学生的问题都是心理问题,与道德境界无关。唯一正确的做法是将其错误作为一种教育资源,运用我们的教育智慧和艺术去实施教育。

原谅是一种风格,宽容是一种风度,宽恕是一种风范。尽管"年轻人所犯的错误连上帝也会原谅",但令人遗憾的是,面对学生的错误为人师表者却往往没有了宽容的风度,更不用说宽恕的风范了。我们不妨看看这个被称为"宽容的最高境界"的故事。

46. 送他一轮明月

一个在山中茅屋修行的老法师月夜里散步归来,碰上一个小偷正从他的茅屋里出来。他知道小偷在茅屋里找不到什么值钱的东西,便脱下身上的大衣披在惊魂不定的小偷身上,说:“你走了老远的山路来探望我,总不能让你空手而回呀!”望着消失在夜色中的小偷的身影,老法师感慨地说:“可怜的人呀,但愿能送一轮明月给你!”第二天早上,老法师睁开眼睛,便看到那件披在小偷身上的大衣叠得整整齐齐地放在门口。老法师高兴极了:“我终于送了他一轮明月!”

品读:在批评学生的错误时,由于方法不同,效果也会大不一样,我们应当像老法师一样给学生送去一缕春风,送去一轮明月。

经常看到一些教师对学生的缺点、过错采取“恶性刺激”的方法,讽刺、训斥、挖苦、罚款、体罚等,企盼学生在切肤之痛中“吸取教训”。但是这种刺激的结果,往往是孕育了学生的逆反心理和怨恨心理,给学生的身心健康带来不利的影响,甚至酿成悲剧。我们成人都会出现差错,何况阅历不深的青少年学生?教师对有过错的学生应因势利导,让某一过错能给学生一生带来吃一堑长一智的积极影响。学生有某些问题是难免的,为人师者在批评学生时要体现爱心,讲究批评的艺术性,给学生以良性刺激。

47. 一句暖心话

仙涯和尚在博多任主持时,由于名声很大,所以寺中的僧徒甚多,其中一个叫湛元的弟子,在化缘时结识了一位富家子。在富家子的引诱下,湛元开始随他偷偷地出入花街柳巷,常常深夜爬墙出去,天快亮了才回来。时间一久,他的事在寺内众僧中传开了,仙涯和尚也有所察觉。一天,一个僧人来揭发湛元,并说按规矩应将其逐出山门。

又是一个雪花飘飘的冬夜,寺门早早地关闭了。湛元便悄悄地拿了一个木桶垫脚跳过墙去。仙涯和尚知道后,就把木桶移开,自己就在放木桶的地方坐禅。雪花一片片落在仙涯身上,寒气侵袭着他的筋骨,但他一动也不动。拂晓时分，湛元回来了，他用脚踩在原来放木桶的地方，发现踩的东西软绵绵的，跳下来借着雪光一看，原来是师傅，不觉大吃一惊，内心充满愧疚，仙涯摆了摆手说："清晨天气很冷，小心着了凉，快点回屋睡觉暖暖身子吧。"说罢，抖了抖身上的积雪，没事似的回方丈室去了。后来，湛元再没有做过出格的事，悟道之后，还自作一偈以赞美师傅："坐龙能上天，坐蛇能入草；一句暖心话，终生忘不了。"

品读：仙涯面对徒弟的错误，没有厉声的训斥，没有苦口婆心的说教，湛元心灵却受到洗礼和感化，这就是教育智慧所衍生的力量，是情感激励的典型例子。

德国诗人海涅说："每个人就是一个世界，这个世界是随他而生、随他而来的。"作为老师，尤其是班主任需要面对的是几十个有丰富情感的"世界"，为了让每个"世界"都充满阳光，充满笑脸，我们须以欣赏者的身份看待学生。对他们犯下的错误，大可不必求全责备，横加指责，特别是当其处于一种自责的心境时，更无须为其"雪上加霜"。用宽容、帮助、关怀、鼓励代替抱怨、训斥、讽刺甚至惩罚，不是"风雨大作"、"闪电雷鸣"，而是"和风细雨"、"润物无声"，以"不批评"来取代"批评"，这才体现出教育的智慧。或许他们更容易接受。

教育本是一种阳光事业，如果我们把惩罚变成了春风、变成了无言之教，那么受教育者心中的冰才能消融，从而化成滋润万物孕育生机的甘露。如果我们把教育化作春风，那么，教育者会在受教育者心灵的原野上看到遍开的鲜花，并从那里收获甜美的果实。

48. 老方丈的遗言

有这样一个风流浪子，20年前，他是庙里的小沙弥，极得方丈喜爱。方丈将毕生所学全数教授，希望他成为出色的佛门弟子。他却在一夜间动了凡心，偷偷下山。五光十色的城市迷乱了他的眼睛，从此花街柳巷，只管放浪形骸。20年后的一个深夜，他徒然惊醒，窗外月色如水，澄明清彻地撒在他的帐前。他忽然深深忏悔，披衣而起，快马加鞭赶往寺里。

"师傅，你肯饶恕我，再收我为徒吗？"

方丈痛恨他的放荡，只是摇头："不，你罪过深重，必坠阿鼻地狱，要想得到佛祖饶恕，除非，"方丈信手一指供桌，"——连桌子也会开花。"

浪子失望地离开了。第二天早上，方丈踏进佛堂的时候，惊呆了：一夜间，佛堂里开满了大簇大簇的花朵,红的,白的,每朵都芳香逼人。佛堂里一丝风也没有,那些盛开的花朵却簇簇急摇,仿佛在焦急地召唤。方丈瞬间大彻大悟。他连忙下山寻找浪子,却已经来不及了,心灰意冷的浪子重新堕入他原来的荒唐生活。而佛桌上开出的那些花朵,只开放了短短的一天。

是夜,方丈圆寂,临终遗言:这世上,没有什么歧途不可以回头,没有什么错误不可改正。一个真心向善的念头,是最罕见的奇迹,好像佛桌上开出的花朵;而让奇迹殒灭的,不是别的,正是那一颗冰冷的、不肯原谅不肯相信的心。

品读:人无完人,孰能无过?渴望理解,渴望信任是人的一种正常需要,理解和信任也是推动学生上进的力量。正所谓"浪子回头金不换"。如果学生犯了错误,请你给他一个改正的机会,用你的期望和信任表示对学生人格的尊重,它会变成一股无形的力量,使学生不断努力,取得进步,这就是著名的罗森塔尔效应。如果缺乏对学生错误的理解、信任和鼓励,我们必将像这位方丈一样,留下终生的遗憾。

49. 不是为了生气

唐代著名的慧宗禅师,经常为弘法讲经而云游各地,有一回,他临行前嘱咐弟子看护好寺院的数十盆兰花。弟子们深知禅师酷爱兰花,因此,侍弄兰花非常殷勤。但一天深夜狂风大作,暴雨如注,偏偏弟子们由于一时疏忽,当晚将兰花遗忘在户外。第二天清晨,弟子们望着眼前倾倒的花架、破碎的花盆后悔不迭。几天后慧宗禅师返回寺院,众弟子忐忑不安地上前迎候,准备领受责罚。哪知慧宗得知原委后,神态自若。他宽慰弟子们说:"当初,我不是为了生气而种兰花的。"

品读:禅师的"当初,我不是为了生气而种兰花的",这一句看似平淡无奇的话,却寓意深刻。我们既能感受到禅师快乐的心态,又能感受到禅师的宽容之心。在实际的教育教学工作中,教师总感觉让自己生气的事情是多么不胜枚举,如学生犯了错误时要生气,家长不理解要生气……在生气的过程中,心情是压抑的,工作自然是没有快乐与幸福可言。可工作还得继续,生活还得继续,生气不但于事无补,还非常有害。禅师话语的启示也许就在这里:我们不是为了生气来教育孩子的,不是为了生气来工作的……所以,很多时候,我们往往需要有一种宽容之心,拥有了这样的心态,做什么事情都是快乐的,当我们以快乐的心态面对一切的时候,经常会有奇特的发现:工作是快乐的,而收获是巨大的。

50. 盲医的灯笼

一位盲医夜间外出,总是点上一盏灯笼挑着。别人不断赞叹:你真是一个好心人,自己看不到路,却为别人着想。盲医说:不完全是这样,过去,我夜间外出,常被别人碰撞,自从我点上灯笼,就很少有人再碰我了,我这样做,首先是为了我自己的平安。听者更惊奇了:您不仅是个善良的好人,还是个慧心通达的智者。

品读:的确,盲医是位富有智慧的人。人生之路漫长而坎坷,充满了挫折、苦难和不幸。人活在世上,总要与他人打交道,这就难免发生碰撞、冲突甚至是伤害。如果人都能像那位盲医一样,能在这种夜行一样充满危险的路上为自己挑上一盏灯笼,那人生就平安快乐得多了。那么,有没有这样一种灯笼呢?回答是肯定的。2000多年前,孔子的高徒子贡有一次问孔子:“有没有一个可以终生奉行的人生原则?”孔子回答:“有啊,大概是宽容吧,自己不想要的,也不要加给别人。”是的,能确保人生之路平安顺畅的这盏吉祥灯就叫“宽容”。

宽容既是保护自己的灯笼,也是照亮学生前进路上的火把。教师要以坚定的信念和坚强的毅力,牢牢秉持这盏人生的吉祥灯,一刻也不让它熄灭,他就能使自己和学生快乐平安,而达到理想的彼岸。

51. 国王与三个儿子

很久以前,有一位老国王,他决定不久后将王位传给三个儿子中的一个。国王把三个儿子叫到跟前说:“我老了,决定把王位传给你们三兄弟中的一个,但你们三个都要到外面去游历一年。一年后回来告诉我,你们在这一年所做过的最高尚的事情。只有真正做过高尚事情的人,才能继承我的王位。”

一年后,三个儿子回到了国王跟前,告诉国王自己这一年来在外面的收获。

大儿子先说:“我在游历期间,曾经遇到一个陌生人,他十分信任我,托我把他的一袋金币交给他住在另一镇上的儿子,当我游历到那个镇上时,我把金币原封不动地交给了他的儿子。"

国王说:"你做得很对,但诚实是你做人应有的品德,不能称得上是高尚的事情。"

二儿子接着说:"我旅行到一个村庄,刚好碰上一伙强盗打劫,我冲上去帮助村民们赶走了强盗,保护了他们的财产。"

国王说:"你做得很好,但救人是你的责任,还称不上是高尚的事情。"

三儿子迟疑地说:"我有一个仇人,他千方百计地想陷害我,有好几次我差点就死在他的手上。在我旅行中,有一个夜晚,我独自骑马走在悬崖边,发现我的仇人正睡在一棵大树下,我只要轻轻地一推,他就掉下悬崖摔死了。但我没有这样做,而是叫醒了他,告诉他睡在这里很危险,并劝告他继续赶路。后来,当我下马准备过一条河时,一只老虎突然从树林里窜出来,扑向我,正在我绝望时,我的仇人从后面赶过来,他一刀就结果了老虎的命。我问他为什么要救我的命,他说'是你救我在先,你的仁爱化解了我的仇恨。'这……这实在是不算做了什么大事。"

"不,孩子,能帮助自己的仇人,是一件高尚而神圣的事,"国王严肃地说:"孩子你做了一件高尚的事,从今天起,我把王位传给你。"

品读:宽容是一种美德。不要长久地仇视他人,我们应该让孩子怀有一颗宽容的心,用爱去对待仇视自己的人,爱能化解仇恨,只有这样,孩子才能爱身边的每一个人。这就是我们常说的教育就是用师爱教学生学会爱。

52. 为什么"非让我遗憾"

一名女运动员在奥运会比赛中获得一枚铜牌,记者采访她。

记者:"你觉得你发挥出水平了没有?"

运动员:"发挥了,不发挥出水平怎么能获得铜牌?"

记者:"获得铜牌你有什么感想?"

运动员:"我非常高兴。"

记者:"除了高兴,还有没有别的感想?"

运动员:"没有。"

记者:“大家都预计你会获得一枚金牌,对此有什么感想?”

运动员:“获得铜牌我已经很高兴了。”

记者:“难道你不想获得金牌?”

运动员:“当然想。”

记者:“现在只获得铜牌,你一定很遗憾吧?”

运动员:“我不是告诉你了嘛,我很高兴,你为什么非要我遗憾不可?”

记者:“对不起,我最后还问一个问题:下届奥运会如果你还能参加,你估计能获得金牌吗?”

运动员:“我没想那么远,我只知道我获得了铜牌,本来高高兴兴的,你却不让我高兴,非要我遗憾,要我获得金牌。我问你,为什么获得铜牌不能高兴?”

品读:为什么获得铜牌不能高兴? 问得好。诚然,金牌是每一个运动员梦寐以求的,也是对其艰苦训练和努力拼搏的最好见证。追求更高的目标和更好的结果本无可厚非,但冠军毕竟只有一个,它是人们为之奋斗的一个目标而不是唯一目标。我们在关注金牌的同时,也不能忽视银牌、铜牌获得者,以及更多在比赛中一无所获的其他选手。他们也有汗水和泪水,也有喜悦和失落。当他们同样经过了艰苦的努力,万千的拼搏之后,也许结果对他们并不重要。但是,重在参与的奥运精神同样值得高兴和赞扬。

想象我们的教育,不难发现存在同样的问题。高分、精英成了学校、教师、家长唯一追求的目标。孩子的一张考卷得了98分,也许很高兴,可我们的教师和家长还会对他说:“那两分根本不应该丢,太粗心了,以后要注意。”我们的这些话显然忽视了孩子为这得之不易的98分的奋斗历程,更忽视了对学生健康人格和心智的培养。这是一种虚荣浮躁、急功近利的不良心态的真实反映。

比赛获得铜牌、考试得了98分同样可以高兴,这并不代表自我满足和驻足不前。相反,这种良好的心态更会激励一个人放眼未来不断进取。过分追求结果的完美,有时反而会压垮一个人积极向上的斗志。违背规律做事可能收到“急功”、“近利”,但对事物的长远发展可能是破坏性的。每一个孩子都有自己不同的发展空间,合适的才是最好的。山脚的风光、山腰的风光和山顶的风光应是各有千秋的,我们不必因为那些杂沓而过的攀登的脚步妨碍了自己静坐一处享受山下微风的幸福。

真正的教育,通常是指一个人或一群人可以接受的方式善意地对另一个或一群施加的积极的心理影响。尊重教育规律和人的发展规律，用心感悟教育的真谛，以一种和谐发展的科学观来对待教育，以一颗人文大气的平常心态看待学生。不奢望立竿见影，不求全责备。大胆超越功利教育只关注结果的局限，去关注学生快乐的学习过程和多彩的生命状态，唯其如此，我们的孩子才可能在知识与能力，过程与方法，情感态度与价值观等方面得到和谐的发展。

努力的过程是宝贵的，合适的结果是最完美的。为什么我们教育者不让学生高兴，非让学生遗憾呢？应该是这个故事给我们的启迪。

53. 豁达的胸怀

史书载：西汉末年，刘秀带领他的起义军攻打邯郸。由于军队士气高昂，连打胜仗，王郎的军队不久就献城投降归顺了。刘秀进入王郎的官殿，命令他手下人检点伪王朝的公文。这些公文大部分是官吏、绅士、富户、豪侠奉承王郎、辱骂刘秀的信件，其中有的是帮助出主意如何剿杀刘秀的。对这样的文书，刘秀看也不看，全部堆在官殿前的广场上，并召集全体将士，当面把它焚烧掉了。有谋士提醒他："这样重要的证据，你怎么说烧就烧了呢？许多要害你的人如今就混在咱们这里面啊！"刘秀对他说："过去这些人是王郎的人，当然要替王郎着想，今天归顺了咱们，就是咱们的人了，我烧掉这些，就是要向所有的人表明，我不计较这些已经过去的恩恩怨怨，好让大家都安心，让更多的人拥护我。"事后，刘秀又对谋士说："假若我们追查不休，那么就会让很多人恐慌不安，甚至把许多人才推到敌对一方去。而不计前嫌呢，则可化敌为友，壮大自己的力量。"刘秀的宽容大度赢得了人心，各路人马纷纷前来效力，他终于成了东汉的开国皇帝。

品读：宽容是一种人生修养、一种风度、一种智慧，它能使人事业得成功，能使人性得到高扬，能使敌对双方化为朋友。

美国第16任总统林肯也是一个以宽容著称的人。一次，他对政敌的态度引起了一位官员的不满，他批评林肯不应该试图跟那些敌人做朋友，而应该消灭他们。"当他们变成我的朋友时，"林肯温和地说，"难道我不是在消灭我的敌人吗？"这就一语道破了宽容的底蕴。

如果一个人不懂得宽容的价值，心胸狭窄，嫉妒成性，尖酸刻薄，就常常会做出为渊驱鱼、为丛驱雀的蠢事，就会如盲人夜行，四处碰壁，处处有碍，烦恼重重，甚至自取毁灭。西楚霸王项羽因难容良将，而终陷四面楚歌；水泊梁山上的“白衣秀士”王伦因容不下好汉，遭到杀戮。唯有宽容大度者才能避免这些冲突和灾祸。因为宽容是一种设身处地的关怀，是一种旷达超脱，是一种爱心的体现。

教师的宽容是爱的体现，这种包容万有、慈悲一切的爱，有无坚不摧的感召力。它能给学生带来自责、自信、自强，也能使教师一生快乐。

这就是宽容教育的力量。

54. 抬起自卑的头

意大利作家爱米契斯在《爱的教育》一书中写下了教师宽容和仁爱的许多事迹，最感人的莫过于《十月·宽宏大量的品德》一节所写的事。

失去理智的科罗西·弗朗蒂掷去墨水瓶，正好打在来上课的年轻女教师的胸脯上，老师非但没有责怪他，反而用亲切的话语安慰他，温暖他，因弱小而倍感压抑的科罗西从中得到力量，从此渐渐抬起自卑的头。一个残缺的灵魂就在宽容的港湾中找到了航向。

品读：在教育教学过程中，当学生的学习出现困难无所适从时，当学生提出近乎荒谬的问题时，当学生的行为超出了你的预料时，作为教师，你要给学生更多的真诚、更多的理解，用博大的宽容和接纳之心温暖每个孩子，让每个学生都昂起头走自己的路。我们可以深信，这样的孩子一旦长大，都会感谢您——敬爱的老师，而且会深深地把您记在心中。宽容那些暂时迷失方向的学生吧！您宽容的种子，也一定会获得智慧的果实。

卷三

在不显山不露水之中

——暗示的艺术

暗示是一种在师生间不存在对抗态度的前提下，通过含蓄的语言，示意的举动和诸多间接的方式，巧妙地向学生发出积极的、暗示的期望信息，从而使其产生积极的心理反应和行为方式的教育方法。暗示的关键是“示”，即对学生的发展目标与行为方向给予暗示期望，促使其领悟，达到自我教育的目的。

提起暗示效应，人们自然会想到美国心理学家谢里夫做的一个实验。他把同是英国大文豪狄更斯写的两段作品交给学生，请他们进行评价。但却告诉学生说，第一段是狄更斯所写，这第二段是一位普通作家的作品。形成的评价结果却大相径庭：对前者倍加赞美，对后者则是百般挑剔。这个实验足以说明暗示的信息不同，产生的效应就不同。另外，心理学家们研究的结果还证明，影响暗示效应大小的因素大体有两个方面。

一是与暗示者的权威性有关，权威越高暗示效应越大。教育工作者恐怕不会不知道“罗森塔尔效应”（也称“皮格马利翁效应”），说的是古希腊神话中的皮格马利翁对自己雕刻的一个少女塑像产生爱恋，期望能赋予其生命。后来，塑像果真变成了活人，皮格马利翁如愿以偿地与之结为伉俪。

美国心理学家罗森塔尔又利用这个神话喻义，在一所小学里做了一个实验，他们从一至六级中各抽出三个班的学生，进行了智力测验，然后又从中随机抽取20%的学生，并告诉校长和老师说这些学生有很大的“学业冲刺”潜力，但没有说这些学生是随机抽取的。八个月后，罗森塔尔又对全部学生进行第二次智力测验，发现这20%随机抽取的学生的智商和能力有了显著的增长。众所周知，皮格马利翁的期望变成现实，不过是一个神话故事，而罗森塔尔作为心理学家的权威性，使老师对来自他的“虚假信息”深信不疑，并对自己的学生的发展寄予了同样的期望。从而,对这些学生在态度和行为上表现出亲切的关注、热切的激励、耐心的帮助。无形中教师教育权威的暗示期望又作用于学生,对他们产生一种激励效应:一方面使学生有了奋斗目标和方向,以及发奋努力的动力;另一方面也使学生更加亲近教师,更加喜欢教师的授课。罗森塔尔效应就是我们今天讨论的暗示效应。当然罗森塔尔实验中的"虚假信息",如果由普通什么人传递给校长和老师恐怕就不是这个结果了。因此,有人称这些随机抽出的20%的学生是权威谎言下的幸运儿。

二是与被暗示者的年龄和阅历有关。一般情况下儿童要比成年人更容易接受暗示。

积极暗示能够满足学生积极的心理需求。青少年的自尊心是非常强的。他们渴望得到别人的接纳和尊重。因此,积极的暗示恰恰适应了学生的这种心理特征,可以充分调动学生自我认识、自我调节、自我矫正、自我完善的积极性,满足他们的自尊、自我教育与管理的心理需要。

教师特别是班主任除要重视语言暗示外,万万不可忽视精神体态的暗示功能。神情和体态是师生交往沟通的特殊的信息传递方式,更能体现暗示的示意性特点,我们应特别重视神情、体态不可言传,只可意会的暗示功能。一颦一蹙、一愠一嗔、一个手势、一种姿态都能引起学生的情感体验和心理活动。例如,有个别学生上课不专心听,思想开了小差,教师不必点名批评,可在讲课的同时向他投去专注而严厉的目光,学生自会从教师的目光中理解其含义,而停止思想开小差。这就是我们平时说的目光暗示。教师也可以走到学生的跟前轻轻地拍一下他的肩头,也可以取得良好的示意效果。

有的时候耐心倾听学生讲话所传递的暗示信息,可以代替甚至胜过向学生说话所传递的信息,而且这种暗示信息更为强烈。

55. 撕作业之后

小康平时写作业龙飞凤舞。难以辨认。任课老师多次批评帮助也不见效。一次课代表把他的作业张贴出去,小康十分生气,立即把作业撕了下来。课代表把情况向班主任作了汇报,班主任肯定了课代表的责任心。当班主任走进教室的时候,小康的情绪有些紧张,做好了挨批评的准备。可是,班主任却平和地说:“你们知道小康为什么把自己的作业撕掉吗?他是在为自己作业写得潦草而生气(暗示他应该自责),撕下来正是为了把作业抄写工整(暗示他抄写工整)。小康的作业是能写好的(暗示他要努力写好),我们应当相信他。”只见小康惭愧地低下了头(取得了初步的暗示效应),可同学们的脸上却表现出将信将疑的样子。第二天,小康真的把一份写得工工整整的作业重新贴在了“批评栏”内,并在作业下面写道:“请看我以后的实际行动吧!”

品读:师生的心灵沟通要靠语言这一工具。语言暗示也是班主任最常用的方法。暗示性语言最大的特点是含蓄、幽默。语言太直白了那就不是暗示了。当然,语言的含蓄也不等于含糊,让学生听了如入五里雾中,甚至会产生误解,这样不仅收不到积极效果,反而会产生负面效应。用好语言暗示,班主任必须具备两个条件,一是对学生要有深刻的了解,否则你的暗示就没有什么针对性;二是要掌握语言暗示的技巧。用作暗示的语言,应当是一种高度艺术化的具有特定含义的语言,或含蓄幽默、或一语双关、或“顾左右而言他”,都要考虑“引而不发,跃如也”的暗示效应。看,暗示有多么大的神力。这位班主任把小康的错误行为具有的正确动机作为一种希望,提出来进行激励,并暗示他应该怎样做,保护了他的自尊心,激励他去实现老师的希望,这确实是一种令人钦佩的暗示艺术。

语言暗示,可以是口头语言,也可以用书面语言。据说美国有一所新兵训练营,招进一批素质很低,还沾染了不少坏习气的新兵,军官为这些新兵印发了一些家信,说他们在训练营养成了新的生活习惯,如每天早起刷牙、晚上睡觉前洗脚、衣服鞋袜放得有条不紊,让他们阅读后抄写。说也奇怪,一段时间后,这些人竟逐渐克服了不良习气。这个例子就是书面语言暗示的结果。我们班主任与学生用书面语言交流的形式很多,常用的有评语(作业评语、期末的操行评语、学生周记评语)、有书信、有赠言等。在这些方面许多优秀班主任也积累了很好的经验,如,天津市十佳班主任刘晓婷说:"写评语要讲究艺术,闪光的地方要一目了然,缺点的提出要含蓄、委婉。人往往能够直接接受优点,至于缺点最好让他对老师的评语细细品味。"因为含蓄本身就是一种魅力。如下面这段评语:"国旗下讲话,你在两千师生面前展示了自己,也展示我们这个班集体。'第一'难得永远,好成绩永远力争。'敢'字当头,是成功的宝贵条件。如果再'敢'于叫'谦让'和'宽容'在自己心中成长,'敢'于把他人放在心中更重要的位置,你会看到更完善的成功在向你招手。"

56. 马卡连柯与"惯偷"

马卡连柯的一位学生曾是"惯偷",教育多次都不见效果。一次,马卡连柯把去银行为工学团取钱的紧急任务交给了他,开始他大吃一惊,随后异常兴奋,立即跑得大汗淋漓,把钱取回来。此后他改掉了偷窃的习惯。

品读:马卡连柯正是采用了暗示的方法(我相信你),使教育者的要求(让学生做一个正直的人)成为学生内心的需要,从而取得净化学生心灵的最佳教育效果。

暗示的最大特点是语言的含蓄性、行动的示意性和环境的熏陶性。这些特点的奇妙处就是通过不显山不露水的方式,达到师生心理相容,取得良好的教育效果。也就是我们平时所说的"桃李不言,下自成蹊"的教育效果。当然,这并不是那么容易,需要我们掌握暗示的技巧。上面的故事给我们以深刻的启迪。

57. 这苹果不能吃

英国伦敦大学人类心理学与行为实验室做过这样一个有意思的小实验:在一个房间里,放着一筐苹果,教师甲指着这筐苹果对依次进入房间的孩子们说:"这筐苹果不但不甜,而且非常苦,你不能吃!"每带一个孩子进来,他都这样说,说完这番话后自己出去了(他自己并没有动这些苹果),让孩子独自在房间玩了十分钟,然后带下一个孩子进来。事后经过检查,约有17.8%的孩子禁不住大苹果的诱惑,偷吃了苹果,并把果核装进衣袋里带出去扔掉。教师乙也做同样的实验,对每次进入房间的孩子说同样的话,只是他每次离开房间时都从筐里拿出一个苹果,大大咬上一口,津津有味地吃着离开了房间。事后调查,约有96.3%的被实验的孩子等老师走后,就去偷吃苹果,并把苹果核要么藏在筐里的苹果下边,要么扔在屋子角落。

品读:为什么两位教师的实验结果,竟会有如此大的反差呢?就是因为教师乙说完要说的话后,拿起一个苹果津津有味地吃着离开房间的神情、行动给了孩子们一个能吃、好吃的暗示。但是,假如我们在高中学生中做这个实验,其结果就不知会是什么样子了。因为,他们的年龄、生活经验、判断能力绝不会相信两位教师的话,对教师乙的行为暗示甚至会提出批评。应该指出的是,有的班主任在教育学生时却容易犯教师乙的类似的错误,给学生反复强调这样做不对,那样做不好,然而,自己却有意无意地这样做,结果惹得学生一旦有机会,就非要尝尝"禁果"的味儿不可。学生这种接受暗示的心理,我们绝不能忽视。而且也说明身教重于言教的道理。

58. 送给罪臣的赏赐

宋朝的时候,陕西可谓是国家的边关要地,与西夏为邻,常遭其掳掠侵扰,又是京城西安的门户,虽然地偏西北,无疑却需要一个非常有才能有威望的人去治理。宋太祖就派战功卓著、勇谋兼备的符彦卿任节度使。符彦卿做将军时,善于用兵,上有赏赐,悉分于帐下,所以麾下都愿为其效死力,西夏兵畏惧符彦卿,数年不敢南侵。后来,符彦卿爱上了鹰犬,又大修府第林苑等,结果造成入不敷出,就开始用大斗征收民间的粮食,以供其享乐。宋太祖知道情况后,按律应该撤职查办,但是,宋太祖赵匡胤明白,要搬倒这面大西北的大旗容易,可是若西夏兵借机南侵又将留下祸患。于是,宋太祖就命人给他送去钱粮,并亲手写一封信:"听说爱卿在任上爱民如子,不忍心增加税赋,以致使爱卿府中和家中的用度严重不足,听说建房子的钱都需要筹借。爱卿乃国家重臣,朕实不忍心,特命人送去钱粮以补爱卿的用度之不足。"符彦卿接到太祖信,顿时明白了自己在陕西的所作所为都已为皇上所明察,细细想来,感到羞愧不已,觉得自己做的也确实太过分了,于是,写了一封承认自己错误并请皇上处分的信,连同皇上的赐予一起送回了京城……从此以后,尽职尽责,真的做到了爱民如子,在这片本来是被战乱笼罩的土地上,竟出现了当时少有的繁荣和发展。在当朝治理陕西的所有官员中,论政绩没有能超过他的。所以,史称符彦卿:“有谋善战,声振殊俗,与时进退,是宋名将中的最贤者。”

品读:宋太祖在了解了符彦卿的所作所为之后,他完全可以将其按律处置,这样做的结果:肯定都会使符彦卿有所收敛,但却不一定能让他彻底地悔过自新。宋太祖不愧是一代明君,他以自己对臣下的“关爱”,为国家造就了一代“名臣”。这不正展示了一个人做人的高妙和处世的智慧吗?老子说:“大智若愚。”宋太祖看似糊涂,竟给罪臣送去赏赐,其实,他的“关爱”却是“温柔的手术刀”,比横砍竖劈的刀斧更能起到治病救人的作用。

惩罚教育就如同我们强调的赏识教育一样重要,我们不应该忽视惩罚在教育中的积极作用。如果过分赏识你的孩子,不加分辨地加以肯定,必然会滑向溺爱的沼泽,结果会害了孩子。孩子犯了错误,在不伤害其自尊的前提下实施暗示性惩罚是必要的。

59. 海尔老师

20世纪60年代有一位叫海尔的小学老师,他深谙人类心理中的奥秘,在教学中设法让积极的人生信念像阳光一样渗透到学生的灵魂深处。他发现班里黑人孩子学习兴趣不浓,学习成绩不理想。有一天,他对学生说:“最近科学报告已经证实,在学习上,黑皮肤的孩子比白皮肤的孩子更聪明,学习成效更好。”于是他故意把全班分成了“白人组”和“黑人组”。随后,他就没有提这件事。大约过了两个月,经过测试,“黑人组”学生的学习成绩和能力,均有明显的提高。

品读:海尔的智慧在于,他运用现代心理学知识,以美丽的谎言做外衣,来暗示黑人孩子也是聪明的,也能搞好学习的。而孩子一旦得到鼓励的、积极的暗示,也就有了学习的动力,这种态度的改变直接使孩子们的希望之火被点燃。

我们不妨设想一下,假如海尔老师只是一般性地给黑人孩子上课,告诉他们该怎样做、不该怎样做,黑人孩子能听进去吗?可以讲,他处理的方式,比传统的说教效果好得多。

生活中我们应该讲诚信,这是最基本的原则。但在有些时候能讲点善意的

“谎言”往往会体现出教育工作者的教育智慧。

60. 把握好生命的每一分钟

著名教育家班杰明曾经接到一位年轻人的求教电话，于是与那位向往成功、渴望指点的年轻人约好了见面的时间和地点。

当那位青年如约而至时，班杰明的房门敞开着，眼前的景象令年轻人颇为意外——班杰明的房间里乱七八糟，狼藉一片。

没等年轻人开口，班杰明就招呼道：“你看我这房间，太不整洁了，请你在门外等候一分钟，我收拾一下，你再进来吧。”班杰明一边说着一边就把门关上了。

不到一分钟的时间，班杰明又打开了房门，并热情地把年轻人让进客厅。这时，年轻人的眼前展现出另一番景象，房间里的一切变得井然有序，而且有两杯刚刚倒好的红酒，在淡淡的香水气息里，正漾着微波。

可是，没等年轻人把满腹的有关人生的、事业的疑难问题向班杰明讲出来，班杰明就非常客气地说：“干杯，你可以走了。”

年轻人手持酒杯一下子愣住了，既尴尬又非常遗憾地说：“可是，我……还没向您请教呢……”

“这些……难道还不够吗？”班杰明一边微笑着一边扫视着自己的房间，轻言细语地说：“你进来有一分钟了。”

“一分钟……一分钟……”年轻人若有所思地说：“我懂了，您让我明白了一分钟的时间可以做许多事情，可以改变许多事情的道理。”

班杰明舒心地笑了。年轻人把杯里的酒一饮而尽，向班杰明连连道谢之后，开心地走了。

品读：在这个故事里，我们没有看到板着面孔刻意说教的痕迹，也没有滔滔不绝的长篇大论，有的只是充满智慧的爱心和充满艺术的启发，而结果却出人意料，又在情理之中。班杰明舒心的笑和年轻人的恍然大悟，也让我们从中感受到班杰明暗示的艺术效果和教育的智慧。

61. 分数也有生命

一个学生写作文,态度不认真,只写了二百多个字,且字迹潦草,错别字连篇,但文章的构思新颖。按惯例,这样的作文打60分也就差不多了。可是,老师却给他打了这样一个分数:95－20－15;还在每一个分数下面作了注解:95分构思新颖,有创新精神;减去20分——字数不足;减去15分——书写太潦草,有错别字。这位学生看到这样的分数后,当即羞红了脸,发誓今后一定要好好写作文。后来他的作文成绩果真不断提高。

品读:真为这位老师高超的教育智慧所折服,也被他对学生真诚的关怀所深深感动。对学生没有达标的学习成绩,他们并没有简单地写上几个冷冰冰的罗马数字,而是带着感情和信任给他们以激励。分数本来是无生命的,可在这位老师手中却被赋予了生命,活了起来;分数不再是面目可憎的“敌人”,突然之间变成了可亲可爱的“朋友”,从而对学生产生了无穷的教育力量。假如每位老师在日常教学中都有创新方式,让分数活起来,成为推动学生进步的力量,学生多高兴啊!

62. 我还有一个同样了不起的儿子

河北省大名县张素香老师在《二十年后的……》作文指导课上说:我安排学生以小组为单位交流20年后的情景。巡视时,我发现学生不是谈自己当了总统、总裁什么的,就是谈自己成了亿万富豪、权倾一方,比权势、比金钱的倾向很明显。

我决心扭转这个势头。总结交流时,我“采访”一个男生,他站起来,不可一世地说:“现在,我是美国总统,我在白宫下令,美国的宇航员要征服外星球!”我上前握住他的手说:“了不起!尊敬的总统先生,你还记得吗?你的小学阶段是在中国华北平原上的一个农村小学度过的,那时候,你还是劳动委员呢!”谁知,这小家伙不买账,脑袋一晃,说:“我不记得了!”我一愣,随即微笑着说:“当总统不容易啊,日理万机。不过,我相信你会想起来的。”说话间,我想起了一个故事,接着刚才的话题说:“尊敬的总统先生,请听我讲关于另一个美国总统的故事。美国前总统里根当选总统后,有位记者采访里根的母亲,说您真是个了不起的母亲,您有个当总统的儿子。里根母亲听后,微微一笑,说我还有一个同样了不起的儿子(指里根弟弟),他正在地里刨土豆呢。”学生听了,纷纷举手要求发言。几个学生发言后,我示意现在的“美国总统”说感想。他不好意思地说:“我觉得要做有意义的事情就行了。我这个美国总统也是为人民服务的。”大家听了,讨论就更热烈了。

接下来的发言也不再是权和钱的较量了。

品读:班主任工作中必须坚持德育为首的原则,全面提高学生素质,促进学生主动发展。班级德育是实施班级建设与管理的核心内容。根据素质教育的要求,班集体是学生德智体美劳诸育全面发展的载体,其中德育对学生其他方面的发展起着导向、动力、保证作用。张素香老师做得就非常出色。当她发现在学生《二十年后的……》的作文中,不是谈自己当了总统、总裁什么的,就是谈自己成了亿万富豪、权倾一方,比权势、比金钱的倾向很明显。于是她决定在指导课上扭转这种局面。于是,她用采访的形式巧妙地进行了引导,并借用里根母亲的话暗示学生真正能做好眼前有意义的平凡的事,也是了不起的。

我们教师特别是班主任的工作,首先考虑有利于学生思想政治素质的提高,坚决克服重智轻德、重知轻能、重理论轻实践的倾向。要抓好政治方向教育,通过爱国主义、集体主义、社会主义教育,提高学生的政治思想觉悟,激发他们的社会主义积极性,坚定他们的共产主义信仰,帮助学生树立正确的人生观、世界观和价值观;要抓好道德规范教育和纪律法制教育,提高学生的社会主义道德,规范他们的行为,调节好班级人际关系,协调好班级各项工作,优化班级环境,建立良好的班级教育教学秩序,加强法制教育使学生做懂法、守法、护法的模范;与此同时还要抓好学科德育,做教书育人的模范;抓好班级各项活动特别是社会实践活动,把以社会主义、共产主义为核心的德育内容渗透到各育和各项活动之中,确保班集体建设的政治方向。

63. 校长您什么时候批评我呀

某学校有这样一个学生,常常缺课,有人把状告到了校长那儿,校长经过了解,发现他又去打台球。于是,这位校长就去找他,站在他的背后。他发现校长严肃地看他,一言不发,便放下球棒,背起书包,闷声不响,低头回到了学校。一路上,两人都不说一句话。到校后,校长只用手朝教室一指,他便进教室去上课了。

以后,校长也不提起这事,下课也不找他。结果发现他连续几天似乎心事重重,后来他自己到校长办公室找校长:"校长,您什么时候批评我呀?"校长说:"不必了,你现在不迟到,不旷课,又没有什么错误,批评什么?"他如释重负地笑了。

品读:教育需要艺术,有时只需语重心长地教诲,有时只需一个眼神的暗示,有时只需一下意味深长的触摸,有时只需关爱信任的鼓励……因人制宜,因时制宜。在这个故事中,校长这种无声的批评,是一种积极的暗示,这种暗示保护了学生的自尊心,刺激了学生对自己严格要求的意识,达到了此时无声胜有声的良好效果。

64. 给学生留点面子

一女生在数学考试时在一道题中少点了一个小数点,被老师扣了分。试卷发下来后,她偷偷添上这个小数点,来找老师补分。老师虽然从墨迹上看出了问题,但是没有挑明,他满足了这个孩子补分的愿望。不过老师在那个小数点上重重地画上一个红圈。女生领会了老师的意图,惭愧不已,以至多少年后还难以忘怀。

这位老师之所以用"点到为止"的处理方法,是因为他觉得用含蓄的责备方式对这个孩子已经足够了,没有必要再丢孩子的面子。

品读:保护学生的面子,不等于不要学生知错认错,老师的一个红圈,看似瞬间偶得,却是长期教育智慧的结晶;因为,这个"红圈"实际上是一种暗示:"我知道是怎么回事。"而且,也有一种警示:"仅此一回,下不为例。"这就是教育的智慧,其实,保护学生的面子,既不妨碍学生改错,还会有助于学生更好地改错。因为保护对方的面子是一种情感投入,俗话说,"感人心者莫先乎情"。多少年过去了,那女孩回想起当年那一幕,仍然激动异常。她当时是抱着忐忑的心情去找老师的,生怕老师看出破绽。然而,当老师没有让她难堪时,她却心慌了。她说:

“那件事后，我才真的下定决心做个诚实的人。”看来，这件事不仅影响了她的学生时代，而且已经影响了她的一生。

“严格要求学生”与“尊重学生”，两者在教育过程中是可以统一的。对学生负责，不必毫不留情。鲁迅先生说：“无情未必真豪杰。”我们不妨跟着说一句：“无情未必真严师。”这就是智慧的师爱。

65. 面对迟到的学生

钱梦龙在外地上公开课，一位同学迟到了，站在门口十分难堪，钱老师和蔼地说：“这位同学虽然迟到了，但却是十分喜爱学习的好学生。你们看，他跑得头上都冒汗了，这说明他心里很着急，想把迟到造成的损失减少到最低程度。”这个学生消除了尴尬，很快投入了听课，成了最踊跃的发言者。

品读：钱梦龙老师的做法凝聚了对学生真诚的爱护，而且他善于发现学生的优点，特别是善于发现学生错误中的正确因素和闪光点，尊重学生的人格，保护学生的尊严，并善于用语言暗示的方法引导学生要做一个好学生就不能迟到，并立即投入到学习中去，其结果不难看出，这种暗示法已经将不利因素转化为有利因素。

66. 给孩子 50% 的帮助

有人到朋友家做客，无意中发现他的朋友为孩子擦皮鞋时只擦一只。他问朋友，朋友解释说：这是创造性教育孩子的一种方法，因为这样可以迫使孩子为了两只鞋子一样整洁，而自己动手将另一只鞋洗擦干净。如果经常这样做，就能使孩子形成自觉的卫生习惯。这是一件多么小的生活琐事，虽然只是少擦一只皮鞋，但由此产生的教育意义却是深远的。

品读：由此，我想到了我们的教育。在平时的教育教学中，我们的老师总是不厌其烦地对学生进行说教、嘱咐，有时甚至训斥。一见学生便喋喋不休，以为是对学生负责，对家长负责，是为了学生好，认为只有如此才能让学生不断进步，才能使学生吸取教训,才能让学生"刻骨铭心"。殊不知,这种教育方式也会导致"超限效应",其结果是自己的一番苦心,换来的却是学生的无动于衷、反感、怨恨、逃避。其实,我们这些为人师者在教育学生时也应研究"帮助"的艺术,也要学会给学生50%的帮助。心理学原理告诉我们:适当的"放手"更容易激起学生想象的浪花、好奇的涟漪、管理的自律、成功的愿望。因此,教师在教育教学中要尽量做到"点到为止",不要过多地干预学生,要为学生留点自由的空间,让他们自己去思考、反省、总结。学生们自由的心灵能够在天空中"独立"地飞翔,他们会觉得老师可亲、可敬,会更尊重老师,会更多地和老师接触,和老师交朋友,老师也才能真正走进学生的心灵。

因此,我们一定要掌握好教育学生的方法,该帮助时就帮助,能放手时就放手。只有这样,教育才能恰到好处,收到润物细无声的效果,避免"超限效应",使教育进入"无为而治"和"此时无声胜有声"的佳境。

67. 科普作家与修理工

阿西莫夫是俄国血统的美国人,他曾讲过一个关于自己的故事,有一次,他遇到一位汽车修理工,是他的老熟人。修理工对阿西莫夫说:"嗨,博士,我来考考你的智力,出一道思考题,看你能不能回答正确。"阿西莫夫点头同意。修理工开始说思考题:"有一位聋哑人,想买几个钉子,来到五金商店,对售货员作了这样一个手势:左手两个指头立在柜台上,右手攥拳头做出敲击状的样子。售货员见状,先给他拿来一把锤子,聋哑人摇摇头,指了指立着的那两根指头。于是,售货员就明白了,聋哑人想买的是钉子。聋哑人买好钉子,刚走出商店,接着进来一位盲人。这位盲人想买一把剪刀,请问:盲人将会怎样做?"阿西莫夫心想,这还不简单吗?便顺口答道:"盲人肯定会这样——"阿西莫夫伸出食指和中指,做出剪刀状。修理工一听,开心地笑起来:"哈哈,你这个笨蛋,答错了吧!盲人想买剪刀,只需开口说:'我买剪刀'就行了,他干吗要做手势呀!"阿西莫夫不得不承认自己确实是一个"笨蛋"。汽车修理工却得理不让人,用教训的口吻说:"在考你之前,我就料定你肯定会答错,因为你受的教育太多了,不可能很聪明。"

品读:难道阿西莫夫真的很笨吗?不是,阿西莫夫从小就很聪明,年轻时参加多次"智商测试",得分总是在160左右,在"天赋极高者"之列,他一直为此而洋洋得意。他一生中撰写了400部书,是知名度很高的科普作家。这么聪明的人怎么会把如此简单的问题答错了？这是因为修理工通过聋哑人买钉子所做的手势,把阿西莫夫的思维故意引向了买什么东西做什么手势的固定思维模式上来了,这种固定的思维模式就是思维定势。

这个故事告诉我们这样一个道理:人们获得知识和运用知识,主要是通过对以前所学知识或经验的学习迁移而实现的。学习迁移,指一种学习对另一种学习的影响,或学习的经验对完成其他活动的影响。它广泛存在各种知识、技能、行为规范与态度的学习中。迁移可以分正迁移和负迁移,正迁移指一种学习对另一种学习起到积极的促进作用,而负迁移是指一种学习对另一种学习的干扰阻碍作用。思维定势就干扰阻碍了人的发散思维,是一种负迁移。因此,我们教师在教学工作中,必须依据这一规律,充分考虑影响迁移的各种因素,利用或创造某些条件,促进正迁移的产生。同时,又要克服迁移带来的消极作用。这就需要教育的智慧。

有的老师的教学方法就像这位修理工一样,对知识的获得和运用会产生消极的负迁移作用,不仅对学生的思维起不到积极的促进作用,反而干扰阻碍了学生的思维。这是因为这种教学方法主要依靠死板的演示、分析、讲解呈现知识,学生只需要被动的观察、听讲和记忆,机械地将所学知识应用于类似的情景中。用这种方法获得的死知识和死办法,会在学生头脑中形成较多的思维定势,当把他们迁移到其他知识领域中去时,就会起到阻碍限制的作用。虽然在短时期内能提高学生的学习成绩,但长期发展下去,就会使学生思维懒惰、头脑僵化、思路狭窄,就可能抹杀了学生的主动性、灵活性和个性化思维。这就是那位修理工所说的“你所受的教育太多了,不可能很聪明”的原因。

68. 智慧,只因换一个说法

法国女歌唱家玛·迪梅普莱有一个美丽的私人花园。每到周末,总是有人到她的园子里采摘游玩,弄得一片狼藉。管家让人在林园四周围上篱笆,并竖起“私人花园,禁止入内”的木牌,但仍无济于事,园子依然不断遭到践踏。于是,管家只得向主人请示。

玛·迪梅普莱听了管家的汇报后,就让管家在花园旁立了一块大牌子,上面醒目地写着:“若在园中被毒蛇咬伤,最近的医院距此15千米,驾车半小时即可到达。”

从此,再也没有人闯入她的花园。

品读:我真佩服这位女歌唱家,她仅仅换了一个说法,一个棘手的问题就迎刃而解了。而她的牌子上写的“若在园中被毒蛇咬伤”一句,就暗示了此园中有蛇,使得一些人不得不望而却步。很多时候,我们的教育,不也需要暗示这种教育的智慧吗?在孩子的成长过程中,心理暗示其实一直都起着很大的作用。想自己小的时候,父母老师表扬说:“你真棒,一直以来都是这么乖。”这样的表扬就一直激励着我们不断地进步,努力做同学的榜样,生怕有一点闪失,坏了自己在老师在同学心目中的好印象。

确实,暗示用得好,就像一阵润物无声的细雨,悄悄滋润着孩子稚嫩的心灵,对于培养孩子规范的举止、优良的品性、良好的习惯具有很重要的意义。

让我们多给孩子一些积极的心理暗示吧。

69. 摔倒

有这样一则小故事:两位妈妈分别带着自己的孩子在公园里玩耍。当看到美丽的蝴蝶在草地上翩翩起舞时,两个孩子奔跑着去追赶,不小心都摔倒了。

一位妈妈赶紧跑过去,抱住孩子心疼地说:“乖乖,摔疼了吧?”孩子“哇”的一声大哭起来:“我好疼啊。”而另一位妈妈则站在一旁,淡淡地说:“没关系,自己爬起来。”这位孩子若无其事地爬起来,又继续奔跑着玩去了。

品读:同样是摔跤,为什么有的孩子显得脆弱娇气,而有的孩子却表现得坚强勇敢呢?这跟两位妈妈不同的表现有关。前一位妈妈紧张不安的态度在暗示孩子,摔跤是很疼痛的,从而在心理上增加了孩子疼痛的感觉,使孩子变得娇嫩,这是消极的暗示。而另一位妈妈淡然平静的态度却暗示给孩子,摔跤没什么大不了,自己应该勇敢地爬起来,这是积极的暗示。

心理学家说,暗示是指通过语言、手势、表情等施加心理影响的过程,暗示的结果是使受暗示的人在心境、情绪、兴趣、意志方面发生变化。暗示教育最大的特点就是“暗”,在潜移默化、不知不觉中影响孩子稚嫩的心灵。

积极的心理暗示带给孩子的是积极的认识和体验。与说理教育相比,暗示教育能融洽教育者与被教育者之间的关系,含蓄而委婉,避免说理教育给孩子带来的压抑感和逆反心理,使孩子于无形中养成良好的道德认识和行为举止以及坚强的情感意志。据调查,有接近90%在品质、意识和智力方面有杰出表现的人,年幼的时期都感受过来自家长的积极暗示。

70. 保护想象力

黑龙江电视台播出的《狂野周末》节目中,有这样一组画面:

两只凶猛的狮子正追捕一群形体比他们大的野牛,不一会儿,其中的一头野牛被狮子隔离开来。两只狮子前后夹击,其中一只咬住野牛的脖子,另一只则咬住了野牛的后腿。孤立无援的野牛反抗着、挣扎着,危在旦夕。与此同时,奔跑着的野牛群也在距那狮子不远的地方突然停下来,并且聚集在一起……请你发挥自己的想象力,续写下面将要发生的情况及最后结局。在阅卷老师看来,在本次作文的提示中隐含了这样的信息——“野牛们聚集在一起”,无疑是暗示学生应以“团结就是力量”为主题而展开想象。结果凡是写野牛团结一致战胜狮子的都给了高分(一类文)。有位学生是这样写的:野牛聚集在一起经过商量,决定同心协力共同对敌,但最终还是没有战胜狮子,救出同伴,只是发出凄厉的吼声,为同伴送行。此文只被老师评为三类文。

品读:这个例子不只是涉及评价标准的问题,而且更反映出学生的想象力就是在这种单一的评价标准中被扼杀了。学生得这样一个低分的评价,下一次他还敢展开想象的翅膀吗?他一定会“学乖”,因为在他们看来分数比什么都重要。雪化了变成了什么?答“变成了水”就给高分,因为标准答案就是这么写的;答“变成了春天”就算错,因为和标准答案不同,这样的评价谁还敢放飞自己的想象力!老师们我们不要再埋怨学生写不出好的作文、缺乏个性了,挽救学生的想象力,还是从我们老师做起吧!

不久前,北京师范大学陈会昌教授公布“中国城市儿童想象力和幻想力研究成果”:千余名中小学生在回答“树上有五只鸟,猎人开枪打死一只还剩几只”的问题时,有99%的孩子说出了所谓的标准答案“一只也没有,因为都吓跑了”。仅有一名小学生的回答与众不同,他说:“还有三只,因为五只鸟是一家人,猎人打死了鸟爸爸,吓跑了鸟妈妈,还剩下三只不会飞的鸟宝宝。多可怜啊!”面对孩子们几乎用同一种思维模式得出的答案，专家们困惑了。

不仅如此，我们这一代人也曾用上述题目考过自己的孩子，并用标准答案来纠正过孩子极有创意的答案——“树上有五只鸟，打死一只，还剩下不怕死眼中喷着复仇怒火的四只鸟。”因为当我们还是孩子的时候，在回答这个打鸟问题时也曾千奇百怪，可在教师嘲笑声中，我们一生也难忘“鸟全吓跑了”的这一“标准答案”。这造成了几代人沿袭一个固定的思维方式去寻求标准答案，丧失了迸发创造性思维火化的可能。

有些时候，“标准答案”扮演了并不标准的角色，教育界及传媒千万不能用“标准答案”来禁锢孩子们的思想，否则，亲手扼杀的将是未来的民族创新与个性。

说到这儿，另一个故事让我感动了。

1968 年，美国内华达州一位叫伊迪丝的 3 岁小女孩告诉妈妈：“她认识礼品盒上的‘OPEN’的第一个字母‘O’。”这位妈妈非常吃惊，问她怎么认识的。伊迪丝说：“薇拉小姐教的。”

这位母亲表扬了女儿之后，一纸诉状把薇拉小姐所在的劳拉三世幼儿园告上了法庭，理由是该幼儿园剥夺了伊迪丝的想象力，因为她的女儿在认识“O”之前，能把“O”说成苹果、太阳、足球、鸟蛋之类的圆形东西，然而从劳拉三世幼儿园教她识读了 26 个字母后，伊迪丝便失去了这种想象力。她要求该幼儿园对这种后果负责，赔偿伊迪丝精神伤残费 1 000 万美元。

诉状递上之后，在内华达立刻引起轩然大波。劳拉三世幼儿园认为这位母亲疯了，一些家长也认为她有点小题大做，她的律师也不赞同她的做法，认为这场官司是浪费精力，然而，这位母亲却铁定了心，坚持要把这场官司打下去，哪怕倾家荡产。

三个月后，此案在内华达州立法院开庭，最后的结果出人意料，劳拉三世幼儿园败诉，因为陪审团的 23 名成员被这位母亲在辩护时讲的一个故事说服了。

她说，我曾到东方某个国家旅行，在一家公园里曾见过这么两只天鹅，一只被剪去了左边的翅膀，一只完好无损。剪去翅膀的被收养在较大的一片水塘里，完好的一只放养在较小的水塘里。当时我非常不解，问那里的管理人员，他们说，这样能防止它们逃跑。我问为什么？他们解释说，剪去一边翅膀的无法保持身体的平衡，飞起后就会掉下来；在小水塘里的，虽然没有被剪去翅膀，但起飞时会因没有必要的滑翔路程，而老实地待在水里。当时我非常震惊，震惊于东方人的聪明和智慧。可是我也感到非常悲哀,为两只天鹅感到悲哀。今天,我为我的女儿的事来打这场官司,是因为我感到伊迪丝变成了劳拉三世幼儿园的一只天鹅。他们剪掉了伊迪丝的一只翅膀——一只幻想的翅膀;他们早早地被投进了那片小水塘,那片只有 ABC 的小水塘。

这段辩护后来成了内华达州修改《公民教育保护法》的依据,现在美国《公民权法》规定,幼儿在学校拥有两项权利:1. 玩的权利;2. 问为什么的权利。这两项权利的列入是否起因于那位母亲的一场官司,不得而知。不过,有一点美国人非常清楚,这一规定,使美国在科技创新方面始终走在了世界的前列,使美国出现了比其他国家多得多的年轻百万富翁。

71. 教授 · 学生 · 白老鼠

有一位心理学教授用最得意的两位学生做试验。

他把两人找来,给每个人六只白老鼠,然后说,他想要看他们能在一个月之内教会老鼠做什么事。教授对其中一名学生说:“你很幸运,因为你的老鼠是由杰出的基因所培养出来的。一个月之后,我希望你能教会它们任何狗都能学得会的东西——翻身、坐下、装死等。”教授对另一名学生说,他分到的六只是普通的老鼠,要想教会它们什么,只是白费心机而已。

一个月之后,两名学生带着他们的白老鼠回来。第一位学生对他的成果感到很兴奋,教出的老鼠简直就像训练有素的马戏团员,坐下、翻身、装死等把戏都很拿手。而第二名学生则对教授说:“你说的对,我的老鼠真是笨老鼠,成天缩在角落一边,给它们食物也不敢过来吃,我教不会它们做任何事。”

这名教授笑着对两位学生说道:“这一切只不过是一个实验而已。12 只老鼠都是一样的,唯一的差别只在于你们,一个注意力在于怎样才能教会它们,而另一个注意力则在于怎样也不能教会它们。”

品读:在教育孩子的时候,这种注意力法则也是很受用的。人的注意力很有意思。你注意什么,就会得到什么,而这种注意跟教授的暗示有关。如果你欣赏你的孩子,你将会培养一个令你欣赏的孩子。我们每一个人的潜能都犹如一座待开发的金矿,蕴藏多少、价值几何都难以估算。只要开发出来,哪怕是一个平凡的人,也能成就一番事业,都可以让自己的一生无怨无悔。愿我们广大教育工作者都能以公正的态度对待每一位学生。

72. 神秘的力量

美国是移民的天堂,但天堂里也有数不清的清贫者,已经30岁的亨利就是其中的一个。他靠失业救济金生活,整天无所事事。躺在公园的长椅上,无奈地看着树叶飘零、云朵飞走,感叹命运对自己的不公。

有一天,他儿时的朋友切尼兴冲冲地找到他。并且带来一个令他吃惊的消息。切尼告诉他:"我看到一本杂志,里面有一篇文章说拿破仑有一个私生子流落到美国,并且这个私生子又生了好几个儿子,他们的全部特征都跟你相似,个子矮小讲一口带法国口音的英语。"

"真是这样的吗?"亨利半信半疑,但他还是愿意把这一切当成真的。他掏出口袋里所有的零钱,用汉堡包加一杯可乐招待切尼。

"我是拿破仑的孙子。"有很长一段时间亨利总在心里念叨着,渐渐地这挥之不去的意念终于使他确信了这是一个事实。于是,亨利的人生整个被改变了:以前,因为个子矮小而充满自卑,而现在的他却因此自豪起来。

我爷爷当年就是靠这种形象指挥千军万马;以前总觉得自己英语发音不标准,像一个令人讨厌的乡巴佬,现在却觉得自己带一点法国口音的英语发音实在是悦耳极了。亨利决心开创一份事业时,因为是白手起家,他遇到了无数难以想象的困难,但他却充满了信心。他对自己说:"在拿破仑的字典里找不到'难'这个字。"就这样,凭着自己是拿破仑后代的信念,他克服了种种困难,成为了一家公司的董事长,并且在他经常闲逛的那个公园对面盖了一栋30层的办公大楼。

在公司成立十周年的日子,他请人去调查自己的身世。结论是他并非是拿破仑的孙子。但亨利没有因此感到沮丧,他说:"我是不是拿破仑的孙子已经不重要了,重要的是明白了一个成功的道理,当你相信时,它就是真的。"

品读:暗示是一种力量,会产生强烈的心里优势。引导潜在的动机产生行为,让自卑的人变得自信。当一个人自信的时候,什么事都难不倒他。那么,在我们的教育教学中,应该经常给学生一些积极的心理暗示,使他们相信自己,发现自己的闪光点,最终他们一定会学有所成的。

卷四

袖手无言味更长

——等待的艺术

曾读过一篇文章《爱他,就任其挣扎》,说的是一只蛹,在羽化成蝶的过程中,作者不忍心看其苦苦挣扎了一天,忍不住最后时刻用剪刀替它把皮剪开了,这个蝴蝶一直在战栗着,直到死也没飞起来。问过生物学家,专家告诉她:"在蜕变的过程中,蚕蛹的抖动是为了将翅膀内多余的水分抖出来,这样才能飞翔,你帮它把皮剪掉,它翅膀里乃至身体里的水分太多,自然无法飞翔。"文章很短,但很震撼。文章作者的好心和性急断送了蝴蝶美丽的生命。

这使我想起了韩国心理医生提出的"慢速培养"孩子的观点——凡事不可操之过急,要有懂得等待的智慧。作为班主任应该懂得学生的成长也是有过程的,要用心呵护每一朵花,不能急躁,要允许花开得"灿烂丰满",允许花长得"缓慢瘦小",甚至允许今春的花暂不开放,等待秋季里开放……

我们必须承认,尊重孩子的差异,用心呵护每一朵花,耐心等待每一朵花开放,相信每一朵花都能盛开。

"教育是慢的艺术,有时更需要耐心等待。"教育的等待,需要"袖手无言味更长"的含蓄和智慧,需要教育工作者以更多的耐心去促进学生的感悟。因为,学生接受教育的过程是把外在的教育内化为自身素质的过程。一切均在潜移默化中惊醒。这个过程需要等待。因为,从播种到收获之间有个过程,等待的结果或许暂时让人不能释怀,甚至有所失望,但只要我们充分地信任学生,最终他们一定会非常优秀,或许不是在学校。我们决不因为一张白纸上有个黑斑,就否定这是一张白纸。白纸固然纯洁,但有一点"瑕疵"的白纸未尝不会更美丽。

等待是一种艺术,是一种对未来的期盼,更是一种境界。只有用心灵呵护学生的老师,才会从含着露珠的嫩芽中嗅到硕果的清香。

73. 引而不发

有一个女生，不想读书，经常上舞厅，老师批评后，说不再去了。但有一个要求：不要告诉家长。老师说："改了就不说，如果再犯，那就告诉家长。"学生答应了。不久，又发现她去了舞厅。老师问："怎样才叫我相信你?"学生很自愧。老师说："这次就算最后一次，倘若再出现我就告诉家长。"谁知竟出现了第三次。怎么办？后来了解到是别人拉她去的，老师明白这次是被动的，比过去有所进步，于是又对她说："你不要让老师失望，事不过三，再给你一次改正的机会。"学生低下头，感动了，以后再也没去过。

品读：这位老师充分相信学生会自觉改正错误，因而采用了"引而不发"的期待的教育方法，不仅维护了学生的自尊心，而且激发了学生的自信心，培养了学生自我制约能力。所谓"引"，指的是引导、告诫、期待。所谓"罚"，指的是行政上的制裁或行为上的处置。对于有缺点和错误的学生来说，教育、告诫、等待有时会比惩罚更要紧，有时"不罚"比"罚"效果更好。因为"不罚"、"等待"，更能显示出它长期的警示作用。在"不罚"中可以使学生保持一种"向上"的企求。如果草率地"罚"了，效果不好，就失去了威慑力量。一位有经验的教师，总是"引而不发"，在等待中让学生自主改正错误。而且，这种"引而不发"的方法，还可以使教师处于非常主动的地位上。本着相信学生、理解学生的态度进行有效的思想工作和必要的引导，期待着学生自我改正错误。这位老师的做法值得我们借鉴。

74. 信封里的"太阳"

丹尼斯把自己在游乐场抽奖得到的10美元拿到班上，同学们都羡慕极了。这时，大家都走出教室忙着去做游戏。库伯在收拾自己的东西时，发现那张钞票就在前面的课桌底下，他忙喊丹尼斯，可是没有人答应。这时一个念头在他脑子里一晃，他悄悄拾起了那张钞票。虽然没有人注意到，但是一出教室，库伯就后悔了，一个声音总是在他耳边——那不是捡，那是偷！他内心矛盾极了，最后决定第二天找个机会悄悄还回去。谁知,丹尼斯发现自己丢了钱,并告诉了老师,全班同学都被留了下来。大家都不承认。丹尼斯的爸爸也来到了学校,出人意料的是,他是一位警察。他把厚厚的两摞信封分发给每个孩子,说:“我敢肯定这班里没有小偷!有的只是犯了错误的孩子,而且他目前还没有勇气承认错误。怎么办?我给大家的信封里装着我画的红太阳,没有犯错误的孩子明天把信封好交给丹尼斯;犯错误的孩子把10美元装在信封里交给丹尼斯,请留下信封里的太阳,等你有勇气认错了再还给我。”第二天,丹尼斯果然收回了自己的钱,信封里也少了一个“小太阳”……很多年后,库伯也当了一名警察,他十分正直,在岗位上抵制了许多的外在诱惑。有一次,他因破获诸多重大案件而获嘉奖,给他颁奖的竟是多年不见的丹尼斯的爸爸。当他们相互致意后,库伯从口袋里拿出一张白纸慢慢展开,上面画着一个闪着金光的红太阳,空白处是一行孩子的字迹:“我知道今天犯了错误,是我拿走了丹尼斯的10美元……”

品读:成长中的学生难免会出现错误,面对学生的问题和不足,育人者需要像盼日出一样去对待,给学生一个认识和反省的时机。真正的师爱不是无原则地对孩子提出要求,不是主观上希望孩子立刻能达到自己的某种要求、立即具备某种素质,而是时刻注意维护他们的自尊,多给孩子们一些成长和认识的时间,给他们自主改正缺点、弥补不足的机会。相信这样的教育一定会帮助每一个育人者逐渐成为孩子们心目中的“红太阳”,一定会帮助每一个孩子像红太阳一样沿着自己的、健康的轨道升起在自己的天空。

75. 步入心灵的春天

江苏省泰兴市大生镇洋思中学陈忠达老师介绍了他的一个案例:初一有个女生,性格特别内向,课上课下总不吭声。据她小学同学说,她一直是这样的。

有一次活动课,我决定让大家轮流唱歌,快到这个女生时,她紧张起来,低头看着脚。轮到她唱了,她慌张地站起来,涨红脸说:“我不会唱。”我带着微笑鼓励她:“没关系,今天大家第一次唱歌,你随便挑一支歌,唱几句也行。”她却一声不响,也不看我。我说:“好吧,没关系,你先坐下吧。课后你向同学学一首歌,下次唱给大家听。”下课后,我走到她身边笑着说:“老师想你肯定有自己想唱的歌。”说完就走了。

又一次活动课,我仍然让大家唱歌,轮到她,她不敢站起来,直说不会唱。我说:"好,你再准备一下,等会儿再唱。"然后有个男生说:"我唱一支歌,但只记得几句。"我说:"没事,一句也行。"男生唱了几句,跑调挺厉害,同学们善意地笑了。然后,我又请那位女生唱。这一次,她犹豫地站起来,低声唱了一支歌,但我听得很认真,并说:"真不错,希望下次听到你的新歌。"女生坐下了,松了一口气,脸上洋溢着激动的光彩。

在以后的活动中,这位女生明显地变了,她能大声地唱歌,能与同学们合作,能开心地笑出声来了。

其实一个少年怎么会不喜欢唱歌呢?只是因为性格偏执和自我的不良暗示,导致了心灵的自我封闭,因而不敢唱罢了。突破这种心理桎梏,需要热情、耐心、真诚和技巧。那个唱得完全跑调的男生,其实是我事先安排好的"榜样",为的是给她减轻心理压力,至于声音小倒不必苛求一步到位,免得她再生挫败感,只要运用好激励,她自然会勇敢起来。就这样,这个被认为内向得"不可救药"的女生,终于步入了自己心灵的春天。

品读:俗话说江山易改禀性难移,当然难移不等于不能移。人的性格具有稳定性特点,要想改变它,需要有耐心、等待和引导。过去我们常说耐心是教师的基本品质,等待是尊重规律,引导是教育艺术的体现。案例中的陈老师是我们学习的楷模,他对待性格内向学生的等待充满着耐心和智慧,为了打消这位女生的顾虑,减轻她的心理压力,而巧妙地安排一位男生作"榜样",真的让我们拍手叫绝。

76."下种"之后

春天到了,有个人在一块空地种上扁豆籽,三天后他去看了看,没有发芽,就随手浇了一瓢水。又过了两天,再去看看,还是没有发芽,他有点着急了。以后,他天天去看,还是没有发芽,他有点失望了。又是一个星期过去了,他认定是死了,干脆不去看了,但一个月过去了,偶然往那空地上一看,却发现扁豆秧大多破土而出了。由此,他悟出一个道理:许多事情都如那扁豆秧,并非你一播种下去,就立马长出地面。它有它的生命规律,它需要时间,做完"下种"之类的事以后,就得平心静气地等待。

品读:上述故事告诉我们,等待是对生命发展规律的尊重,等待是人们尊重科学的智慧。在教育上何尝不是如此。也许因为生活节律的加快,现代社会倡导的高效率让我们渐渐地疏远了等待;也许因为受急功近利心理的影响,让我们多了几多浮躁,不再习惯于等待;也许是因为“恨铁不成钢”吧,于是等待中又平添了许多焦虑。但是,我们老师在不得不等待的时候,却对学生不顾情面地开始了批评和指责,或越俎代庖,拔苗助长,甚至不闻不问,弃之不顾……唯独放弃了满怀信任、期待和美丽而安详的等待。

于永正老师执教《全神贯注》,课上有位学生连续两次都没能将一长句读通,于老师单独指导后再让其读,结果仍没能读通。其他同学纷纷举手要求朗读,听课老师也为他捏了一把汗。出人意料,于老师非常镇静,非常耐心,又带着这位学生读,到第八遍时,终于读通了。当时,台上台下掌声雷动,大家为学生获得成功而鼓掌,更为于老师的耐心等待而鼓掌。

可见,教育中的等待并不是一种不负责任的放弃,而是一种遵循教育规律的理性选择。它体现了以学生为本的理念,它是皮格马利翁式的期盼与固守,是宽容、耐心、期待与尊重的化合物,是学生成长与进步的催化剂。

“人不是件东西,他是一个置身于不断发展过程中的生命体。在生命的每一刻,他都在成为永远尚未成为他能够成为的那个人。”马克思的这句话足以让我们品味到等待在教育中的重要意义。

77. 农夫的智慧

农夫驱赶两头牛在耕地,一个商人路过,问农夫:“这两头牛,哪一头更能干?”农夫说:“他们干活都很尽力。”商人听了不解。等到休息时,农夫把牛放在一边吃草,回过头来,俯在商人耳边说:“西边那头更能干些。”商人奇怪地问:“刚才你为什么不告诉我?”农夫说:“如果我刚才大声对你说了,那头牛就会听到,它已经很努力干活了,差不是它的错,差是暂时的,我们要耐心等待,所以我只能对你那么说,否则它会更失败。”

品读:故事给我很大触动,农夫的智慧光彩夺目。我们教师和家长往往对每个孩子的“期望值”都很高,把每个孩子都想象成天才,想把每个孩子都塑造得完美,自觉不自觉地出现一些拔苗助长、恨铁不成钢的急功近利的言行,人为地给孩子造成了身心伤害,结果会欲速不达。韩国心理医生提出“慢速培养”孩子的观点——凡事不能操之过急,要有懂得等待的智慧。作为班主任,我们应该懂得孩子的成长是有过程的,用心呵护每一朵花,不能急躁,要允许花开得“灿烂丰满”,允许花开的“缓慢瘦小”,甚至允许今春的花暂时不开,耐心等待、呵护、相信秋季能开放……孩子的成长和花草一样,是有自己的花期的。孩子毕竟是孩子,需要我们对孩子暂时的缺点与不足予以尊重、理解与宽容,积极地关注与耐心地等待,细腻地保护其自尊心与自信心。

我们必须承认、尊重孩子的差异,用心呵护每一朵花,耐心等待每一朵花开放,相信每一朵花都能盛开,这也是体现教师的睿智。

78.钱梦龙与他的老师

特级教师钱梦龙小时候很贪玩,先后留级三次。五年级时新班主任武老师把他叫到办公室,说:“钱梦龙大家都说你笨,我可不太相信。现在我教你‘四角号码’查字法,如果你能学会,就证明你不笨,你想试试吗?”从未翻过字典的钱梦龙居然很快在字典里找到了要查的字!武老师笑眯眯地拍着他的肩膀,还用力捏着摇摇。小梦龙受到极大的鼓舞。武老师又给他一项任务:每节新课前,把生字的音义从字典里查出来写在小黑板上供大家学习。“留级大王”把任务完成得无可挑剔,他学会了熟练运用字典,养成了课前预习的好习惯,逐渐成为一个爱学习有自信的少年学子。

品读:正确对待后进生,不仅要爱他们,不歧视他们,更重要的是能够因人制宜地转化他们。武老师对留级三次的钱梦龙给予充分的信任和爱护,他用查字典使小梦龙树立起了自信心,又用抄写生字音义供大家学习鼓起了他进步的风帆,更为可贵的是在这不知不觉的教育中,使小梦龙养成了良好的学习习惯和学习品质,也潜移默化地培养他为大家服务的精神。这是一种高超的教育艺术。而关怀每一个学生,使每一个学生特别是所谓后进生都树立成功、成才的自信心,都获得各自的成功,这是素质教育的第一要义。

79. 小和尚种草

三伏天,禅院里的草地枯黄一片。

“快撒点草种子吧! 好难看!”小和尚说。

“等天凉了。”师父挥挥手,“随时。”

中秋,师父买了一包草籽,叫小和尚播种。

秋风起,草籽边撒边飘。“不好了,好多种子都被吹走了!”小和尚喊。

“没关系,吹走的多半是空的,撒下去也发不了芽。”师父说:“随行。”

撒完种子,跟着就飞来几只小鸟啄食。“要命了,种子都被鸟吃了!”小和尚急得直跳脚。

“没关系,种子多,吃不完。”师父说:“随遇。”

半夜一阵骤雨,小和尚冲进禅房,“师父! 这下可真完了! 好多草籽被雨水冲走了!”“冲到哪儿,就在哪发芽!”师父说:“随缘。”

一个星期过去了,原本光秃的地面,居然长出许多青翠的草苗,一些原来没有播种的角落,也泛出了绿意。小和尚高兴得直拍手。师父点头:“随喜。”

品读:“随时,随行,随遇,随缘,随喜。”说的虽是种草,讲的却是深刻的哲理。这随不是跟随,是顺其自然,不躁进,不过度,不强求;这随不是随便,而是瞅准时机,把握机会,不悲观,不刻板,不慌乱,不忘形。人生需要这样一种“随”,我们的教育何尝不需要这样一种随呢?

教育就是在学生的心田里撒下一粒粒爱的种子和智慧的种子。这种子不一定晚上播撒,早上便能吐出绿芽,需要老师们的耐心和等待。只要我们耐得住寂寞,那种子发芽往往指日可待,说不定哪天就会给你一个惊喜。面对这惊喜我们也无须手舞足蹈,也不需夸夸其谈,要坦然面对,莞尔一笑,随喜罢了。也许在我们的教育时段里体验不到种子发芽的惊喜,但只要那种子是饱满的,是有生命力的,有朝一日会在孩子的心里扎根,发芽,长叶,开花,结果。面对我们的教育,教师需要保持一颗平常的心,不急不躁,顺其自然,因为,等待也是一种尊重教育规律的大智大慧。

80. 我的美国老师

在上海交通大学进修的李大伟,有一个教英语的美国老师,叫玛琼。李大伟英语基础差,常常发生表达上的障碍。每当他表现出沮丧,玛琼老师总是鼓励他:“try,try!”(试试,努力努力。)“try”是她的口头禅。

玛琼虽然年过半百,却坚持和李大伟学习汉语。她毕竟年纪大了,常常忘这忘那。不过,她从不灰心,不住地自我打气:“try,try!”

一次,玛琼老师跟李大伟学骑自行车。斜倒,扶起;又斜倒又扶起……李大伟下意识地蹦出一句话:“try,try!”玛琼开怀大笑,说:“yes,yes!”

是的,在她看来,她传授给一位中国学生一样比专业技术更重要的东西:永远保持尝试的勇气。

一天,玛琼布置了一个作文题《爱情与友谊》。没想到,英语成绩最差的李大伟却写出了全班最长的一篇作文。玛琼老师大加赞赏。下课了,一位女同学,用酸溜溜的语调说:“玛琼肯定为你开小灶了。”李大伟说:“是的,玛琼老师用她的行动多教了我一个字:try。这将使我终身受益,因为try是所有成功的第一步。”

品读:这个故事使我们明白了两点:一是鼓励学生尝试,培养学生的耐挫力,比传授知识、培养技能更为重要。而这一点恰恰是我们欠缺的,至少是做得不够的。二是对学习慢的学生要耐心地等待,要鼓励他们努力尝试,克服困难。

81. 别在冬天里砍树

一位父亲在冬天砍掉一棵枯树,到了春天,他惊奇地发现树桩上又萌发了一圈新绿。于是父亲对孩子说,当时我真的以为这棵树已经死了,树叶掉得一片也不剩,光秃秃的枝丫也不断地往地上落,一点活力也没有。现在才知道,它看似枯死的躯干还蕴藏着活力。孩子,不要忘了这个教训,不要在冬天砍树。对于处于逆境中的事物,决不要得出消极的结论,耐心等待,冬天会过去,春天会到来。

品读:在冬天看见春天,是一种智慧,但这种智慧往往被我们忽略。人生所遭受的心灵砍伐总是屡见不鲜,这从我们的儿童时期就开始了。一有过错,家长就会发怒:“你一辈子都不会有出息”;成绩不好,教师就会指责:“你蠢笨如驴,不会有什么作为……”这些简单武断的否定,无形之中扼杀了孩童与生俱来的天分,让本来很有潜力的人过早失去了活力,倒在自卑的阴影里。这与在冬天砍伐一棵树有着同样的道理。

……亲爱的老师,在教育学生的时候,也请千万记取智者的忠告吧,千万别在冬天去砍伐一棵树,当学生处于低潮、失败、无望时,千万别再雪上加霜,而要雪中送炭,给他温暖、爱护,培植他的希望和信心。用自己的爱心、耐心去呵护学生,定会看到美丽的春天。

82. 马援成才

马援小时候并不出众,一次他与同龄儿童朱勃相遇,朱勃口诵《诗》、《书》,“辞言娴雅”。使马援“见之自失”。马援之兄,见他自惭形秽,立即鼓励他说:朱勃是“小器”速成;你是“大器”,“大器晚成”,切不可自卑。哥哥一句鼓励的话,使马援深受鼓舞,从此发奋苦读,终于成为精通军事、南征北战,为东汉统一和安定作出了巨大贡献的一代名将。马援的成才,主要在其自身努力,然而其兄的期待和热诚勉励亦不可等闲视之。

品读:人的资质确实有些差别,后进生的智力和接受知识的能力也可能稍稍落后于其他同学。然而,他们决非“定型了”的“砖”。为师者,应满怀挚爱,加倍鼓励,使他们能像马援那样受到鼓舞和鞭策,产生良好的情感效应。我们也情不自禁地为马援之兄叫好,并向他学习。

有经验的教师还特别注意学生非智力因素的培养,教育他们懂得“人一能之己百之,人十能之己千之”、“虽愚必明”的道理。一旦他们树立起自尊、自信、自强之志,便会以勤补拙,奋起直追。如果教师在其前进的路上遇到困难时,再助其一臂之力——思维上的启迪,方法上的指导,具体的点拨等,那么,后进生定会转化的。

人生就是这样,没有统一的模式,有的人开始就才华毕露,得到师长的器重和关注;更多的人则会遇到这样那样的挫折,或者是大器晚成,就有可能被歧视,遭到摒弃和压抑。我们应懂得:期待是一种尊重规律、是一种爱心的呵护,期待是不要在冬天里砍倒一棵树,是撒下种子后的等待。

83. 未上锁的门

在苏格兰的格拉斯哥,一个小女孩像今天许多年轻人一样,厌倦了枯燥的家庭生活及父母的管制。

她离开了家,决心要做世界名人。可不久,她每次满怀希望求职时,都被无情地拒绝了。她只能走上街头,开始出卖肉体。许多年过去了,她的父亲死了,母亲也老了,可她仍在泥沼中醉生梦死。

期间,母女从没有什么联系。可当母亲听说女儿的下落后,就不辞辛苦地找遍了全城的每个街区、每条街道。她每到一收容所,都停下脚步,哀求道:"请让我把这幅画贴在这儿,好吗?"画上是一位面带微笑、满头白发的母亲,下面有一行手写的字:"我仍然爱着你……快回家!"

几个月后,没有什么变化。一天女孩懒洋洋地晃进一家收容所,那,正等着她的是一份免费午餐。她排着队,心不在焉,双眼漫无目的地从告示栏里随意扫过,就在那一瞬,她看到一张熟悉的面孔:"那会是我的母亲吗?"

她挤出人群,上前观看。不错!那就是她的母亲,底下有行字:"我仍然爱着你……快回家!"她站在画前,泣不成声。这会是真的吗?

这时,天已黑了下来,但她不顾一切地向家奔去。当她赶到家的时候,已经是凌晨了。站在门口,任性的女儿迟疑了一下,该不该进去呢?终于,她敲响了门,奇怪!门自己开了,怎么没锁门。不好!一定有贼闯了进去。记挂着母亲的安全,她三步并作两步冲进卧室,却发现母亲正安然地睡觉。她把母亲摇醒,喊道:"是我!是我!女儿回来了!"

母亲不敢相信自己的眼睛。她擦干了眼泪,果真是女儿。娘儿俩紧紧抱在一起,女儿问:"门怎么没有锁?我还以为有贼闯了进来。"

母亲柔柔地说:"自打你离家后,这扇门就再也没有上锁。"

品读:郑振铎曾言:成功的时候,谁都是朋友。但只有母亲——她是失败时的伴侣。母爱是伟大的,母爱是无私的。当你取得成绩时,母爱是激动的泪花;当你病卧在床时,母爱是布满血丝的双眼;当你沾染恶习时,母爱是苦口婆心地劝勉;当你如履薄冰而屡教不改时,母爱是撒在你伤口上疼在她心上的那把盐。孩子在成长的过程中总会出现这样或那样的问题,母亲永远是宽容的,因为她对孩子永远是爱的。父母对孩子的那扇门永远是敞开的。但我们也要学会做母亲,只有我们有能力做母亲,我们才能打开孩子的心扉,也才能让孩子向我们敞开理解和体贴的大门。作为教师也应该具有母亲的情怀。

84. 等待的美丽

前几天看过一个小故事,说的是一个实验:一个研究人员给十个孩子每人一块糖,让他们在手里拿着,三个小时之后才可以吃,发完糖他就走了,三个小时之后,他回来看结果,发现只有一个孩子还拿着那块糖,剩下的九个孩子全经不住诱惑吃掉了。十几年后他又把那十个人叫到一起,结果发现那个没吃糖的孩子做得最成功,他已经成为一个企业的核心人物,这个人说:人,只有经得起诱惑和等待才能成就一番事业,而为眼前的蝇头小利就不顾一切的人,注定是不能做成什么大事的。

品读:这个说法虽然有些偏激,但也不无道理。以前我总不明白冬小麦为什么好吃,为什么那些春小麦没有那么黏稠、芬芳?原来,它没有经过漫长的严冬。经过等待和考验的过程才会有魅力。会生活的人,一定会把生活泡成一杯茶,慢慢地来饮。教育有时也需要等待,不能急功近利,否则会欲速则不达,因为它违背了人的发展规律。

卷五

让学生有话敢说，有意见敢提

——沟通的艺术

在一份权威调查报告中，披露了这样一个事实：学生心中的秘密，只有3%的人愿意告诉老师。据笔者所知，许多班主任都曾感受过这种尴尬。如何走出这种尴尬的局面从而提高教育效果呢？关键是要加强师生之间的情感沟通与交流。

沟通是人与人之间交往的“工具”。交往的双方都处于主体地位。无论双方的地位、知识有多大的差异，也是民主平等的。要承认学生具有独立的人格尊严，不居高临下，不以权威者自居。真正把学生放在与自己平等的位置上，尊重学生、理解学生、信任学生和学生交朋友，努力创设融洽和谐的沟通氛围。由于师生平等相处，所以学生能够真心实意地把班主任当成“自己人”，产生了“自己人效应”。于是，有言敢发、有话敢讲、有意见敢提，甚至，有了牢骚也敢向老师发泄，有了秘密也愿意对老师吐露。

要善于接纳学生。善于包容他们与自己的不同之处，容许学生有不同的看法。

要尊重学生。只有尊重学生才能被学生尊重，才能使师生的情感沟通畅通无阻。尊重学生就是尊重他们的意见、权利、隐私，不恶意批评。

要做到真诚。班主任应该是学生的朋友。朋友之道，贵在真诚。真诚地关心学生的一切、体谅学生的冷暖。对他们充满热情，多接触、多体贴，将心比心、宽宏大量，不厚此薄彼。以上三点，也恰恰是与学生情感沟通时需要坚持的原则，是建立和谐师生关系的保证。

一、语言沟通

语言是师生情感沟通的最主要的方式。苏东坡说:“言有尽而意无穷者,天下之玉言也。”

用语言和学生沟通,除了要对学生的情况,特别是个性特征有充分的了解,能够选择恰当的时间和地点之外,最好是坚持“话多不如话少,话少不如话好”的原则。前者的意思是只说该说的、不讲废话、不讲过头的话,也可避免“言多语失”。这后者是关键。只有把话说好,才能使情感沟通畅通无阻。这个“好”字就是艺术,就是教育智慧的体现。除了把话说得清清楚楚、切中要领,让学生觉得友善充满感情之外,还要说得巧、说得妙。把话说好,要根据不同学生的不同个性选择不同的谈话方式。

对思想觉悟较高、性格外向的学生,可以“开门见山”,即根据谈话的需要和内容,开宗明义,直截了当进行交谈。交谈中可适当结合实际,注意语言的感染性。有的学生“心眼小”,性格内向,开门见山直接交锋的方法往往不能取得好的效果,采用迂回委婉的方法,效果会更好。这种方法,有时可引远话题,徐徐逼近,或借他人、他事、他物,由此及彼,层层破题,这种方式学生容易接受。尤其当学生犯了错误,需要批评时,就可以采取“直话曲说”、“硬话软说”的方法。

对于聪明、思维敏捷的学生,则可用“侧面辐射法”进行沟通,如借助语言的双关、寓意等多种表达功能,或言在此而意在彼,或旁敲侧击。这种方法主要是通过语言含义的辐射而引起学生反思的方法。

二、非语言沟通

非语言形式的沟通也很重要,这种方式往往贯穿于师生情感沟通的整个过程。对于进一步阐明观点、传递信息、表达情感具有重要意义,发挥着重要作用。倾听就是重要的非语言沟通方式。

倾听有利于满足学生的自尊需求。自尊是人的基本的精神需要之一。教师要善于和学生谈心,更要善于倾听学生的话。俗话说“欲知心底事,但听口中言”,哪怕他们的话极不顺耳或毫无道理,也要耐心地听下去,让他们讲完,切莫中途打断。

倾听有利于化解学生的心理压力,使他们的积极性得到充分的发挥。学生在生活中遇到一些挫折和失败是难免的。此时,他们最渴望的是找人吐露心中的郁闷,或找个机会和对象进行宣泄,这是自我调节的有效方法。教师应给予充分的理解和支持。

有句日本谚语:“能干的领导,就是喜欢听人讲话的强人。”教师特别是班主任就应当成为这种强人。因为,“有的时候,听话可以代替说话,甚至可以胜过说话。”许多时候,班级管理和思想品德教育中的许多问题,往往可以在耐心倾听学生的谈话中迎刃而解。

85. 一把椅子和一杯水

鲁迅以战士、作家和青年良师著称,他曾长期担任过学校里的教师,包括中学、师范、大学。鲁迅在日本留学时,痛感学医只能医人体肤之病,而要治中国之病、国人精神之病,就非得采取别的方法,即通过为师、作文来教中国人如何做人,如何挺直脊梁,如何顺应先进的文明。

一个春日融融的午后,当时还是中学老师的鲁迅刚踏进教室,就闻到一股刺鼻的杀虫剂药水的味道。

这是怎么回事?鲁迅还未开口,就接到了男生梁子的投诉:“先生,陈立恩不仅用杀虫剂往我们身上乱喷,还对我们的制止置之不理。”

唉!又是这个陈立恩!鲁迅心里十分气恼。当他正思忖着该怎样处理这件事时,在一旁擦黑板的陈立恩早已“啪”的一声扔下黑板擦,怒气冲冲地拖出了梁子的书包,狠狠地往走廊一摔,“啪”文具全遭了殃,撒了一地。

“陈立恩!”鲁迅喊道。

他转过身,瞥了鲁迅一眼,竟然若无其事地继续擦黑板。

鲁迅气得嘴唇发青。

其实在鲁迅接任该班之前就已经听说过陈立恩的种种“劣迹”:他成绩不好不说,还脾气暴躁,爱与同学打架,谩骂、欺负同学。对于老师的批评,轻则顶嘴,重则摔桌子夺门而出。

其他老师一提起他就摇头,并互相告诫:“对这家伙要敬而远之。”

面对陈立恩这个烫手的山芋,鲁迅一方面利用班会课教育同学们要互相谦让,不要因为小事而斤斤计较;一方面密切关注陈立恩的一举一动,对于他的小打小闹温言相劝,总担心他捅出什么娄子让自己收拾。

好在陈立恩还算有点争气,鲁迅来了一个月,还没闹出什么过分出格的事情让他难堪。可今天,这个马蜂窝到底还是炸开了。

当陈立恩回到了他的座位,发现鲁迅先生依然站在讲台上瞪着他,于是,便也挑衅地把书桌高高地搬起,又使劲地放下,啪!又一声巨响。

学生们的目光全落在鲁迅身上,都想看看先生怎么处理这件事。真棘手啊!

鲁迅定了定神,压住怒气,轻声地说道:“陈立恩,下课后,到办公室,我要和你谈谈。”他又转过头对全班学生说:“我们先上课。大家要认真听,我这节课讲的内容很重要。”

课后,陈立恩跟在鲁迅的屁股后边来到了办公室。鲁迅搬过一张椅子,叫陈立恩坐下。

这时,刚刚还一脸无所谓的陈立恩竟然红了脸:“不用了,先生,我站着就行了。”

“来,陈立恩,你坐下。我不批评你,只是想和你谈谈心,聊聊天。你站着,我要和你说话时就得仰着头,不舒服。”

陈立恩只得坐了下来。

鲁迅开始沉默了,因为他确实还没想好该如何去与这个素来恶名在外的学生谈心。为了不至于被对方看出自己的尴尬,鲁迅起身给陈立恩倒了一杯水,并递了过去。

当陈立恩诚惶诚恐地接住水杯时,他的眼神终于柔和了下来。

几分钟过去了,陈立恩主动开口了:“先生,我知道我犯了错,我欺负了同学,对您不尊敬,您骂我吧。”

“嗯,好,知道错了就好。你和我说说,你下午为什么用杀虫剂喷同学,为什么脾气那么暴躁?如果是他们的错,我自然也会批评他们的。”鲁迅尽量温柔地说道。

陈立恩不断地点着头,完全没有了课前的霸气与嚣张……

第二天,鲁迅意外地收到了一份保证书,是陈立恩写在周记里的。他这样写道:“先生,我知道我有很多缺点:脾气不好,爱打架,上课也不认真听讲等。其实,我曾经并不是这样的。我原是一个很懂礼貌的人,可是,后来,我发现,我所做的所有尊敬先生们的事情,别的先生都没有同样地回馈予我。而且,我的所作所为还被以前的先生们视为应该的,这太不平等。”

“从来没有一位先生让我坐下来说过话。每回都是他们坐着,甚至还跷着二郎腿,而我则要笔直地站在他们面前。我讨厌这种先生。”

“鲁迅先生,对不起了。你是我见到的最好的老师。我请求你帮助我改正缺点。我很喜欢你所授的课,也很喜欢和你谈话。唯有你在这里,我才能找回失去的自尊……”

鲁迅拿着这份保证书,久久不说话,最后,终于轻叹了一句,“教育中没有尊重学生的意识,教育就成了害人的东西了!”

品读:一把椅子和一杯水创造了师生间平等交流的氛围。师生间的平等交流不仅意味着师生在平等的基础上灵魂的交融,还意味着对学生生命的激励、赏识,它有助于在相互信赖氛围下的心智启迪。虽然就学科知识、专业能力、认识水平来说,老师远在学生之上,但就人格而言,师生之间是平等的。

因此师生间要想沟通无阻,作为教师就应该主动放下架子,做到尊重学生的人格,以平等的态度与学生交流。这样才能达到更好的沟通效果,才能达到心与心的交融。

鲁迅先生只不过给陈立恩搬了一把椅子,倒了一杯水,这两个很小的动作,却表现了鲁迅先生的宽容、理解、平等和尊重,正是这种平等和尊重使陈立恩深受感动,这样就给师生之间的交流创造了很好的氛围,平等的交流,达到了有效沟通的效果。这足以说明建立师生间平等交流平台的重要意义。

在师生沟通过程中,只有平等地对话,才能更好地引导学生;只有平等地对话,才能更好地走进学生的内心世界;只有平等地对话,才能更好地彼此接纳。让我们的老师更好地走进孩子们的心灵世界吧。

86. 59分的考卷,外加410元

国际知名的哲学家、逻辑学家苏珊·哈克(Susan Hack)教授是美国迈阿密大学最受学生欢迎的老师。她不光哲学造诣深厚,而且为人极其幽默、亲切。

苏珊的学生乔小云曾经讲过这么几件事。

2002年,乔小云来到美国迈阿密大学留学。第一天上课,苏珊就对留学生们说:“小姐们,先生们,上我的课,你们可以很轻松。要吃早餐的可以,但要吃得营养,基本上除了牛排,我不想看到有人吃别的食物;要睡觉也可以,但是一定要盖棉被!”

留学生们一听都乐了,敢情这女学者还蛮幽默的,她这么一说,还有谁敢在课堂上吃饭、睡觉啊?

而台上的苏珊则一本正经地继续说道:“我唯一比较在意的是,手机一定要关机,因为我不允许有人打扰那些正在睡觉的同学。”

“哈哈……”这下留学生们忍不住了,一个个笑得前仰后合,大多数学生在自己国家上学时听惯了老师们那种“上课请关闭手机,不要影响大家听课”的话,来到美国还真是开了眼界了。

有一天，刚上完生物课，值日生擦黑板时很马虎，结果那个醒目的标题“青蛙和蛤蟆有什么区别？”没有擦掉，苏珊看见了，也不说什么，而是借题发挥：“今天我们讨论青蛙是保守派——坐井观天，而癞蛤蟆是革新派——想吃天鹅肉的问题。”

此言一出，众人皆惊，从此每逢苏珊的课，值日生必定多擦一次黑板。

期中考试，大家都忙着各自作答，终于铃声响起。

苏珊开始收卷，其中一个来自韩国的学生在交卷时神情慌张地在考卷下塞了1 000元，外加一张纸条，上面写着：“10元钱1分！”

学生很得意地对苏珊做了个“OK”的手势，苏珊也对他回了一个同样的手势。

到了下一次上课时，老师终于发考卷了，这学生心想这次考试一定是100分啦！没想到……

苏珊给他的是59分，外加410元！

韩国学生大为不平，跑去找她理论，苏珊幽默地说道：“小伙子，你说过10元钱一分，现在你考了59分，所以我只收了你590元，还给你410元，怎么，你觉得不公平吗？”

韩国学生一时大窘，苏珊却笑着从包里拿出一个信封，递给韩国学生，然后转身离去，信封里装的是590元！

这件事传开来，留学生们再也不敢去走苏珊先生的“后门”了，一个个都在哲学课上下起了工夫。

这位著名的女学者时不时幽学生们一“默”，让学生们越来越喜欢她的课，也给学生们留下了不少津津乐道的故事。

品读：幽默是我们生活中一味不可缺少的调味品，它不仅可以让人身心健康，还可以调节沟通的气氛，驱除师生之间沟通的紧张感，能经常使用幽默的人也是人生智慧的一种体现，作为教育者则是教育智慧的体现。一个幽默的老师，能够时时发掘出事情有趣的一面，并带领学生欣赏到生活中轻松的一面！苏珊教授的幽默，给学生带来笑声之余，也使其得到了深深的启发。论道理，学生“行贿”、老师“收礼”乃是失礼行为，可苏珊照收不误还找回了零头，她用幽默告诫学生：想考试过关得靠自己！

很多时候，幽默不仅可以含蓄地指出别人的错误，还能在关键时刻助你一臂之力，让学生们在高兴之中接受你的观点，让他们自觉地按你的指示去做事。

幽默是一种才华,是一种力量,它像一座桥梁拉近人与人之间的距离,弥补人与人之间的鸿沟,让我们的老师在和学生沟通时不妨也展现一下我们的幽默智慧吧。

87.“自己选择吧”

贝利是现代足球运动中出类拔萃的人物,他功勋卓著,成就非凡,一直是后人追寻的榜样。在其长达22年的职业足球生涯中,共参赛1 364场,射入1 282球,他赢得过世界杯冠军、洲际俱乐部杯赛冠军、南美解放者杯赛冠军,几乎赢得了国际足坛上一切成就,被人们誉为“一代球王”。

除了这些无人能比的殊荣,贝利在生活上的作风也为人称道,其中有一点就是不抽烟。而贝利能做到这一点,则与他少年时的一件小事有关。

有一次,小贝利参加了一场激烈的足球比赛,累得喘不过气来,休息时,他向小伙伴要了一支烟,以解除疲劳。

贝利得意地吸着烟,淡淡的烟雾,不时地从他口中吐出来,但这一举动很快被他的体育老师斯蒂芬先生看到了,斯蒂芬先生眉头皱起了一个大疙瘩。

他把小贝利叫了过来,让他坐在椅子上,问贝利:“你今天抽烟了吗?”“抽了。”小贝利红着脸,低下了头,准备接受斯蒂芬先生的训斥。

但是,斯蒂芬先生没有这样做,他从椅子上站起来,在屋子里来回走了几圈,才对贝利说:“孩子,你踢球有几分天资也许将来会有些出息。可惜,你现在学会抽烟了。抽烟,会损坏身体,使你在比赛时发挥不出应有的水平。作为你的老师,我有责任教育你向好的方向努力,也有责任制止你的不良行为。但是,是向好的方向努力,还是向坏的方向滑去,主要还取决于你自己,因此,我要问问你,你是愿意在烟雾中损坏身体,还是立志做个出色的运动员呢?你开始懂事了,自己选择吧!”

说着,斯蒂芬先生从口袋里掏出一沓钞票,递给贝利,并说道:“如果你不愿意做个有出息的运动员,执意要抽烟的话,这些钱就作为你抽烟的费用吧!”说完斯蒂芬先生走出了办公室去了图书馆。

小贝利看着斯蒂芬先生远去的背影,仔细回味着先生深沉而恳切的话语,他不由得哭出声来。过了一阵,他止住了哭,拿着桌子上的钞票,跑到图书馆还给斯蒂芬先生,并对他说:“老师,我再也不抽烟了,我一定要当一个有出息的运动员!”

从此,贝利刻苦训练,球艺飞速提高,15岁参加桑托斯职业足球队,16岁进入巴西国家队,并为巴西队永久占有“女神杯”立下奇功。

如今,贝利已是成功拥有众多企业的富翁,但他仍然不抽烟。

品读:斯蒂芬先生在制止小贝利抽烟这件事上之所以能够成功是因为他的教育方式、沟通方式是有效的。

首先,他很爱小贝利。他先让小贝利坐在椅子上,并询问基本事实。我们常常会看到如下情景:一个老师在大声呵斥着一个学生,而学生则站在他面前低垂着头,手不知往哪搁好,只好相互扣着。老师的话他能听进多少呢。斯蒂芬先生让小贝利坐下来,动作很简单,却有很大意义。此时的动作恰恰反映了斯蒂芬先生与小贝利是平等的关系,他没有表现出老师的高高在上,而是把小贝利当成朋友来谈话。

其次,斯蒂芬先生肯定了小贝利的优点,并指出他会有出息,然后言归正传,谈起抽烟的危害,并指出了他发展的两个方向,让他选择。最后,掏出钱让他去买烟,看似向坏的方向推了一把,却反映了斯蒂芬先生对小贝利诚恳的态度、诚恳的期望,希望他成为一个有出息的运动员。小贝利感动了,教育成功了。斯蒂芬之所以能够成功是他对小贝利的爱、他的诚恳、他的教育艺术。有些事情,老师通过旁敲侧击、曲折委婉的方法,不仅能够达到曲径通幽的效果,还比正面说服更易被学生接受。如果斯蒂芬先生对小贝利当头一棒:“吸烟不对,以后决不许吸烟!”这样一来,他的目的还能达到吗?

88. 改诗

何海晶老师轻轻地走进教室。同学们都在埋头自习,只有孙建望着窗外,眼神有些呆滞。何老师径直向他走过去,发现从他的桌面上,飘落下来一张纸片,就弯腰将纸片拾起来。这时孙建才发现老师在他的身边,局促地站起来,何老师拍拍他的肩膀示意他坐下,转身走回讲台,轻轻展开纸片,啊,上面是四行小字:“天下何处无芳草,何必非在本班找。本来数量就不多,况且质量也不高。”何老师不动声色地把纸片放进口袋,无意地用眼光扫了一下孙建,他眼睛也在偷瞄着何老师。

下课铃响了,孙建紧跟着何老师走进办公室,低着头站在何老师面前,红着脸说:“那都是我乱编的,我知道错了,您别在班里说这件事行吗?”“我要公开,还会等到现在吗?”何老师笑着说:“不过,我倒很想知道这里面的故事。”听了这话,孙建的脸涨得红红的,嘴唇动了动,但没有说话,分明有些顾虑。何老师说:“请你坐下。”他仍然局促不安。何老师把椅子向他拉进了一些,说:“最近心情不好?”他点了点头。“总把事情闷在心里,那就是一个结,最终会让你喘不过气来。让我来帮你,好吗?”他低声说:“别告诉我父母行吗?”何老师深深地点点头。

他深吸了一口气,讲起事情的经过。原来,他在不知不觉中喜欢上了班里的一个女同学,并真情地表达了自己的感情。谁知,那个和他有说有笑的女孩疏远了他,他不知如何是好,心里空荡荡的。似乎陷入“早恋”的痛苦。为了宣泄心中的苦闷,他写下了这首诗。他一口气讲完了全过程,情绪有些激动,看得出这些话已经在他心中郁结了很久。说完,他的心里已经轻松了很多。

何老师点点头:“问你一个问题。有一个花园,如果让你去里面采一朵最美的花,你会在什么时候采?记住不能走回头路。”他被何老师的话问愣了,小声说:“在中间吧。”“为什么不在开始呢?”“总要有个比较的过程吧。”他脱口而出。见何老师只是笑着不说话,似乎又明白了什么,不好意思地笑了笑。何老师趁势说:“她是一个很可爱的女孩,我也很喜欢她。不同的人身上有不同的优点,值得别人去欣赏。外面的世界丰富多彩,就像花园里姹紫嫣红的花朵,姿态各异,韵味各有,必须经过细心比较,才能选出最佳,何必早早地把自己的心束缚住呢。退一步海阔天空,那时再选择自己心灵的港湾,不好吗?”听着这些话,他的眼神慢慢恢复了昔日的光彩。

这时何老师拿出了那张纸片说:“来,我们把这首诗改改吧。第一句改一个字,‘处’换‘时’,成为‘天涯何时无芳草’。第二句改成‘何必非要现在找’如何?你来改后两句。”他不假思索地拿起笔,在后面写到:“本来学业就很紧,况且年龄又太小。”看着“新作”,他们俩相视而笑,他笑得那样轻松,那样自信,看得出,他完全摆脱了懊恼和沮丧……

品读:何老师意外发现学生失恋的秘密时,没有指责,没有“发难”,在尊重学生人格和需求的情况下,与学生进行了沟通,悄悄走进学生的心灵,引导学生对问题的正确认识。继而是师生共同“改诗”,这一情节非常精彩。何老师将“天涯何处无芳草”一句的“处”字改为“时”,不但顺理成章地为改后两句做了铺垫,更重要的是通过改诗巧妙地引导学生自己教育自己。也凸显了何老师的教育艺术。

89. 三朵玫瑰

苏联教育家苏霍姆林斯基,在任乡村中学校长时,看到一名低年级的小女孩摘下花房里一朵最大的玫瑰。他走过去蹲下,拉住小女孩的手,微笑着问:“你能告诉我,这朵花拿去做什么用吗?”小女孩害羞地说:“奶奶病得很重,看不到花,我想把这朵花送给奶奶看一眼就还回来。”

苏霍姆林斯基被孩子的话深深地感动了,他又摘下两朵大玫瑰,送给小女孩,说:“这一朵是送给你的,因为你有一颗善良的心;这一朵是送给你妈妈的,感谢她养育了你这样的好孩子。你放心,摘学校的花,就由我替你赔了”。孩子听了非常感动。

品读:摘学校花房里的花,最简单的方法就是严格执行学校的规章制度,进行惩罚和令其赔偿。但是,苏霍姆林斯基没有这样做。他首先了解孩子摘花的动机,从中发现孩子错误中可贵的品质,于是不仅没有惩罚她,而且又送给她两朵。为什么呢？因为,一个小女孩对老人的真挚纯洁的爱,比忘乎所以地摘一朵花更值得赞扬。于是又摘了两朵,一朵奖励她的善良,一朵感谢她的妈妈养育了这样的好孩子。

学生犯错误是常有之事,学生就是在犯错误和改正错误的过程中成长的。在处理学生所犯错误时,我们的老师往往简单地按“规章”办事,甚至一时控制不住自己的情绪,轻则无情地批评指责、讽刺挖苦,重则进行不尊重人格的体罚或变相体罚。这样不仅使学生难以接受,还会使学生产生逆反心理和抵触情绪,而且影响了学生身心的健康发展,这个道理是大家公认的。读了《三枝玫瑰》的故事,我们一定会深受感动,并从中得到有益的启发。

处理学生犯错误时先不要急于批评,要像苏霍姆林斯基那样,俯下身倾听一下学生为什么会这样做,也许你会和苏霍姆林斯基一样有惊喜的发现:学生犯错误背后纯洁的动机和美好的品质。从而会受到心灵的震撼。我相信这时任何一位老师也不会去呵斥他、讽刺他。体罚和变相体罚的事不仅不会发生,而且,还会在教育方法上做出正确的选择,产生良好的教育效果。

善于捕捉学生错误背后合理的激励点，及时给予赞扬。苏霍姆林斯基的做法已经揭示得淋漓尽致。而且他这种以花激励的做法真是让人叫绝。

一位年轻的妈妈手拿两个苹果，问五岁的儿子："你吃哪个？"

儿子毫不犹豫地用稚嫩的声音说："每个都咬一口。"妈妈愤然，又不甘心："为什么？"儿子仰起苹果般的笑脸，说："我要把甜一点的那个给妈妈呀！"

前一刻还心中愤然的母亲把孩子紧紧搂在怀里，热泪盈眶。

你看倾听孩子的心声、了解孩子的动机该是多么的重要。他不仅使我们感动，而且也会让我们理解孩子们纯洁心灵，摆脱对孩子们的偏见。

孩童时代的单纯，在成长过程中，不知从什么时候起被成年人看得那么复杂混浊。你们知道吗，当我读完这则小故事，心里竟也十分怅惘。在成年人的世界里，总是那么多想："都咬一口"，是为了占为己有。这是当然的自私，当然令人"愤然"。可是，孩子水晶般的心却坦坦荡荡丝毫没有杂质："都咬一口"是为了把甜的给妈妈。我们真的应当注意，可不能"以小人之心度君子之腹"啊！我想只有认真倾听孩子的心声，我们才会永远拥有一颗完美透明的心！

有时学生的想法和做法，尽管不甚合乎常理，却不一定是错误，只有先耐下心来倾听他的想法，或许会让你十分的惊喜。

90. 挥手的小孩

多年前读到一个故事，一直萦绕在脑海，忘却不了。

穿山跨谷，铁路终于伸到了封闭、落后的大山深处，嘹亮的汽笛唤醒了沉睡的山里人，飞驰的列车，载着山里人的梦想远去。有一个小男孩，天天站在火车开过的对面山头，向飞驰的列车挥手致意。他多么盼望列车里的旅客也伸出头来，给他一次挥手回礼，或探出头来，给他一个微笑回报。一天，两天，三天……他始终没有看到。男孩在想，为什么他们都不理睬我呢？是因为我们这里太贫穷，还是因我长得太丑陋，或是自己站错了位置？他百思不得其解。于是，他失眠了，病倒了，食不甘味，神魂颠倒。但他仍然天天硬撑着准时站在那里挥动他的小手。

男孩的父亲走出大山四处求医。可是，走了许多家医院，医生的回答都是一致的：没药治这种病。在回家途中的客栈里，男孩的父亲夜不能寐，唉声叹气，惊醒了同房的陌生中年旅客。中年旅客问他有何难处，那位旅客听完父亲讲述的原委,只是大笑一声,二话没说,继续做他的美梦。

第二天早晨,男孩的父亲醒来,四处寻找这位中年旅客,想再求教于他,但这位旅客早已离开了客栈。

太阳下山时,男孩的父亲无奈地回到了大山,未到家门,妻子便欣喜若狂地迎出来,大声喊:"儿子的病全好啦!"

这天中午火车经过这座大山时,终于有一位中年男子将半个身子探出窗外,拼命地向男孩挥手,男孩更是边追赶边起劲挥手。火车消失了,但中年男子的挥手形象深深刻在男孩的脑海里。男孩的病不治而愈了。

原来,这位挥手的中年男子就是那位大笑一声、不辞而别的中年旅客。他深知男孩患的是什么病,应该怎样医治。于是,他改变了自己的行程,一早起来赶上那趟列车,向小男孩真诚地挥手,尽情地挥手。

品读:从小男孩挥手悟到了什么?

与人沟通,与陌生人沟通,是小孩的天性,即使是身处封闭境地的小孩,同样有着这种强烈的渴望。小孩是单纯的,他有他纯朴的沟通方式;小孩是直观的,他还不善于用理性的思维去探究。诸如:飞速向前的列车,里面的旅客会不会注意到他;远处山头上小不点的挥手,对方是否能看清并理解……这些小孩都不会去想。当他的全情投入得不到相应回报时,他更多的是从自身去寻找缺憾,因而郁闷,导致成疾。我们的教师、家长,是否发觉周围的小孩时常在向你"挥手"呢?而你是否时常给予真诚的回报呢?

从中年旅客的行为又悟到了什么?

一位多么富有人格魅力的行者!他笑而不答,不辞而别,但胸有成竹,心到神知,是高人;他既不给男孩父亲以无谓的安慰,也不向男孩进行世俗的说教,只是力抓时机,对症下药,药到病除,是智者;他不动声色,不留芳名,只是把责任、关怀借助列车留给大山的男孩及其一家,是雅士;他身用四方,神交万物,神通尽显,如同千手观音,哪里有难就普度到哪里,把希望和未来留在那里,是"神仙"。

为师者的偶像是谁?就是那位中年旅客!

91."眼见为实"吗

公元前489年,孔子和他的学生走到陈国与蔡国之间,被围困,整整7天没有吃一粒米。这时颜回弄到一点米,连忙烧火做饭。饭快熟了,孔子看到颜回迅速地从甑里抓了一把饭吃了。不一会儿,颜回恭恭敬敬地来拜见孔子,请他进餐。孔子假装没看见颜回抓饭吃,从床上爬起来,对颜回道:“刚才我梦见了死去的父亲,饭要是干净的话,我想祭奠祭奠他老人家。”颜回说道:“这饭不干净,不能用来祭奠。刚才有烟灰掉进甑里,脏了,倒掉可惜我便抓出来吃了。”孔子叹了口气,说道:“可以相信的是自己的眼睛,但看来眼睛也不能完全相信啊!”

品读:读了这个故事,我想起身边一些教育事例。常见老师横眉竖目地批评学生犯了错误不承认,为了强调其正确性还会抛出“我亲眼看见了”。但所见未必真实。虽说“耳听为虚,眼见为实”,可有时作为教师,还是学习学习孔子,把心态放端正,讲究一些策略,用恰当得体的话语把事情弄清楚,问明白,与学生沟通沟通,让他们体会到你的坦诚、真实、慈爱。

如果真的如你所“见”,也不要说话过于生硬,否则会使矛盾激化,使冲突升级。“事与愿违”和“背道而驰”是任何一个教育者都不愿看到的事情。

92. 墨子责徒

春秋战国时期,耕柱是一代宗师墨子的得意门生,不过,他老是挨墨子的责骂。

有一次,墨子又责备了耕柱,耕柱觉得自己真是非常委屈,因为在许多门生之中,自己是被公认的最优秀的人,但又偏偏常遭到墨子指责,让他感觉很没面子。

一天,耕柱愤愤不平地问墨子:“老师,难道在这么多学生当中,我竟是如此的差劲,以至于要时常遭您老人家责骂吗?”

墨子听后反问道:“假设我现在要上太行山,依你看,我应该要用良马来拉车,还是用老牛来拖车?”

耕柱回答说:“再笨的人也知道要用良马来拉车。”

墨子又问:“那么,为什么不用老牛呢?”

耕柱回答说:“理由非常简单,因为良马足以担负重任,值得驱遣。”

墨子说:“你答得一点也没有错,我之所以时常责骂你,也只因为你能够担负重任,值得我一再地教导与匡正。”

品读:教师和学生之间的沟通从故事中可见其重要性。没有进行有效的沟通,必然导致师生之间的矛盾。与学生进行沟通是一个优秀教师必备的技能之一。许多教师喜欢高高在上,缺乏主动与学生沟通的意识,凡事喜欢下命令,而忽视了班级中的沟通。如何与学生进行有效的沟通是每个教师都要面临的课题,墨子与爱徒耕柱沟通时比喻明理的方法也值得我们教师学习。

93. 林克莱特倾听

美国著名主持人林克莱特访问一个小朋友,问他说:“长大以后干什么呀?”

小朋友天真地回答:“嗯,我要当飞行员。”

林克莱特接着说:“如果有一天,你的飞机飞到太平洋上空,所有的引擎都熄火了,你会怎么办?”

小朋友想了想:“我先告诉飞机上的人绑好安全带,然后我挂上我的降落伞,先跳下去。”

在场的观众笑得东倒西歪时,林克莱特继续注视着这个孩子。没想到,孩子的两行热泪已经夺眶而出,这才使林克莱特发现这孩子的悲悯之情远非笔墨所能形容。

于是,林克莱特问他:“为什么要这样做?”

孩子的回答透露出孩童式的真挚的想法:“我要去拿燃料,我还要回来,我还要回来!”

品读:林克莱特的不同之处在于在场观众笑得东倒西歪时,他仍然以倾听者应有的亲切、平和、耐心,让孩子把话说完,使他听到了小朋友最善良、最纯真、最清澄明澈的心语。

且不说小朋友的想法现实不现实,笑,是那种逃避:撇开众人独自逃生,何其自私!哭,是哭自己的委屈:面临危险,我负责任独自去承担,你们怎么笑我?如果林克莱特不去倾听孩子的心声那结果将是什么样。我们做老师的要向林克莱特学习,要善于倾听学生的心声。

老师要倾听,学生才有表达自己想法的勇气。倾听是理解、是尊重、是接纳、是期盼,倾听就是爱。

94. 恶语伤人六月寒

樵夫救了一只小熊,母熊对他感激不尽。有一天晚上,母熊盛宴款待了樵夫。翌日早晨,樵夫对母熊说:“你款待得很好,我唯一不满意的就是你身上的那股臭味。”母熊虽然怏怏不乐,但嘴上却说:“作为补偿,你用斧子砍我吧。”樵夫照它的话做了。若干年后,樵夫又遇到母熊,问它头上的伤好了没有。母熊说:“那次痛了一阵子,伤口愈合后,我就忘了。不过,那次你说的话,我一辈子也忘不了。”

品读:这个故事对我们教师的启示是深刻的,那就是语言伤害比肉体伤害更厉害,因为,它刺伤的是心,是灵魂。

在我们的教育中,这种恶语伤人的现象仍然比比皆是,例如,有媒体报道:2003 年 4 月 12 日一女生应于 8 时到校补课,未按时到校,其班主任汪宗惠询问了她迟到的原因,用木板子打了她,并当着同学的面对她说:“你学习不好,长得也不漂亮,连坐台都没有条件。”到 11 点 29 分,这个女生从该校中学部教学楼 8 楼跳下,经抢救无效,当天中午 12 点 5 分死亡。

……

像这样因教师语言不当而导致的悲剧,的确触目惊心呀!俗话说:良言一句三冬暖,恶语伤人六月寒。苏霍姆林斯基说得好:“在影响学生的内心世界时,不应挫伤他们的心灵中最敏感的角落——人的自尊心。不聪明、不得法的关心会玷污人格,挫伤儿童的自尊心和自豪感。”

尊严使每个人充满信心,是笑对人生的强大动力,千万伤害不得。高尔基说得好:“这个人所以坏,是因为,没有说过他好。”让我们精心呵护学生的自尊心吧!

落水的人需要一截救生的浮木,滑向斜坡的人期望有一只援救的手。有过失的人对施教者的要求是极少的,他们有时只希望一瞥暖心的目光,有时只想得到简短的三个字:“你能行”“相信你”!马卡连柯对后进生谢苗说的一句话是:“我知道你这个人跟我一样诚实”,使渴望尊重的谢苗感动得热泪盈眶!的确一句“恶语”学生一生不会忘记,一句“善言”学生一生也不会忘记,而且会改变他们一生的命运。

95. 幽默的魅力

上课的铃声已经响起,可有的学生还在谈笑风生,有的则静观窗外,还有的伏案而睡,一派无精打采的模样。

班主任见此情景咳嗽一声,走进教室,略带笑意地对大家说:"如果那几位聊天的同学也能像观看窗外景色的同学那样安静的话,我看就不会影响这几位睡觉的同学了,你们说是吗?"

品读:老师幽默的话语,真可谓"一石三鸟",全班同学在一阵笑声后安静下来。

在此,我们不难看出,良好的谈话技巧是班主任体现魅力不可忽视的一个方面。

谈话是师生之间思想、观念、情感的交流,它不仅需要真诚和信赖,而且需要技巧和机智。古人云:亲其师而信其道。事实证明,只要教师确实以和蔼的态度与孩子说话,他们就更可能接受老师讲的道理。有时,教师一个爱抚的动作,一句首肯的话语,一个鼓励的眼神,一个会意的微笑,都能渗入学生的心田,形成巨大的心理动力,使学生愿意向你靠拢。

高超的谈话技巧是一门重要的艺术,但大多数教师并没有能很好地掌握这种艺术。善于谈话能使人懂得,思想与思想之间的碰撞,心灵与心灵之间的沟通,会产生耀眼的火花和全新的力量。

要成为一名优秀的班主任,就要在奉献教育事业的过程中,勇于开拓创新,以学生发展为本,不断研究和学生交谈的艺术,提高人际沟通能力。

教师每天面对的是一群有着独立人格、思想、情感、尊严的学生,他们在与老师的沟通和交流中,更渴望得到老师的亲近与认同。但是我们有的班主任在与学生的沟通方式上,还存在着一些问题,导致了与学生的心理隔阂,甚至还造成了师生间的冲突。

大凡尽责的教育工作者对自己的学生都寄予了无限的希望,都想尽自己所能培养学生早日成才。而在培养学生的过程中,重视与学生的思想交流尤为重要,其中,"谈话"是一个重要环节。本文班主任谈话的技巧足以让我们借鉴。

其实,谈话是一门学问,一种艺术。是否掌握了谈话的秘诀,是谈话能否取得成功的关键。

96. 嘟嘟的困惑

嘟嘟从幼儿园回到家里,心里很不高兴,他来到妈妈身边说:"妈妈,豆豆今天不跟我玩,我想玩什么他偏不玩什么。"

"这么说,你现在在生豆豆的气,对吗?"妈妈问。

"对,我不会再把他当朋友了,我也不会再和他一起玩了,我永远都不想再见到他。"看到妈妈在倾听自己的烦恼,嘟嘟觉得不再孤独,因为有了倾诉的对象。

"你不想再见他,仅仅是因为那件事吗? 你也太冲动了。"妈妈看着儿子说。"是啊,我现在可能太冲动了。如果我和他断绝关系,那就没有朋友一起玩了。"嘟嘟似乎发现自己有些过分,并意识到自己因此也会受到伤害。

"你并不想失去这个朋友,对吗?"妈妈的眼神里充满了关爱,期待他能找到更好的解决办法。

"是的,我并不想失去这个朋友,但是我很难不恨他。"嘟嘟似乎很矛盾。

"你还想和他做朋友,但是你很难不去恨他。妈妈也认为这件事情比较难办。"

嘟嘟若有所思地说:"我过去并不恨他,因为那时他什么事都依着我,但现在却不一样了。"

"哦,你是说,豆豆有了自己的想法,每件事上不会都依着你了,对吗?"妈妈从嘟嘟的谈话中知道了豆豆的变化。

"不过,我觉得他现在更有趣了。"嘟嘟耷拉着脑袋说。

"看样子你确实更喜欢他这样。"妈妈发现嘟嘟并不是完全否定豆豆的改变。"对。但是我很难不去指挥他。对此,我已经养成了习惯。如果偶尔让他做自己喜欢的事,或许我们就不会吵那么多架了。现在我觉得他并没有错。"

品读:身为父母或教师,不能与孩子很好地沟通的最大问题就是不能做到很好地倾听。孩子在成长的过程中,不但身体在一天天地长大,心理也在不断地成熟,因而,他们会遇到各种各样的问题,如嘟嘟遇到的与小朋友交往的问题,他们会有困惑和烦恼。作为家长,我们首先要倾听孩子的叙述,进而分析孩子要表达的心声。这个倾听,似乎很容易,但要真正做到却很不容易。言语通常是思维表达的工具,孩子生发出某种不良情绪,如果不能很好地释放,就会反过来对他们本身造成某种伤害。这时,如果我们的老师或家长能够很好地倾听孩子的心声,就会让孩子的不良情绪得以释放。

如果我们真正地要为孩子解决问题,不仅我们要处理好自己的压力和情绪,还要寻求自己成长的道路,要不断地实现自我的成长。要实现自我的不断成长,就要不断地学习各种心理学理论知识,更重要的,就是在生活中不断地去体验,不断地训练自己。家庭生活往往给孩子带来很大的影响。嘟嘟的妈妈不仅倾听了儿子的心声,而且还能够正确地引导孩子去自己解决问题。身为家长,抚育孩子长大也许容易,抚慰孩子的心灵并不是一件容易的事。教师教育学生也是如此。

97. 吉米的"装备"

吉米的父母都是大学的教授,他们都特别希望吉米可以考入好的大学,继承他们的事业。所以,父母为她安排了各种各样的训练和学习班,希望可以通过训练和学习扩展吉米的知识面,提高她的适应能力、学习能力。

可是父母却忽略了吉米幼小的身体和心理是根本无法承受这么重的学习负担和压力的。而吉米,又是个自尊心很强的女孩子,她不愿意和父母说起这些,她认为自己有能力做到父母要求的那样。

一天,爸爸去接上音乐课的吉米。吉米背着比她身躯大好多倍的提琴走出了门口,看起来是那么的不开心,似乎就要被提琴压垮了,爸爸看见了这一切不禁一阵心酸,觉得吉米这个年龄的孩子不应该承受这些,而应处于无忧无虑、快乐玩耍的时候。

爸爸问吉米:"吉米,你现在开心快乐吗?是不是觉得很累啊?如果你不愿意学可以和爸爸说,爸爸会同意的。"

吉米很惊讶地看着爸爸,然后问:"真的吗?真的可以不学习这些,做自己的事情吗?可以和小伙伴自由地玩耍吗?"

"当然,这是你的权利啊,没有人可以干涉的。而且爸爸还很支持你这么做。多出去和小伙伴们一起跑跑跳跳对你的身体也有好处。今后你就可以按照自己的想法做事了。"爸爸说。

吉米听完这些话甚是激动,她搂住爸爸的脖子猛亲了一下。

爸爸很好奇吉米有这么大的反应,就问:“吉米,你有什么特别的爱好吗？以前都是爸爸妈妈为你安排一切,都没有留意你自己喜欢什么。”

吉米笑了笑说:“我说了,你可不许说什么,尤其是反对的话,你已经答应不再干涉我了。”

“放心,爸爸能做到。我只是很好奇,也不希望你喜欢上什么不好的东西影响你的一生。”爸爸解释说。

“我可没有喜欢什么不好的东西。这样吧！晚上我带你去公园,然后再告诉你。”吉米神秘地说。

爸爸看着吉米的样子,觉得自己做这样的决定是非常正确的,还给吉米应有的快乐就是让吉米最好地成长。

晚饭过后,吉米和爸爸一起来到公园。走在林间的小路上,呼吸着新鲜的空气,让爸爸觉得自己仿佛年轻了好几岁。

爸爸对吉米说:“出来走走还真是很棒啊！以前都没有意识到,还多亏了你啊!”

吉米笑了笑,说:“爸爸如果愿意,以后我天天陪爸爸出来散步,也让爸爸放松放松。”

“吉米,那里怎么那么多的人,他们在看什么,有什么表演吗?”爸爸好奇地问。

吉米笑了笑,说:“我们去看看吧!”

于是,吉米和爸爸就走近去看,原来是一群孩子正在练习速滑。

“嗯,滑得不错嘛！很有专业的水准啊！我们看看吧！反正也不着急回家。”爸爸说。

“好啊！爸爸,要是我也参加你会反对吗?”吉米问。

“当然不会啊！这个很好啊,可以锻炼身体,也是一项不错的运动,很符合你们这么大年龄的孩子啊!”爸爸说。

听到爸爸说这些,吉米就放心了。她到凉亭的一边拿出了滑冰的“装备”。然后对爸爸说:“爸爸,其实我很早就参加了速滑队,我觉得自己在滑冰的时候才是美丽、快乐的,而且充满了活力和激情。请原谅我一直没有和你说。我都明白你和妈妈为我所做的一切,但我在任何学科取得的好成绩并不是学习班带给我的成功,而是速滑。是速滑激励着我学习,激励着我进取,我相信没有速滑也就没有我今天的快乐和成绩。今天你和我说,我可以做自己的事情,我都高兴得不知道自己是谁了。如果我没有偷偷地玩滑冰,我想我早就被那些讨厌的学习班给搞垮了,幸好我每天都有练习。它不仅给我带来了好的体魄,而且让我在其中体会到了极限运动的刺激和挑战,也懂得了一些做人处事的道理。我现在觉得自己每天都是快乐的。谢谢爸爸的理解和疼爱。”

说完就换上了“装备”和其他的小伙伴一起滑起来。爸爸看着开心的吉米,不禁流下了激动的泪,他使劲地拍着手给自己的女儿加油。这时的他同样为女儿感到骄傲和自豪。

品读:赫伯特·斯宾塞是19世纪后半期到20世纪英国著名的哲学家、社会学家和教育家。他的“快乐教育”被人们称为是“教育史上的一座丰碑”。他认为:每个孩子在不同的年龄所喜欢的智慧活动都是对他有益的,不喜欢的就是对他有害的。因而,他在教学中注意唤起孩子对问题的兴趣,主张通过孩子自己的活动甚至是失败来自己解决问题。他的教育思想的关键就在于科学教育、快乐成长。

家庭教育在孩子成长发育中的作用是无法替代的。因而,家庭教育的方法是否科学合理,对孩子一生的发展起着关键的影响和作用,甚至能改变孩子一生的前途和命运。作为家长,我们往往无视孩子的心理感受,而一味地按照自己的模式来塑造孩子,要孩子学习这个班、那个班,搞得孩子疲于奔命。这又让我想起了几天前在电视里播放的心理访谈节目:一个边远地区的小男孩叫志恒,他的父亲为了让他成为一名跳水运动员,从4岁开始就对他进行训练,对他训练了三年。那片头展现他对小志恒训练的场景时,我们看到的是小志恒受到煎熬的、痛苦难耐的泪水和汗水。看到这里,我们无不震惊:我们是爱孩子还是在折磨孩子,对于孩子来说,这真是痛苦的炼狱!

孩子要健康地成长,就要让孩子快乐。希望我们的家长和老师:把快乐还给孩子吧。

98. 卖给我一个小时的时间

一位父亲下班回到家已经很晚了,他的工作压力很大,心里也有点烦,他想休息一下,而这时,他发现自己5岁的儿子靠在门旁等他。

“爸,我可以问你一个问题吗?”

“什么问题?”

“爸,你一个小时可以赚多少钱?”

“为什么问这个问题?”父亲问道。

“我只是想知道,请告诉我,你一个小时能赚多少钱?”小孩哀求。

“我一个小时赚20美金,这有什么问题吗?”父亲没好气地说。

“哦,”小孩低下头,接着又说,“爸,可以借给我10美金吗?”父亲有些生气了:“别想拿钱去买那些毫无意义的玩具,给我回到你的房间并上床。你为什么这么自私呢?我每天都在辛苦地工作,这你根本无法体会,我没有时间和你玩小孩子的游戏。”孩子很安静地回到自己的房间并关上了门,父亲生气地坐在客厅里。过了一会儿,他心里平静了下来,觉得刚才对孩子太凶了——或许孩子真的很想买些什么东西,再说他平时很少要过钱。

父亲走进孩子的房间,发现孩子正躺在床上,他悄悄地问道:“你睡了吗,孩子?”

“爸,还没,我还醒着。”孩子回答。

“对不起,我刚才对你太凶了,”父亲边说边将钱递给孩子,“这是你要的10美金。”

“爸,谢谢你。”小孩子欢叫着从枕头下面拿出一些被弄皱的钞票,慢慢地数着。

“你已经有钱了,为什么还要?”父亲又有些生气,他不知道这个孩子今天是怎么了。

“因为在这之前不够,但现在够了。”小孩回答,“爸,我现在有20美金了,我可以向你买一个小时的时间吗?明天请早一点儿回家——我想和你一起吃晚餐。这是我盼望已久的事情,可以吗?”

品读:读了这个故事我的心被震撼了。我们这些做父母的怎么会如此的不理解孩子的心理需要。您读了这个故事是否和我有同样的感受,那就让我们多关心一下自己的孩子吧!现在的父母整天忙于工作,很少关注孩子的需要和体恤他们的情感。在日常生活中还是挤出点时间与孩子交往吧。作为教师也应该从故事中受到启发:既要重视了解和关心学生的心理需要,又要善于与学生沟通和交流。只有在这种和谐的氛围中,才能教育引导学生。这个故事让我们体悟到,孩子是多么需要父母和老师的关爱啊。

99. 听听乌龟的意见

格洛丽亚·斯坦姆是女权主义运动的一位领导者兼作家,学生时代在一次地理考察中她上了人生中重要的一课。在史密斯大学演讲时,斯坦姆讲述了这次经历:“在考察中,在蜿蜒的康涅狄河畔,我发现了一个巨大的乌龟,它趴在护堤上,显然是从河里爬上来的,经过一段土路才到了现在这个地方。它还在继续前进,随时有被汽车压死的危险。”

她说:“同是地球上的生物,我觉得帮助它是责无旁贷的。于是我走向前去,连拉带拽,最后总算把这只大乌龟从路障上带回岸边。这期间,它不断愤怒地想咬我一口。”

“当我正要把乌龟推回河里时,地理学教授走过来,对我说:‘你知道,为了在路边的泥里产卵,这只乌龟可能花了一个月的时间才爬上公路,结果你要把它推回河里!”

“唉,我当时懊悔极了。不过,在后来的岁月里,我发现那次经历是我人生中生动的一课。它时刻提醒我不要犯主观臆断的错误。不管你是激进的还是保守的,在做事关‘乌龟’的决定时,都不要忘记听听‘乌龟’的意见。”

品读:这个故事,使我想到班主任工作和新课程改革,都应该重视学生的主体地位。学生的主体地位的体现和落实表现在很多方面。而学会倾听学生自己的想法和观点,应该是其中不可缺少的一方面。但问题是,我们在做出某项决定时,往往是打着“爱”的旗号,结果却带来“恨”的回报。原因其实很简单,就是没有“听听乌龟自己的意见”,越俎代庖而犯主观臆断的错误。学会倾听与其说是一种技巧,不如说是一种品质。对我们大多数教师而言,尤其是在对待学生问题上,欠缺的恰恰不是技巧,而是品质。

100. 找工作

有一个青年,急匆匆地走在伦敦的大街上。他昨天刚刚从伯明翰大学毕业,今天就来到了伦敦,为的是找一份工作。伦敦大街上人来人往,川流不息,他无暇顾及这一切,只是在摩天大厦间寻找着,这个青年名叫西蒙·福格。

他礼貌地敲了敲《泰晤士报》总编辑办公室的门。“请进。”他推门进去,桌子后面坐着一位身材魁梧的先生。

西蒙·福格彬彬有礼地问:“请问,先生,你们需要编辑吗?”那位先生推推眼镜说:“不需要!”“记者呢?”“也不!”“那么排字工、校对员呢?”“哦,不,都不,我们现在什么空缺都没有。”“那么一定需要这个了。”说着福格从包里掏出一块十分精致的牌子,上面写着几个字:“名额已满,暂不雇用。”

那位先生,看到西蒙·福格这个举动,不禁呵呵地笑了起来。结果,福格被留了下来,做报社的宣传工作。他兢兢业业、一丝不苟,二十五年后,升至《泰晤士报》总编辑。他的事迹被广泛宣传后,福格成了就业明星,成为各大学的座上宾,每年在学生毕业前给学生做择业方面的报告。

品读:幽默在沟通中的作用是不可低估的。幽默可以调节沟通的气氛,能使人感到轻松愉快,会使你显得更容易接近。那么,我们在与学生的沟通中,也不妨适当地制造点幽默,使沟通的效果更趋完美。

101. 牧师募捐

著名作家马克·吐温有一次在教堂听牧师演讲。最初,他觉得牧师讲得很好,使人感动,就准备捐款,并掏出自己所有的钱。过了十分钟,牧师还没有讲完,他就不耐烦了,决定只捐一些零钱。又过了十分钟,牧师还没有讲完,他于是决定,一分钱也不捐。到了牧师终于结束了长篇的演讲开始募捐时,马克·吐温由于气愤,不仅未捐钱,相反,还从盘子里偷了两元钱。

品读:这个故事告诉我们,刺激过多、过强或作用时间过久,会引起心理极不耐烦或逆反心理现象,心理学上称之为“超限效应”。这种“超限效应”在我们的教育中时常发生。例如:批评学生有时会出现这样的情况:批评完后,过了一会,又觉得意犹未尽,又重复批评一次,接着还是批评,这样一而再,再而三地重复批评,使学生极为烦恼,甚至讨厌至极。其实第一次挨批评时,学生可能已经接受了老师正确的观点,并下决心进行改正,但是在第二次,学生的厌烦心理就会出现，如果再来第三次，那么厌烦心理就会以几何级数增加，说不定因而演变成反抗心理。这样，我们教师是好心人办了坏事情。由此可见我们教师对于批评不能过度超量，应恰到好处，点到为止，这一点对于高年级的学生尤为重要。另外教师的口头禅，如"对不对"、"是不是"等也会造成超限效应。有的学生甚至不听老师批评的内容，而去数老师在整个批评中有几个"对不对"，这样的教育效果是可想而知的。

102. 私塾先生与诸葛亮

诸葛亮小时候很聪明，肯动脑筋，人人都说他是一个天才。村里的私塾先生听说后，也非常高兴，他决定找机会试一试，测测诸葛亮的天赋。若是真的，招进来教育，培养成栋梁之材，也不枉为国家做了一点贡献。

一天，老先生抓了一只小鸟，走到诸葛亮和他的小伙伴之间，问："小朋友，你们说我手里的小鸟是活的还是死的？"孩子们有的说是活的，有的说是死的。小诸葛亮看着先生的面庞，看着先生手里捏着的小鸟，严肃地回答："先生，小鸟的命运完全掌握在你手里。""为什么？"先生反问。小诸葛亮一本正经地回答："我说是死的，你会放开手，小鸟将会飞走；我说是活的，你会不动声色地把它捏死。"先生一听，诸葛亮果然名不虚传，于是收到自己名下潜心培养，使他终于成长为国家的栋梁之材。

品读：这个故事起码给我们两点启示：一是学生就像小鸟，教师就是那位先生，学生的命运就掌握在教师的手里。当家长把学生送进学校，送到老师手里，经过几年的培养，小鸟是机敏灵活、健康地飞向旷野觅食呢，还是呆头呆脑、两翅无力，扇不起翅膀呢？可见，教师肩上的责任可谓大矣。正如陶行知先生所说：教师手里掌握着许多家庭的家运和国家的国运。二是作为教师要像这位老先生那样因材施教，必须善于了解研究学生，善于在与学生的沟通中掌握学生的情况。

103. 小小纸条的魅力

王玉芳老师讲了她与学生刘伟的故事：刘伟上课不注意听讲，经常不完成作业,是老师们公认的“后进生”,一次检查作业,我发现他的作业本里夹着一张小纸条:“王老师,对不起,星期六我忘了带作业本回家,过几天我会补上的。”我断定他根本没写作业,又在撒谎,于是生气地回了一张纸条:“收起你那套骗人的把戏吧,你以为我会上当吗?”

第二天收作业本一看,我又发现他写的一张纸条:“老师请摘下你的有色眼镜吧,麻雀也会变凤凰的,先补上三分之一的作业,给您一点颜色瞧瞧,谁让您不相信我。”看到这张纸条后,我很高兴。决定将计就计,仍然使用激励法:“不就是那么零星‘小吃’吗,有本事做出一道‘大餐’来。”

隔天,再将作业本收上来一看,嘿,他还真掉进我设计的“圈套”里了。“王老师,您别门缝里看人——把人看扁了。今天再补上三分之一,看您还有什么话说。我会兑现我的承诺的,等着瞧吧!”这下我有些惊喜了,这么一个众人眼中的“后进生”,内心深处竟然有如此强烈的自尊心和上进心,我不得不对他另眼相看了。思忖一番,我又回了一张纸条:“士别三日,当刮目相看。曙光就在眼前,胜利在向你招手呢。你是个言而有信的学生,值得老师信任。”

一天后,补齐的作业整整齐齐地放在我的桌子上,里边又夹了一张纸条:“王老师,原来我只是想骗您一下,躲过这次检查,因为我确实没做作业,可是您的一张张纸条让我体会到了您的良苦用心,我没有理由不完成作业。谢谢您。”

在补齐作业以后,刘伟再有什么烦恼事都用这种方式和我交流。我也用心留意他的优点,抓住时机,给予肯定与表扬。每一张纸条,我都以热切的语言传递真挚的情感,使他感受到我对他的关心和重视,愿意接受我的教育和引导,经过一段时间的努力,他改掉了不完成作业的毛病,还拿到了学校颁发的进步奖。

品读:和学生沟通的方法很多,王老师采用的小纸条传递信息的方法也很有效。师生之间这张张纸条有老师的激励、鼓舞和赞扬,传递老师的良苦用心。也有学生的顽皮、悔悟和感谢。这种沟通方式好就好在隐秘,不容易伤害学生的自尊心。因为老师说的话也可能不够“好”甚至会伤害学生,可是,由于不是在大庭广众之下,学生也容易理解,不会造成与老师顶牛,从而增强师生沟通的魅力。

104. 让仇恨开出芬芳

小沙弥去担水,回来的路上被蛇咬伤。回寺院处理好伤口之后,小沙弥找到一根长长的竹竿,准备去打蛇。慧清法师见状,过来询问。小沙弥把事情对法师讲了,法师问事发地点在哪里。小沙弥说在寺院北坡草地。

慧清法师又问道:“你的伤口还疼吗?”小沙弥说不。

“既然不疼了,为什么还要去打蛇?”

“因为我恨它!”

“它咬疼了你,你就恨它,那你踩疼了它,它也恨你,也该咬你。你们双方因恨结怨,可你是人,你该早些放下心头的仇恨。”

小沙弥一脸的不服:“可我不是圣人,做不到心中无恨。”

慧清法师微微笑道:“圣人不是没有仇恨,而是善于化解仇恨。”

小沙弥抢白说:“难道说我把被蛇咬伤当做被松果打中脑袋或者半路被雨淋一样,我就成了圣人?如此说来做圣人也太容易了吧?”

慧清法师摇摇头:“圣人不仅只是懂得化解自己的仇恨,更善于化解敌对的仇恨。”

小沙弥怔住了,呆呆望着慧清法师。

法师说:“世人对待仇恨有三种做法。第一种是记仇,等于在心里搁了一块土坷垃,自己总是生活在恨意带来的痛苦中;第二种是尽快忘掉仇恨,还自己平和快乐,等于把土坷垃弄碎,在上面种上了花;第三种是主动与仇人和解,解开对方的心结,等于是摘下花朵赠给对方。能做到第三种,就与圣人的境界差不远了。”

小沙弥点点头。

不久,北坡草地上出现了一条高于地面窄窄的石板路,那是小沙弥修建的,之后这里再也没有发生过蛇伤人的事件。

品读:慧清法师善于倾听小沙弥的心声,并针对他的具体想法耐心地与小沙弥沟通、交流,进行教育引导,取得很好的效果:化仇恨为和解。这的确也是做教师的一种基本功。不仅体现在沟通中进行诱导的教育智慧值得我们学习,还用形象比喻说明化解仇恨的三种境界,更让人心服口服。

卷六

智慧人生的结晶

——应变的艺术

马卡连柯说得好:“教育技巧和必要特征之一就是要有随机应变的能力。”班主任的应变能力是指其在教育教学中,面对各种始料不及的棘手问题,能够熟练地把握教育教学规律,机智地变换教育教学方法,灵活而不呆板、巧妙而不生硬地做出处理,并对学生进行因势利导、因材施教的能力。

应变,并不意味着情况变化了,可以放弃教育教学原则,随意改变教育教学计划、降低教育教学要求,而是根据变化的情况,将观念、方法、手段作相应的变化,及时、果断、能动地驾驭教育教学工作,变被动为主动、化消极为积极。

教师和班主任处理突发事件,既需要有丰富的教育教学经验,又需要有敏捷的思维品质和娴熟的教育技巧;既要对突发事件作出迅速而准确的分析和判断,又要有一定的胆识和决策能力。这些都是班主任应变能力的必要基础。

一个学生上课不注意听讲,在下面画了一张男女拥抱接吻的画。同位女生抢了过来,然后一一传阅,最后传到教师手中,全班大哗。这件事情实在令这位教师怒不可遏,但他冷静地不紧不慢地说:“你们看,这位同学低下头了,显然他有点后悔了。我也觉得奇怪,他怎么会做出这样的事来呢?课后我们再帮助他找找原因吧。”这些软中有硬的话,既指出了问题的严重性,又没有刺伤学生的自尊;既说明了这件事没有完,一定要严肃对待,又为学生进行自我教育指明了方向;既为继续上课排除障碍,又防止了正面批评容易造成的师生“顶牛”。这位老师的教育方法和语言艺术是令人钦佩的。总之,变通的要诀就是避其锋芒、欲扬先抑、欲进先退、变换角度、以智取胜。在处理突发事件的过程中,离不开激发学生进行自我教育。在启发自我教育时应以“长善”开路,使反面文章正面做,等到创设了“通情”的心理氛围后,再选准时机,借题发挥,使之在宽松的气氛中“达理”，帮助其“救失”。

应变是教育智慧的体现，需要当怒而不怒的自控力、迅速而准确的判断力和审时度势的变通力。

105. 冷 静

有一位戴眼镜的班主任,在接班后,第一次走进教室时,发现全班学生情绪紧张地盯着黑板,回头一看,原来黑板上画了一个戴眼镜的头像,旁边还写着“四眼狗”的字样。这位班主任一下子怒火中烧,真想来个“杀鸡给猴看”。可是,他终于冷静下来,控制住即将爆发的情感,扫视了一下全班学生,回头将黑板擦干净。然后风趣地说:“这幅画画得不错,画画的同学一定是为了考验一下他的班主任,但不应当采取有损于老师人格的做法。”此时,学生们的目光一下子集中到画画同学的脸上,这个学生红着脸低下了头。班主任见此情景又说:“我想画画同学此时一定已经感到自己错了,不过不要紧,你要将功补过,利用你的画画才能为集体服务。”后来这个学生真的成了班上的宣传委员,师生间的情感也非常融洽。

品读:突如其来的偶发事件,很可能令人十分恼火,或搞得班主任措手不及,此时,班主任的头脑一定要冷静,要有当怒不怒的自控能力,要控制住自己的情感,千万不能动怒发火。“须知咄咄逼人的震怒、粗声大气的训斥、尖酸刻薄的讽刺、粗暴蛮横的体罚,并不能显示出教育的威力。”试想,如果这位班主任真的大动肝火,给学生来个“下马威”,效果会怎么样呢?起码师生情感会形成难以清除的隔阂,也达不到“长善救失”的目的。这位老师给我们做出了榜样。

106. “一定是还没来得及还”

杨老师带的班里曾出现过几次丢失少量钱物的事,学生们都怀疑是小 A,杨老师也曾对她进行了认真的观察分析,虽然有些可疑之处,却无真凭实据。一天,小 B 的手表丢了,教室里七嘴八舌地叫嚷着“抓小偷”。杨老师走进教室后,叫嚷得更厉害了。看来这个问题不解决是不好上课了。他把小 B 叫到门口,听她详细讲述了表丢失的过程,再联想以往的情况,小 A 拿走手表具有很大的可能性。此时,杨老师真想借机整小 A 一下,他又想若真的把脸撕破,解了师生的心头之气,以后又该怎么教育她呢?杨老师决定采取缓冲的办法,冷静地说:“同学们大嚷大叫不解决问题，又违反了学校纪律，请大家安静下来。手表说不定谁拿了看时间，还没来得及还，我们要给人家时间。”小A不仅很快交出了手表，而且交代了一些老师不知道的事情。对此，杨老师都按她的要求予以保密，她也真的改掉了这个坏毛病。

品读：突发事件出现后，便要求班主任迅速选择正确的方法予以解决。这种选择来源于班主任对突发事件原因的分析和判断。准确的判断是班主任应变能力的基础。

突发事件尽管在一定程度上具有偶然性，但是，总还是有这样或那样原因的。如有些意外伤害事故是由于学生逞能、好胜、爱表现而造成的；班里丢失钱物并不一定是具有不良的偷窃动机，而是因为青少年爱开玩笑所致；有些突发事件是由于某种潜伏因素的作用，在一定场合爆发的结果，偶然中存在着必然。如师生“顶牛”事件，不少是因为以往师生中发生矛盾而未能很好解决的结果。有的突发事件则是由于学生具有不良的道德动机所致。因此，突发事件发生后，班主任必须在短时间内，对事件的原因进行周密的调查分析，做出科学的判断，并预测出不同的处理方法，可能产生的后果，从而做出正确的选择。

这样做不仅给自己判断是否准确留有余地，而且也给拿手表的学生铺设改正错误的台阶，同时为我们进一步批评教育创造了条件，效果非常好。

107. 自我台阶

有位一向以管理严格闻名的杨老师，担当了一个乱班的班主任。学生们预感到今后的日子不好过了。第一次上课，有个同学在黑板上写了几个斗大的字。“×××，请出去！”杨老师迅速控制住即将爆发的情绪，说：同学们，看来你们今天是在以一种不欢迎的方式来考验我。你们写的“请出去！”这三个大字，几乎一下子把我打懵了，幸亏我发现你们是很懂礼貌的，你们知道吗？这个“请”字叫我好感动啊，如果你们改成“滚出去”，那我可真的无地自容了。因此，我在这里真诚地说一声：“谢谢大家，特别要谢谢写这六个字的同学。”同时，我请求你们收回成命，让我留下来，我会成为你们喜欢的好班主任。事情就这样圆满解决了。

品读：这是一个需要班主任当机立断迅速解决的案例。面对这种尴尬的场面,他控制住了自己的情绪,没有因为学生对自己的不恭而发火。而且在“请”字上做足了文章,用幽默的语言缓解了这种紧张的气氛,也为自己找个走出尴尬的台阶,表现出很强的自我控制能力。结果不仅平息了事端,教育了无理取闹的学生,也使广大同学增强了辨别是非的能力。事后杨老师曾说:“我当时未发雷霆之怒,是因为我有过教训,深知用粗暴的办法去平息事端是一种软弱的表现,是放弃了艰苦细致的思想工作。”要提高应变能力,应从以下四个方面做出努力。

一是要沉着,不发火。一个有自制力的班主任,即使在学生令人啼笑皆非的恶作剧面前,或遇到粗野无礼的学生和家长,遇到让人心烦意乱的复杂矛盾,也能表现出冷静和沉着,使自己的感情永远处于清醒的理智控制之下。

二是要冷静,不迁怒。教师作为普通人,当然也有自己的喜怒哀乐,但是,当你作为教师出现在学生面前的时候,就不能不顾及到自己的感情、行为对学生将产生怎样的影响,就不能不预见一下自己的教育措施会产生什么样的教育效果。因此,就不能不注意控制自己的感情和行为,做到既不因自己的不快迁怒学生,也不因自己的愉快在学生面前忘乎所以。斯坦尼斯拉夫斯基说:“当演员来到剧院的时候,也应当把个人的不快和痛苦留在剧院之外。”对于教师特别是班主任来说,具有这种心理修养是何等的重要啊!

三是要敏锐,有节制。学校教育不是一种封闭体,生产的发展,科学的进步,党的政策的变动和社会风气的变化,无不对学校教育产生直接的影响,从而对班主任的思想修养,智能结构提出新的要求。因此,教师必须摆脱一切束缚,使自己的行为举动表现得敏锐而有节制。“成功的教师就是诚心诚意地追求他们的工作意义,不知疲倦地为扩大他们的知识和能力而奋斗,保持他们的自我概念,以及遇到不断变化的环境而有条不紊地进行自我更新。”(〔加拿大〕江绍伦著,绍瑞珍等译:《教与育的心理学》,江西教育出版社1985年7月,第11页。)

另外,学生也受着各种因素的影响,不断地发生着变化,班主任还应当具有敏感地接受来自学生的反馈信息的能力,用以随时调节、控制自己的行为和预定的教育计划、程序,以便取得最优化的教育。

四是讲师德,是根本。教师不能控制自己的感情和行为而导致失去心理平衡的原因起码有以下四点:(1)教师本身就不喜欢教师职业,没有搞好教育工作的兴趣和追求;(2)不热爱学生,不能摆脱对“后进生”的先入之见和惩治思想;(3)在师生矛盾中,过分强调学生的思想行为太令人不能容忍,不能严于律己而从自身寻找师生矛盾的原因;(4)缺乏教育学、心理学知识,自身修养较差。如果班主任不理解教育工作的意义,不认识教师劳动的价值,不刻苦学习教育科学加强自身修养,就不能对自己高标准、严要求,提高自我控制能力也就成了一句空话。当然,提高自制能力"也有一系列技术性的方法,可以帮助我们控制自己的情绪。在你叫喊以前,先忍耐几秒钟想一下:你是一位教师,这样就会帮助你压抑一下当时就要发作的脾气,转而心平气和地跟你的学生说话。"有经验的教师还提出:"时时考虑自己的行为可能产生的效果,也是保持自我情绪稳定的基本方法。"

108. 只笑我不公平

上课铃刚响过,某老师走上讲台,同学们突然大笑起来。一位女生告诉他衣服上的扣子扣错了。

教师瞪大眼睛看着大家。打量自己,发现自己扣错了扣子,一边重扣一边说:"同学们,你们别笑,我是有理由的! 第一,我起床时想心事,一直在琢磨这堂课怎么上。第二,我们班有位同学运用数学公式总是张冠李戴,他不是比我更好笑吗? 你们只笑我一个,不公平。"同学们又开始笑了。

"尽管我很委屈,但我还是要向大家承认错误。通过这事儿,我想告诉大家一个道理,就是心无二用。做事专心致志才不会出错。我向大家保证,今后决不扣错扣子! 你们呢? 那位爱张冠李戴的同学呢?"

大家不再做声,课堂气氛变得严肃起来。

品读:无论事先计划多么周密,安排多么细致,课堂上还是有可能发生各种意外情况:小鸟飞进了课堂,引去了学生的心;学生的提问,一时难住了教师,使教师陷入困境。这时,教师可能惊惶,可能很愤怒,也可能十分沮丧。然而,惊慌失措会使人失去思考能力,愤怒使人失去对自己情感的控制,而沮丧则会导致思维的混乱。这一切都无助于偶发故障的排除,无助于从狼狈的境地中解脱出来。课堂情况的严峻要求每一个教师掌握一定的应变技巧,因人而异,因事制宜,灵活应变,调动身心潜能,做出超常的发挥。

课堂应变乃是一种艺术,不宜作量化分析。对于多种多样的应变技巧,我们也不宜绝对地讲,这样做就行,那样做就不行。最好是在多种做法的比较中,分析利弊,决定取舍,提高技能。

课堂教学中应变艺术是执教者在课堂教学上成功的操作行为，是一切教学智慧和机智的艺术结晶。在课堂上操作的许多细微之处、艺术之处、精湛之处，面对突发事件的应对与处理能正确、熟练地掌握，达到信手拈来，不假思索的程度，与其说是通过在理论指导下的训练和实际获得的，不如说其中有相当一部分是由执教者的经验与智慧凝结的。

109. 借给你一个“优”

王安红老师向我们介绍了下面这个故事。

上课铃响了，我夹着作业本，迈着轻快的步子走进了教室。

我习惯地把教室扫视了一圈后，笑了笑，说：“同学们，这次的作业谁做得最好呢？很高兴地告诉大家是肖雨同学，他的作业不仅做得干净整洁，而且全对。”

我翻开作业本，把上面红红的“优”字展示给大家，并用激动的声音说道：“请同学们掌声鼓励。”我带头鼓起了掌，紧随着教室里响起了热烈的掌声。

要知道，这个“优”对于肖雨来说可是“百年难遇”的大事了。我望了一眼肖雨，平时很“油条”的他，这时像旗杆似的，笔直地坐在那儿，脸上洋溢着成功的兴奋与激动。

刚把作业发下去，一件意想不到的事发生了。

“老师，肖雨不能得‘优’。他的第一题跟我的答案一模一样，您给我打的就是叉。”肖雨的同桌宁波高高地举起了手，大声报告着。

我拿起肖雨的作业本细细一看，那一题他真的做错了，我的心里沮丧到了极点，也矛盾到了极点：如果承认是我错了，那肖雨怎么办？我的脑子里又浮现出肖雨那难得一见的兴奋与激动。如果我撒谎说我没错，那宁波会怎么看我，同学们会怎么想……

突然，灵光一闪，我平静地说：“是老师马虎，改错了肖雨的作业，但是我不打算删掉这个‘优’字，我要把这个‘优’字借给肖雨同学，我想他会努力得到真正的‘优’的。”

顿时，教室里一片骚动，只听见一个声音说道：“老师，也借我一个‘优’吧。”

我循声望去，是宁波这个从未得过‘优’的孩子，正以渴望而又胆怯的目光看着我。

“行！”我爽快地答应了，“不过不能弄丢了喔！”

宁波使劲地点点头。于是,我毫不犹豫地拿起红笔也在他的本上写了个漂亮的“优”字。

回过身,我看到了好几双渴望的眼睛和递过来的本子:

“老师,也借我一个‘优’吧。”我毫不犹豫地收起了这些作业本,然后借给了他们每人一个“优”……

从此,学生的作业又多了无数个真正的“优”。

品读:作为老师在工作中难免发生错误,王老师本来想抓住肖雨作业“全对”得了“优”的机会,对他进行了表扬。没想到由于自己的疏忽——判错了,并被肖雨同桌指了出来。在这种尴尬的局面下怎么办?王老师考虑到肖雨的感受,决定将错就错地说:“是老师马虎,改错了肖雨的作业,但是我不打算删掉这个‘优’字,我要把这个‘优’字借给肖雨同学,我想他会努力得到真正的‘优’的。”显然这样做既承认自己工作疏忽,又保护了肖雨的自尊,同时还发挥了激励的作用。这样处理也体现了王老师的应变能力。

110. love you

在一次英语课上,当老师朗读一首浪漫的散文诗时,反复出现了“I love you”这个句子。有个调皮的学生要求老师用中文翻译“I love you”。这在学生中是一个敏感的语句,老师思考片刻,转身从容地在黑板上写下“I love you”。尔后,他问学生“I”是谁?学生回答:“是我”。“那我又是谁?”学生经过思考回答:“是老师!”“很好!”老师说。并在“I”下板书“老师”,尔后又问:“‘you’是谁呢?”“you是你。”“你又是谁?”“是学生。”老师即在“you”下板书“学生”,尔后在“love”下写了个大大的爱字。老师说:“那么我说的‘I love you’翻译成‘老师爱学生’,对吗?爱是神圣的,老师爱学生,学生也爱老师,亲朋之爱,师长之爱,还有恋人之爱。”

品读:这样一个敏感问题,因这位老师妙用智慧迎刃而解,没有批评斥责,也没有放任自流,让学生在民主气氛下感受到了爱的圣洁,这是智慧的引导,也是一个优秀教师驾驭课堂能力强的具体体现。

驾驭课堂的能力是一个优秀教师必备的条件,是面对课堂上突如其来的敏感又尖锐的问题,能用自己的智慧使问题迎刃而解。

要提高课堂驾驭能力,就需要我们不断学习,不断接受新的理念,多学习专业书籍,丰富自身的专业知识,锻炼自己的思维敏锐性及随机应变的专业能力,才能真正提高教育教学效果。

111. 将错就错

上课铃响了,李老师还没有来。学生大眼瞪小眼,有的则开始小声议论了。

3 分钟后,李老师来了。他走上讲台:“今天很对不起大家,我迟到了 3 分钟,耽误了大家的时间。在 3 分钟内,大家想了些什么呢? 请写作文——”他在黑板上板书:《3 分钟内,我在想……》要求不少于 150 字,而且 10 分钟内完成。

10 分钟后,李老师开始讲评作文。一位同学是这样写的:3 分钟内,我在想——清脆的上课铃响了,同学们都坐在自己的座位上静静等着语文老师来上课。

可是,紧闭的教室门并没有打开。一会儿就有同学嘟哝开了:“语文老师也太不负责了!”“都上课这么长时间了,还不来……”我心里一怔,心想:是啊,语文老师也真有点不负责任,我们刚分到这个班,第一堂语文课他就不来,确实有点不像话。也许是他病了,也许他有事不能及时赶回来,也可能是……做了一通假设,我心想,干吗找这么多理由。3 分钟就要过去了,要是没有特殊理由,看看李老师来了如何解释。

正在这时,门一下子被打开了,李老师带着诡秘的微笑走上讲台:“同学们等急了吧? 我今天迟到了 3 分钟,这 3 分钟内你们想了些什么呢? 大家现在写一篇作文:《3 分钟内,我在想……》。”

品读:事后李老师解释说,他刚才来校时,不凑巧自行车在路上坏了,导致迟到 3 分钟。就干脆抓住这个机会,创设了一定的生活情境,搞了一堂训练心理描写的作文课。李老师这种将错就错不正是一种教育智慧的体现吗!

难怪听课的罗根培老师情不自禁地为这节课叫绝:好灵活的教学方法,好新颖的授课方式。

112. 弄巧成拙

有一次,一位老师以成语为作文题,要写小小说,题目是《弄巧成拙》。有一个同学没写,老师找他谈话,他说没有生活,写不出来。老师知道这个学生是在找没写的借口,但他也没多说什么。第二天上课,老师检查学生作业的完成情况,又检查到了这个学生。这个学生将本子递给老师。老师说:“写得很认真,字数也够。”接着老师合上本子,看了一眼这个学生,这个学生慌得不得了。原来他并没有完成作业,他拿的是同桌的本子,企图蒙混过关。老师说:“你什么时候改的名字?我怎么不知道。”顿了顿,又说:“什么叫弄巧成拙?这就叫弄巧成拙。昨天让你写小小说《弄巧成拙》,你说没生活,今天该有生活了吧?今天课下写好后,明天上课前给我送去。”学生们都笑起来。这个学生羞得满脸通红,回到自己的座位坐下。课下,他将写好的《弄巧成拙》交给了老师。由于有生活体验,文章写得很好,讲评时,老师把它当作了范文。

品读:面对学生的错误,教师该怎么办?这位语文老师做出了正确的回答:以一种智慧和一份爱心对待学生的错误。因为,这些所谓的错误里面往往蕴含着学生产生的创新意识和创新能力。他们既是一种教育的资源,也是一次教育的机遇。换一种视角和思维,学生的错误有时也很美丽。这种美丽,需要我们教师在学生平时的错误中捕捉、挖掘和培养。

113.“脱了马夹照样认识你”

那是一堂公开课,学生周围坐满了听课的领导和老师,程晓冲老师设计的思路使课堂进行得井然有序。当他让学生带拼音读生字结束,进行第二个环节的字词检查时,程老师说:“去掉拼音,大家还能认识这些生字宝宝吗?”“脱了马夹,照样认识你。”没等程老师叫出学生的名字,捣蛋鬼小浩突然冒出这样一句话,接着便哄堂大笑,连程老师也忍不住笑了。可是,课堂上容不得程老师有更多的时间去思考别的,几秒钟的空白,他马上接过小浩的话,“小浩,真聪明,能想到用这句话真了不起,我想你将来一定会超过赵本山的。我现在就让这些生字‘脱了马夹’,看看你真能认识它们吗?”这个一向不爱学习语文的捣蛋鬼竟然正确地读出了那几个去掉了拼音的生字。同学们掌声四起,小浩的脸上有一种胜利的满足。也许是受了刚才的影响,程老师也突发灵感,将原来设计好的过渡语言改成:“这些生字宝宝脱了马夹大家认识,现在它们有的换了衣裙交了朋友,我看大家还能认识它们吗?”随着大屏幕上新词的出现,孩子们个个小手举得老高老高。

这堂课气氛十分活跃,孩子们听得也特别认真。

品读:读了这个故事,我感触颇多。如果在课堂教学中学生冒出了这样的话,遭到了老师的严厉指责,也许学生大胆发言的积极性再也没有了。但是,如果我们能将习惯上被看做干扰课堂教学的消极因素转化为课堂教学的积极因素,就会创造出许多意料不到的精彩。这位教师便具有这种理智的智慧。

114.“哦,呀……”

在一节小学的语文课上,老师让一个胖胖的同学回答问题。“请说出形容一个人美丽的句子。”“哦,呀……”这位同学支支吾吾,答不上来。“好,请坐下,这位同学的回答很巧妙。他的意思是那个人的美丽是无法用语言来表达的。”

品读:教育首先是一种保护,保护学生创造的天性、丰富的潜能,保护学生的好奇心、求知欲,甚至还应善意地保护学生恶作剧那样的“可爱的错误”。

苏霍姆林斯基有个十分精彩的比喻:要像对待荷叶上的露珠一样,小心翼翼地保护学生幼小的心灵。晶莹透亮的露珠是美丽可爱的,却又是十分脆弱的,一不小心露珠滚落,就会破碎,不复存在。学生的心灵,就如同露珠,需要教师和家长加倍呵护。这种保护就是一种教育。

人性中最宝贵的是受到别人的尊重和赏识,所以切忌对学生随意地批评、侮辱,甚至体罚、变相体罚。保护学生的自尊心,保护学生的主体地位,让他们体验人生的价值,并提升这种价值,这才是真正的、成功的教育。而且这位老师的幽默,也体现了教育智慧,值得我们学习。

115. 四张脸谱

在物理课上,男同学小敏总是喜欢说话,影响周围的同学听课,任凭刘老师怎样教育,他就是置之不理。刘老师忍无可忍,终于发怒了,他拉住了小敏的手,把他请到了校长办公室。小敏低着头满脸沉重地坐在那里。

班主任王老师得到了消息,她飞快赶到了校长室,坐在小敏旁边,一言不发地看着他,稍后,平静地问道:"你现在感觉怎么样?"

"还好。"小敏颤声地回答。

这时,只见王老师随手在一张白纸上用笔画了四张脸谱:高兴的、悲伤的、发怒的、尴尬的。小敏在旁边饶有兴趣地看着老师把画画完。王老师把笔递给了小敏,对他说:"请你仔细辨认一下,此时哪张脸最能代表你的心情? 你可以在下面打个勾,行吗?"

小敏狠狠地在发怒的脸谱下打了个勾。

"你现在非常生气,是吗?"

小敏点了点头。

"你现在能不能告诉我,为什么生气呢?"

"刘老师他抓疼了我的手。"小敏让王老师看了看他手上被抓红的地方。

"不过,你是不是也使老师很生气,就像你的手被抓红了一样?"小敏点了点头。

"你能不能在这些脸谱中,找到老师的心情?"小敏很快地在发怒的脸谱下又打了个勾。

"你知道老师生气的原因吗?"王老师又问。

"因为我没听老师的话,总是讲话,影响别的同学听课。"小敏低下了头,露出了一丝丝歉疚的尴尬。

"那你喜欢看老师的笑脸还是发怒的脸?"小敏抿着嘴笑了,好像在说:"这还用问吗?"

"你知道以后上课该怎么做了吗?"面对王老师的提问,小敏的头埋得更低了,他用力点了点头。

品读:在整个过程中,没有任何板着面孔的斥责与说教,有的只是循循善诱的引导与平心静气的交流,而问题却迎刃而解,这便是班主任谈话的艺术。

116. 吹口哨的学生

有位刚接班的老师上完第一节课刚刚宣布下课,一位学生突然吹起了口哨,全班学生都有些惊讶,看看吹口哨的学生,又看看老师,诧异中带着惊慌,像是做好了迎接批评的准备。出乎学生的预料,老师却平静而坦然地说:"同学们,下课了。"然后,走到吹口哨同学面前称赞道:"口哨吹得不错,好好练练,说不定在这方面有所发展,必要时,我可以给你留点时间,为大家表演一下,好吗?"这使得该生不知所措。老师接着问:"能告诉我叫什么名字吗?"学生不好意思作了回答。老师立即说:"名字起得不错,你是咱班我第一个记住的名字,不过我有一点小小的要求,请你以后吹口哨要选择好场合。"学生说:"老师我错了,请相信我,以后不会再发生类似的事情了。"周围的学生鼓起掌来。

当天学生在日记里写道:"……要是以往,我肯定躲不过一顿批评和指责,可是今天老师还表扬我口哨吹得好。今后,我一定要好好学习,绝不再扰乱课堂秩序。"

品读:批评要讲究艺术,要多给学生一点欣赏,这如同多给学生一阵春风、一场雨露,使学生脆弱的自尊心产生强大的动力而健康地成长。一位著名的教育家说过:对待学生不能鸡蛋里挑骨头,而是骨头里挑肉,哪怕找到一点肉丝,也要看成一块排骨,给予表扬、鼓励。在批评学生时,要善于发现学生的优点,并及时给予认可、肯定,这样会收到好的教育效果。

117. 变个方式……

一位年轻的女教师愉快地走进自己的教室,发现黑板上画着一个头像,上边写着她的名字,在名字后面还加上"遗像"两个字;看来,暴风雨即将降临在这个教室了! 但是,这位女教师的表现却出乎学生的意料。

她面带笑容对着画像欣赏了一番,转脸环视全班,平静地说:"画得很像我,字也写得不错,可是多写了一个字。"当她从学生表情上认定画像是杨帆的"杰作”之后,点名提问了他。杨帆回答:多了一个“遗”字。“为什么?”老师追问。“因为老师没有死,所以不是‘遗像’。”“回答得很好!”老师微笑着点头赞许,并请他把画像擦掉,然后宣布上课。

事情就这样不动声色地结束了。从此女教师再未提起这件事。一天女教师接到了杨帆的一封信,大意是向老师承认错误请求批评。女教师找到他说:近来你进步很快,我很高兴,相信你已经懂得人与人之间最重要的是相互尊重人格,有了这种尊重,人与人之间的关系才能和谐。杨帆频频点头。

品读:爱迪生说:“任何问题都有解决的办法,无法可想的事是没有的。要是果真弄到无法可想的地步,那只能怨自己是笨蛋,是懒汉。”尽管它近乎尖刻,却也不失深刻。身为教育工作者,在遇到令人尴尬的问题时,要时刻懂得以退为进的方略,让学生在一种温情脉脉的氛围中接受老师的建议和批评。只要我们拥有一颗平静的心和创新的思路,用委婉的方式,不露痕迹的积极心理暗示,即可促使学生提高源自内心的觉悟,进而达到自律。这才是真正打动人心的教育艺术。这是老师教育智慧的体现。

另外我们不妨再回顾一下这个故事:古埃及的金字塔是举世闻名的宏伟建筑。当时,石匠在处理建金字塔的石材时,发现一些石头非常坚硬,很难穿凿,就试着用铁楔和锤子劈砍,却无济于事。于是,石匠试着把铁楔改成木楔,把一块块木楔嵌入石块之后,再用水来润湿它们,奇迹发生了,干木楔吸水膨胀后的力量,使得坚硬的花岗岩也无法抗拒。就这样在湿木楔默默无声的膨胀力量的挤迫下坚石终于裂开了。

这个故事从另一个侧面,告诉我们批评不一定非得硬碰硬,批评时刻别忘了给木楔加点水。我们两位女老师处理问题的方法与前文所举的故事的确有异曲同工之妙。

这件事又使我想起了一个故事:欧洲一家剧院在一次演出时,许多太太小姐都戴着一顶时髦的高帽子。坐在后面的观众向老板提出意见后,老板马上到前台说道:“请戴帽子的女士们将头上的帽子取下来!”尽管老板十分有礼貌地重复了三遍,但无人理睬。

另一家剧院也发生了同样的事情,老板说:“女士们,为了照顾年纪大的女士,年轻的女士请取下头上的帽子,年长的可以不脱帽。”同样一个意思倒过来说,效果居然完全不一样:场内几乎所有戴帽子的女观众都将帽子摘下来了。

看，变换一下方式具有多么大的威力！我们做教师的一定会从中受到启发，一定要注意批评要讲究方式。

118. 两种方法两种结果

高老师矮而肥，左边脸有块疤，平时看不出，一发火就闪闪发光。可他丝毫不避嫌，发火是常有的事。一次他上数学课，刚进教室，发现讲台上放着个空易拉罐，高老师威严地扫了学生一眼，“是谁的易拉罐？”鸦雀无声。又问，还是没有人承认。高老师的嗓音提高了好几度，呵斥道：“今天喝易拉罐的人都把手举起来！”三四五六七八，同学们互相看看，有点不情愿、又有点无奈地举起手来。“把你们喝空的易拉罐找出来，放在桌子上”。易拉罐一喝完就扔了，老师有命令，同学们就只得到垃圾堆里找，结果课桌上什么样肮脏的易拉罐都有，“嫌疑人”还是没有挖出。高老师即兴发挥，几乎全班同学都挨了训。这堂课自然也泡了汤。

还是这个教室，两个星期后，刚从校外调过来的杨老师上第一堂课，发现讲台上放着一只空易拉罐。杨老师“欣赏”这只易拉罐时，教室寂静。杨老师抬起头来，微笑地举着那只易拉罐对同学们说：“我感到非常高兴，今天我来给同学们上第一堂课，就有同学给我送易拉罐喝，也许是等待的时间太长了，这位同学把易拉罐里饮料喝掉了。虽然搁在这里的是一只空易拉罐，但我还得向这位同学说声：谢谢……”

杨老师的话被一阵掌声打断。有一个男同学眼里含着泪花。

品读：每个孩子都会有缺点，也都会犯错误。对这，老师大都能轻易地分析出来。但分辨出来之后，请不要急于去批判、去挞伐、去惩罚孩子的错误，粗暴地践踏孩子的自尊，而不妨不着痕迹、小心翼翼地触及，去教育，去修正，给孩子一个改正的机会，为孩子保留自尊的空间，留下选择的余地。扪心自问，有谁愿意将自己的难堪、自己的缺点、自己的错误，堂而皇之地展示于人呢？事实上，真正艺术的理解、信任、尊重、宽容、期待，是不要把问题说破，是用爱心让学生真情感受，是用行动去真诚弥补。

不说破也许只是教育中一个小小细节，但正是对这种细节的不同关注，体现了老师不同的人文关怀；正是对这种细节的不同关注，展示了老师不同的教育智慧；正是对这种细节的不同关注，昭示了学生不同的发展轨迹；正是对这种细节的不同关注,造成了截然不同的教育结果。

119. 惊讶　冷静　呵护

一位年轻教师,在课上要求学生用举右手表示判断正确,用举左手表示判断错误时,突然一位女生站起来说:"老师,我不知道哪是左手哪是右手。"语音刚落,全班同学大笑。这位老师惊讶之后立即冷静下来。

他首先制止了全班学生的笑声,对提问的同学说:"请王华同学看好,这是左手,这是右手。"年轻教师边示范边说:"同学们,这其实并不可笑,我们每个人都可能发生这种情况,心理学上叫暂时性遗忘,据说大科学家爱因斯坦有一次竟忘了自己的姓名。"然后,话锋一转:"哪是左手哪是右手的问题都敢提,这是一种敢于质疑问难的良好学习习惯,也是一种非常好的学习品质。我相信有了这种好习惯,王华同学一定能把功课学得很好。"

品读:这显然是这位年轻教师始料不及的偶发事件,一个学生不知道哪是左右手,真的不可思议,也足以让老师动怒,然而这位年轻教师对这一件事的处理真的让人肃然起敬。从惊讶到冷静到呵护的短暂过程,把他的崇高的师爱、令人折服的教育智慧,表现得淋漓尽致。他何止是在教学生如何读书学习,分明是在呵护学生脆弱的心灵。他不仅对"不知"左右手的学生没有批评,而且为她"不知左右手"的令人不解的话找出心理学的根据——"暂时性遗忘"和事实根据——爱因斯坦"忘了自己的姓名",这实际是在呵护学生自尊、灵性和生命。教育是智慧的工作,是唤醒、期待和激励——"敢于质疑问难"是一种好习惯,有了它就一定能学好。这种做法,分明是在保护孩子的自尊,就像对待荷叶上的露珠小心翼翼地保护着学生的心灵。这位年轻老师之所以令人敬佩,就是因为他对学生的爱是一种智慧的爱。

120. 西瓜皮的故事

初二5班是全校闻名的乱班:课间你追我撵,你喊我叫,人仰马翻,桌子倒椅子歪,乱得像马蜂窝;课上淘气鬼时不时闹个恶作剧,不是这个女同学的辫子被系在椅子背儿上,就是那个女同学被毛毛虫吓得哇哇叫。任课老师硬着头皮来,带着满肚子气去。几位老师被气得辞去班主任。这回学校领导下狠心,把任毕业班课的张万祥老师抽出来带这个班。因为学校领导认为张老师有20多年教龄,又是个优秀班主任,理应接手这个乱班。这第一节班会,这第一次亮相关系到日后教育的成败。张老师的心里也像有15个吊桶——七上八下。上课铃响后,与以往不同的是教室里很快就静了下来,几十双眼睛好奇地注视着早站在门口的张老师。那几个全校有名的淘气大王也异乎寻常地安静地坐在各自的座位上,似乎在等待什么。张老师慢慢地走向讲台,心里不免有些紧张。忽然不知为什么,脚下一滑,摔了个仰八叉。"哈,哈,哈……"几个学生首先大笑起来。"哈,哈,哈……"不少学生也随声附和。张老师低头仔细一看,原来地下有块西瓜皮,显然这是个陷阱。张老师不禁气撞心头,想大声呵斥。随即又想:大发雷霆、暴跳如雷恐怕正中淘气鬼的下怀,以后这壶醋可就难喝了。可是怎样下台呢?张老师灵机一动,计上心来。于是慢慢地站起来,慢慢地走到讲台旁,语重心长地说:"同学们,这就是我给你们上的第一课:一个人可能摔倒,但他仍然可以再站起来!"那笑声早已消失,教室里出奇得静。顿了顿,张老师又借题发挥说:"在人生道路上,不会没有崎岖,跌倒在所难免。跌倒并不意味着失败。从哪里跌倒,就从哪里站起来,勇敢地走下去,就会获得成功。"在动情的话语中,全班鸦雀无声,接着是一阵热烈而持久的掌声。那几个搞恶作剧的淘气鬼也不好意思地鼓起了掌。张老师知道自己的一席话打开了学生的心扉。张老师看到了班级的希望,也倍感欣慰地笑了。经过反复努力,这个班旧貌换新颜,甩掉了乱班的帽子。

品读:记得一位女主持人正因为机敏地应付了偶发事件而声名远扬。那次她走上舞台时,不小心被什么东西绊倒了,观众席上立刻传出阵阵哄笑声。怎么办?她的脑中迅即闪出一连串应急方案:躺着不动,假装晕倒;爬起来,退到后台,请求换个主持人;站起来,向观众解释摔倒的原因,以求同情;站起来,当作什么事也没有发生,按原定方案继续主持节目……她立即否定了这一系列方案,最后她是这样做的:稳稳地站起来,面对观众,大声说道:"我刚才是为热心的观众而倾倒!"观众席上的哄笑声立即被热烈的掌声所代替。张老师处理偶发事件与这位主持人有异曲同工之妙。

青少年活泼好动、聪明敏捷,他们不时制造的偶发事件会让人束手无策。这就需要我们提高教育素养,提高教育智慧。苏霍姆林斯基曾疾呼:"提高教育技巧,首先是要自己进修,付出个人的努力,来提高劳动的素养。”在偶发事件面前,班主任要控制自己的情绪,让情绪活动听从理智和意志的节制,不能任其自流。在偶发事件面前,不惊不乱,不以硬碰硬,不借助师道尊严,而应开动脑筋,淡化矛盾,借题发挥,机智地避免冲突,巧妙地应付令人尴尬的局面,转败为胜,从而开创新的局面。处理偶发事件需要我们讲求工作方法,运用艺术技巧。

121. 过去时……

一位英语教师来到一所新学校任教,她班上有几个学生特别调皮。

第一节课,这位老师问学生:“当我说‘我很漂亮’的时候,是什么时态呢?”话音刚落,教室里就传出一声“是过去时”。

因为这位老师已经三十多岁,不再年轻。学生把英语中的时态问题,变成了对老师的刻薄的嘲讽。班里哄堂大笑,老师也有些尴尬。

少顷,老师平静地说:“请同学们稍等。”然后匆匆走出教室。

学生们都以为老师是去请校长来“镇压”的。没想到,老师回来的时候,校长并没有来。

“我去办公室找了一张我年轻时的相片。”老师拿着自己的相片说,“跟相片比较,如果还说‘我很漂亮’,确实是过去时。过去我的确很漂亮。‘18岁的姑娘一朵花。’所以刚才你们说的没错。”

教室里鸦雀无声。接下来,老师话锋一转,说:“现在坐在这里的女同学,说‘我很漂亮’,既是现在时,也是将来时。还有男同学,说‘我很帅,’也是如此。”

猛地,教室里响起了热烈的掌声。

品读:这些调皮学生已经习惯了恶剧之后的“镇压”。无论是校长来“镇压”也好,教师自己“镇压”也好,或许会取得一时效果,但学生内心依然故我,口服而心不服。师生之间的关系会变得更紧张,对立会更严重。

而这位老师独具慧眼,发现了一个教育学生的良机,把英语知识的教学变成了对学生心灵的教育。学生想象中的暴风骤雨并没有来,等来的是老师对他们的如此情真意切的期望,其所受的心灵震撼是可想而知的。

这位老师的语言不可谓不巧。语言是重要的交际工具,教学语言是一门独特的艺术。教师在教育、教学中,主要通过语言工具与学生交流,教师只有充分掌握并运用好教学语言这一艺术，才能更好地履行教书育人的使命。但究其实质，是这位老师的内心充满了对学生的爱。教师的巧言，只是对学生爱心的真情流露。“言为心声”。教师语言修养的程度，其实取决于思想修养和师德修养的高低。而如何从突发事件中，捕捉教育学生的机会，则来自于教师的教育机智。我们经常说，当学生的不能读“死”书，其实，作为教师，也不能教“死”书。处处留心，处处有心，便处处是教育学生的良机。

卷七

启动远航的风帆

——激励的艺术

哥伦比亚大学的盖兹和匹斯兰德教授，曾针对“奖惩在学习上的效果”做了一项心理实验。他们两人经过随机取样，在学校挑选了一些学生进行测验。他们先把这些学生分成A、B、C三组，然后进行考试。

隔了三天之后，再进行同样的考试。不同的是，在第二次考试之前，先对A组学生加以奖励，称赞他们考得很好，而给予B组惩罚，责怪他们没有考好；至于C组学生，则不给予奖励，也不给予惩罚。实验结果发现，受到奖励的A组，第二次考试的成绩最好，其次是受到惩罚的B组，没有受到奖惩的C组反而考得最糟。

俄国著名生理学家巴甫洛夫曾用这样一个故事比喻教育：黑夜里，一个人在山谷中赶路，忽然神灵在他的耳边说：“蹲下去，捡一点东西放在袋子里。”这个人不敢违背神灵的旨意，蹲下去捡了一点东西放进袋子里。走出山谷，天亮了，他怀着好奇心打开袋子想看一看神灵让他捡的是什么，一看便惊呆了：神灵要他捡的竟然是钻石。

是啊！我们做教师的就像那山谷中的赶路者，而学生正像被捡起的钻石。教育理论和教育实践告诉我们：每个学生都渴望得到老师的关注和关心。一个表扬，一个微笑，对成绩好的学生是锦上添花，对那些暂时落后需要鼓励的学生是雪中送炭。锦上添花轻松且美丽，雪中送炭辛苦但重要。因此，我们不仅要爱金凤凰，也要爱丑小鸭，要把爱撒向每一个班级、每一个学生。关爱每一个学生，就如同多捡几颗钻石放进衣袋里，深信他们只要经过精心呵护，动之以情，晓之以理，以充足的师爱浇灌和栽培，日后一定会成为璀璨夺目的钻石。

要多给学生一点欣赏，这如同多给学生一阵春风、一场雨露，使学生脆弱的自尊心产生强大的动力而健康地成长。一位著名的教育家说:对待学生不能鸡蛋里挑骨头,而是骨头里挑肉,哪怕找到一点肉丝,也要看成一块排骨,给予表扬、鼓励。要善于发现学生的优点,并及时给予认可、肯定,一定会收到好的教育效果。

圣经里的“马太福音”第25章有这样几句话:“凡有的,还要给他,叫他多余;没有的,连他已有的也要夺过来。”1973年美国科学史研究者默顿用这几句话来概括一种社会心理现象:对已有相当声望的科学家做出的科学贡献给予的荣誉越来越多,而对那些未出名的科学家则不承认他们的成绩。人们常把这种心理现象称为“马太效应”。这就告诉我们欣赏也要面向全体学生,关心爱护每一个学生,尊重学生的人格,平等、公正地对待学生,“让每一个学生都抬起头来走路”(苏霍姆林斯基语),这是每位教师的天职。“后进生”并不是不可救药的坏学生,他们不坏,我们不要让“马太效应”束缚自己的思想,关心一下他们吧,他们会变为可爱的“钻石”。

122. 我也有优点……

某班主任深知给学生写评语，总要写几句优点鼓励一番。但当他给差生A写评语时，却一时想不出个优点。忽然，他喜上眉梢：记得有一次A干错事被叫到办公室，竟大胆地承认错事是自己干的。虽然只一次，可就事论事，谁能说这不是优点呢？于是该班主任在A的评语本上写了仅十个字的一条优点——“有时能大胆地承认错误。”其他教师对此不以为然，因为表扬中包含了批评。不管怎么说，班主任终究捕捉到了一条优点，并将它写进优点栏。结果，A看后很激动：“没想到我也有优点……”从此，A有了长足进步。

品读：该班主任的可贵之处在于，他懂得必须用优点鼓励差生，并努力去捕捉差生的优点。在教育实践中，我们不少教师在评价学生时，往往把差生看得“一无是处”，总认为他们只有缺点而没有优点。其实，任何学生既非“十全十美”，也非“一无是处”，他们身上都有各自的优点和缺点。尤其需要指出的是，有些差生尽管身上有些优点，但因其缺点比较明显，而使这些优点被缺点给掩盖了，别人不易发现，自己也没感觉，甚至有时还可能被误解。倘若我们教师眼睛只盯着差生的缺点，而不善于捕捉他们身上的优点，这些差生就会产生强烈的自卑感，认为自己“一无是处”，从而自暴自弃、破罐子破摔，使本来就不多的优点越变越少，本来就颇多的缺点越变越多，这不能不说是教育的悲剧。

123. 多些“奖”的智慧

学校聘请一位外籍教师教学生口语。一次，老外买回一大袋小地球仪，准备当奖品发给学生。一个教师的小孩见了，非常喜欢，要求老外送一个给他玩玩，可是老外却坚定地摇头拒绝了。老外想了想说：“你让那个小孩说5个单词，我就奖他一个。”没办法，这个上幼儿园的小孩只好认真去学单词。好在小孩伶俐，短短几分钟就学会说5个英语单词了。老外除了白送一个地球仪，还高兴地低下头，亲亲小孩的脸。老外侃侃而谈：白送东西给人，是对人的一种侮辱。因为“送”意味着施舍，即把对方当成乞丐；而那小孩很可爱，决不能侮辱他。只有在别人取得成绩时,我们才能送东西给他,作为教师,永远只能“奖”而不能“送”。

品读:教育是一门育人的艺术,充满了匠心和智慧,外籍教师“奖”的做法,令人耳目一新,拍案叫绝!不经历风雨,怎么能见彩虹。不奋力攀登,怎能“一览众山小”,去领略险峰上的无限风光!外籍教师没有轻易地把小地球仪送给小孩,而是让小孩经过自己的努力,学会5个英语单词以后才得到。这起码让小孩子在潜意识里形成一个印象,只有靠自己努力取得成绩时,才能得到肯定和奖励。久而久之,孩子就会踏踏实实地去学习,为自己心中的目标而奋斗。

教师是孩子的偶像,教师的奖励是孩子勤奋上进的催化剂。教师的一个微笑、一句赞美的话、一个爱抚的动作,都会让学生兴奋、鼓舞,激发出强烈的上进心和求知欲。一个高明的教师,就要像这位外籍教师一样,学会拿起“奖”的法宝,积极引导学生去努力学习,取得优异的成绩。愿我们的教师多些“奖”的智慧,少些“送”的慷慨,我们孩子的未来一定会更加绚丽多彩!

124. 母亲的微笑

故事一:

我国著名“唐宋八大家”之一的曾巩,读书路上屡屡受挫,39岁前还只是一个落第秀才。第一次进京赶考名落孙山,第二次与兄长同考又遭不中。乡人以“三年一度举场开,落杀曾家两秀才,有似檐间双燕子,一双飞去一双来”的打油诗相讥,曾巩兄弟神色黯然。可是母亲始终在微笑,在劝慰,在鼓励。终于,在母亲微笑的送行迎回之际,曾家四子一婿同时考中。

故事二:

世界著名的希尔顿大酒店的创始人希尔顿先生的成功,也得益于他母亲的微笑。母亲曾对他说:“孩子你要成功,必须找一种方法,符合以下四个条件:第一,要简单;第二,容易做;第三,要不花本钱;第四,能长期运用。”这究竟是什么方法?母亲笑而未答。希尔顿反复观察、思考,猛然找到了:是微笑,只有微笑才完全符合这四个条件。“人不会笑莫开店”。后来他果然用微笑闯进了成功之门,开办出盖世精店。

品读:母亲的微笑为什么会有如此的神力呢?曾巩母亲的微笑是宽容,是理解,是信心,是信任,是力量,是孩儿战胜困难的勇气,是子女取得成功的动力。

希尔顿母亲的微笑是哲理,是智慧,是打开孩子心锁时脆然一响,是拨开子女心窗时的赫然一亮。

教师对学生也需要微笑,这微笑是信赖,是成熟,是敬业,是无声的爱抚,是温柔的鞭策,更是特殊的智慧。

125. 借分给学生

宋今上高中的时候,他的班只是个普通班,比起学校里抽出的尖子生组成的实验班来说,考上大学的机会不多,因此除了几个学习好的同学很努力外,大多数人只等着毕业混个文凭,然后找份工作。他们的班主任兼英语老师是个刚从师范学院毕业的学生,他非常敬业,每天催着同学们学习学习再学习,作业作业再作业。但是说归说,由于许多人抱着破罐子破摔的想法,同学们的成绩仍然上不去,在全校各科考试中屡屡倒数。但高二的一次英语联考,宋今所在班的成绩却破天荒地超过了实验班,这使全班接连兴奋了好几天。发卷的时候到了,老师平静地把卷子发给同学们。大家欣喜地看着自己几乎从没考过的高分,老师说:“请同学们自己计算一下分数。”数着数着,宋今发现自己的分竟比实际分数高出20分,同学们也纷纷喊了起来:“老师,怎么给我们多算了20分?”课堂上乱了起来。

老师把手一摆,班上静了下来。他沉重地说:“是的,我给每位同学都多加了20分,这是我为自己的脸面多加的20分,是我请求学校借给你们每人的20分。老师拼命地教你们,就是希望你们为老师争一口气,让老师不要在别的老师面前始终低着头,也希望你们不要在别的班的同学面前总是低着头。”老师接着说,“我来自山村,我的父母都去世得早,上中学时我曾连红薯、土豆都吃不起;大学放暑假,我每天到建筑工地拉砖,曾因饥饿而晕倒。但我就是凭着一股要强的精神上完了师范大学,生活教会我在任何时候都不能服输。而你们只不过分在普通班就丧失了信心,我很替你们难过。”

这时候教室里安静极了,宋今和同学们都低下了头。老师继续说:“我希望我的学生也要做要强的人,任何时候都不服输。现在还只是高二,离高考还有一年多的时间,努力还来得及,愿你们不靠老师借来的分数过日子,而靠你们自己的努力挣回足够的分数,将这一次我向学校借给你们的分数还回来,让老师能把头抬起来,继续要强下去。同学们,拜托了!”说完,老师低了头,竟给全体学生深深地鞠了一躬。当他抬起头的时候,全班同学都看到他的眼里流出了泪水。

“老师……”班里的女生们都哭了起来,男生们的眼里也噙满了泪水。

那一节课,他们什么也没有学,但一年后的高考,他们班以普通班的身份夺得了全校高考第一名。据校长讲,这在学校历史上是从来没有过的。

他们全班每一个学生都记住了老师的眼泪。

品读:这个故事中的班主任,面对一个“破罐破摔”的普通班,他没有以抓作业、抓考试为重点,而是通过借给每位学生 20 分的办法,让他们说出没有考好的感受,希望他们不要老在其他班同学面前“低着头”,然后,以自己求学时代的艰辛和努力的事实,激励学生做“强人”,“不服输”,充满自信地迎难而上。并提出了殷切的期望,然后深深地给学生鞠了一躬,眼里饱含着热泪,就是这次唤回了学生的自信,使他们懂得了命运掌握在自己的手里。这个故事充分体现了老师的人文情怀。

126. 巧用评价,变“假”为“真”

开学初新接任一个班级。我让学生把《小学生素质评价手册》交上来检查一下。班长偷偷告诉我:“老师,别检查了,检查也没用,都是假的。”我半信半疑,心想,等我检查完再下结论。当我检查时发现,从前的班主任为了节省时间,省略了许多评价过程,如学生自评汇总仅有总表,任课教师评价都是班主任一人代劳,还有就是班级评价小组评价明显出现人情倾向,而且,这些评价都是学期末用一周就完成的。其实,像这样班主任的做法不在少数,在他们看来,学生评价可有可无,纯属多此一举。如此学生评价又有何用?

一学期以来,为使评价由“假”变“真”,让学生喜欢评价,享受评价的激励机制,我在“巧”字上下工夫。

巧用评价方案,让学生写出学期评价预想目标。如学生评价共有“道德品质、公民素养、学习能力、交流与合作、运动与健康、审美与表现”六项内容,我根据本班实际情况,对于六项内容进行细化和可操作化,做到各项内容操作有侧重点,同时我又让每一个学生写出本学期六项内容的预测等级。

巧用月评价,让评价成为标尺,无时不督促每一个学生。为了让学生评价贯穿整个学期,我在学生中开展了“日比月看,天天进步”月评价活动。我利用每月最后一周的一节课时间对学生进行评价。

一、对照评价标准,说“长”道“短”。此时,学生畅所欲言,可自己表白,也可由别的同学指出。

二、根据学生月优缺点,评价小组评选出每月升级学生、降级学生,不升不降一般为原级。

三、把学生月评价等级以“日比月看,天天进步”展示台形式公布,为了让等级醒目、美观,我又把A等设计为小红花,B等设计为小黄花,C等设计为小绿花。一月一评,最后,各月累计再进行学期总评。学期末,月评价参与总评价。

四、巧发评价手册,让家长参与学生评价。评价手册中有不少需要家长参与的,但实际许多学生家长不管不问,一般学生自己替家长填写应付了事。为了杜绝这类事件发生,我在学期末都要召开一次家长会,让家长现场阅读自己孩子的评价手册,第一时间全面了解孩子各方面情况。

小小评价手册,彰显的是一个个学生世界,作为班主任要精心操作、呵护,为学生一生健康成长负责。

品读:学生综合素质评价是素质教育的一项重要工作,具有明显的激励功能。但做起来又相当复杂,因此,一些教师就选择了应付,这位班主任出于高度的事业心和责任感,对综合素质的评价进行了创新,其做法给我们提供了宝贵的范例,充分发挥了评价的激励功能。

127. 花开静悄悄

法师对刚收入寺院的十多岁的小沙弥百般呵护,关爱有加,一边关照他的生活起居,一边因势利导教他为僧做人的道理。看到小沙弥接受和领会问题比较快,法师便教他习字念书、诵读经文。慢慢地,法师发现小沙弥虽然聪明伶俐,但却有一个致命弱点——心浮气躁、喜欢张扬、骄傲自满。刚学会几个字,就拿着毛笔满院子写,满院子画;刚记住某个禅理,就向法师和其他僧侣炫耀;法师刚刚夸奖他几句,他马上就在众僧面前显摆,不把任何人放在眼里。

法师为了点化他,设计了一个“美丽”的教案——把一盆含苞待放的夜来香送给这个小沙弥,让他在值更的时候,注意观察夜来香开花的过程。

第二天一早,小沙弥就欣喜若狂地抱着那盆花找上门来,当着众僧的面大声对法师说:“您送给我的这盆花太奇妙了!它晚上开放,清香四溢,美不胜收。可是,一到早晨,它又收敛了它的香花芳蕊……”

法师听完小沙弥的叙说,用温和的语气问他:“夜来香晚上开花的时候,吵到你了吗?”

“没有,”小沙弥依然兴奋地说,“它的开放和闭合都是静悄悄的,哪会吵到我呢。”

“哦,原来是这样啊,”法师以一种特别的口吻说,“老衲还以为花开的时候得吵闹着炫耀一番呢。”

小沙弥听了,想了一会儿,脸“刷”地一下红了,嗫嚅着对法师说:“弟子明白了,弟子一定痛改前非!”

品读:禅道讲究心教,提倡开悟自醒,反观自照。禅师的“花开无声”一课就是明例。我们的教育之花,也应该静悄悄地开放!让受教者自我感悟、自己体会,提高自我认识,实施自我教育。这样的境界远远高于直白的说教、强制的加予。

128. 点亮心灯

许政老师班上有个叫小泉的男生,有绘画特长,学习成绩却不令人满意。经常和一些人混在一起喝酒、抽烟、玩游戏、上网,让父母老师头疼。一次,许政老师找他谈活,他很诚恳地对许老师说:“你不要对我期望值太高,我只想做一个比一般还一般的人。我又不想上大学,只想以后靠画画为生。”这一番话,着实让许老师思索了一番,许老师对他说:“做一般人也不容易啊,在充满竞争的社会,你怎么能放弃呢?你父母听了不难过吗?”“难过咋样,反正考不上。”他回答,“怎么会考不上呢?”许老师问。“成绩这么差,有啥希望。”他答。

许老师发现他还有上进心,就告诉他:“你完全有升大学的希望,而且还有升重点大学的希望。”他愣住了:“老师,您耍我。”许老师语重心长地说:“你有特长,将来可以走艺术生这条路,只要从现在起,每天弄懂一个问题,做会一道题。英语记住一个单词,坚持下去,你比班上第一名升名牌大学的可能性还要大。至于绘画,我给你联系美术教授辅导你,你每周利用综合实践课认真训练,班上、年级板报的刊头、插画你承包起来,双管齐下,奋斗一番看有没有成效?有问题可随时来找我。"

他答应了,高兴地点了点头。后来,他多次帮助年级办板报,看到了自己的杰作,听到了大家的好评,有了成就感。许老师又给予了具体的帮助。

一天他又犯了小错。许老师对他说:"你自己能默写出最近学的英语单词20个,又能认识错误,我就一句不说了。"

他找来纸笔,当场写出16个单词,然后请求看书记忆一分钟,许老师答应了,约两分钟后,他又默写了11个。许老师说:"你真聪明,心思用在正事上,两分钟就记住11个单词,今天放你过关。"他恭恭敬敬给许老师鞠了个大躬。后来,他又报名参加了书画特长班,坚持训练,还主动担任了物理课代表,工作很负责任。在随后的考试中,成绩明显上升。辛苦的努力,换来了成功的回报,他高兴地笑了,许老师更感到欣慰。

品读:怎样让一个失去自信的学生振作起来,满怀信心地面对挑战,靠的就是点亮学生的心灯,让他看到既充满困难,又无限光明的前途。许老师的做法值得我们学习。首先帮助学生分析个人的优势,使之产生希望,然后帮他想出办法,并明确办法的可行性,同时交给具体任务,使其产生成就感。当他犯了错误时,许老师又表现出应有的宽容,并采取有效的惩戒措施。整个过程都体现了一位班主任育人的匠心和调动学生积极性,有效激活学生内动力的工作艺术。

129. "没有任何一项工作叫'随便'"

美国总统罗斯福的夫人在本宁顿学院念书的时候,打算在电讯业找一份工作,以补贴生活。她的父亲为她引见了自己的好友——当时担任美国无线电公司董事长的萨尔洛夫将军。

将军热情地接待了她,并认真地问:"你想做哪一份工作?"

她回答:"随便吧!"

将军神情严肃地对她说:"没有任何一项工作叫'随便'。"

片刻之后,将军以长辈的口吻提醒她说:"成功的道路是目标铺出来的。"

品读:骏马无蹄难走路,人无目标难进步。人生如果没了目标,就好比在浩渺无涯的大海中迷失方向的航船,失去了努力的方向、前进的动力、失去克服困难的勇气和信心。

学习亦如此,学习不但要有目标——一个学段的目标,一个学年的目标,一个学期的目标,一个月的目标,一个星期乃至一天的目标。做具有创新精神的现代人则是我们学生追求的终极目标。有了目标,学习起来才有了努力的方向,才会全身心地投入其中,才能把学习当作生活中的需要,当成一种享受,你才能真正体验到学习带来的乐趣,才会学有所获,学有所成。而做具有创新精神的现代人是人一生的追求,也是教育的追求。为自己制定的目标越切合实际、越高,你进步得就会越快,最终取得成就就越大。

130. "山鹰"起飞了

这是一件微不足道的小事,然而它却一直留在我的记忆深处。

一天,我正在办公室里批改作文,办公室的门开了。高三(6)班学生刘勇走到我面前,声音很小,脸上带着一点不安的神色对我说:"杨老师,请你帮我看一首诗。"说完就把他写的诗《山鹰》递给我。

"呵,你怎么不给赵老师看?"

他低着头,没有吱声。

"他是你的班主任,又是语文老师。"我一边看诗,一边唠叨着。

"赵老师看过,说我是癞蛤蟆想吃天鹅肉。"说着,眼角边含着的泪珠差点要滚出来。

"癞蛤蟆……这是什么意思?"

"说我期中考试有两门不及格,还写什么诗!"

"啊!"我望望刘勇,他好像很委屈。

"很好。"诗前面的"题记"一下就抓住了我的心——山里孩子最喜欢什么?山鹰!我,一个山里的孩子,也像山鹰一样,有着搏击长空的雄心与信心。这哪里是"题记",是理想之光!是童心在闪耀!看后,我鼓励了刘勇一番,并指出了诗的缺点以及如何修改的意见。刘勇带着希望和信心离开了办公室。

第二天,刘勇就将修改稿送来了。我给他写了一段评语,并将诗与评语寄给山西的《语文报》。

这一次,除了跟他谈诗以外,还和他谈了要学好其他各科知识的问题。我还告诉他,我跟赵老师讲过他的情况,赵老师说,上次批评他其实并无恶意,是恨铁不成钢。我叫刘勇主动去找赵老师交交心。

过了不久,《语文报》在"发表园地"专栏里用红标题将《山鹰》登出来了。

《山鹰》发表后,刘勇还陆陆续续收到了来自全国各地的鼓励信100多封。

"山鹰"起飞了,我为他祝福。

这年放寒假,刘勇的班主任赵老师告诉我,期末考试,刘勇的成绩跃升到前列,还说谢谢我助了他一臂之力。

"山鹰"真的起飞了!忽然一个念头闪进我的脑子:教师若能及时发现学生心灵中的闪光点,肯定他正确的见解和点滴的进步,恰当地加以点拨,往往会收到意想不到的效果。

品读:这个故事告诉我这样的事实:教师的激励和具体帮助是学生展翅高飞的助推器,更是教师的义务和责任。故事中的杨老师是带着激情读学生诗的,是带着责任给学生提出意见的,是带着人梯精神为学生的诗写评析的,是带着义务协调学生与班主任关系的,这是一种高尚师德的表现,的确是我们的榜样。我们不会辜负杨老师的期望:及时发现学生心灵中的闪光点,肯定他们正确的见解和点滴进步,并给予具体的帮助。

131. 两道数学题的激励

一所三流学校,那里,老师学生都很自卑,灰心丧气。尽管每次班会班主任老师都鼓励同学们振作精神,然而学生还是一天比一天消沉。

有一天,高二(1)班班主任请假,数学老师临时给他们班上班会课。数学老师跨上讲台,二话没说就要同学们做数学题。第一道题:"有一艘船,你第一个登船,8岁的同学第二个登船,9岁的同学第三个登船,10岁的同学第四个登船,以此类推,请问第一个登船的同学几岁?"这也太低估高中生的水平了,全班同学明显地夹杂着得意、轻蔑的语调高喊:"7岁!"数学老师伸出一根手指使劲地摇着,然后指遍全班每一名同学:"你忘了你是第一个登船,你几岁,第一个登船的就几岁!"

"第二道题:一辆客车上坐了10名乘客,在第一站下了3名乘客,上了2名乘客;接下来的一站下了1名,上了2名;下一站又上了2名;再下一站下了4名,上了2名;再下一站上了3名;下一站又下了5名上了2名,现在请问……”数学老师的话还没完,全班同学异口同声地抢答:“车上还有8名乘客!”老师微笑着摇了摇头:“我问的是,这辆车一共停靠了几站?”全班同学都傻了。

品读:这样的班会课,尽管没有在黑板上写上主题,没有安排各种节目,更没有主持人和生动的串词,但它却通过做两道告诉我们这里的道理。第一题使学生懂得了:有时自己也很重要,只要自己放弃自卑、充满自信,什么奇迹都能创造;第二题:告诉同学们,如果你不知道目的,就永远不可能得出正确答案!有了目标又有了自信,还怕有克服不了的困难吗!这位老师实在是高明。

132.“万万”是多少?

于漪老师有一次上公开课,讲《宇宙里有些什么》,让学生自由提出疑问。有一名学生站起来发问:“老师,课文中有这么一句话,‘这些恒星系大都有一千万万颗以上的恒星,’这里的‘万万’是多少?”话音刚落,全班同学都笑了。“万万”就是亿呗,这是小学数学知识呀!提问的学生非常后悔自己提了一个被人讥笑的问题,深深地埋下了头。于漪老师见状,便微笑着对大家说:“同学们不要笑,也不要小看这个问题,它里面有学问呢。哪位同学能看出其中的奥妙?”经于老师这么一问,课堂一下子沉寂下来了。过了一会儿,一位学生站起来回答:“我觉得‘万万’读起来响亮许多,顺口许多。”于老师说:“讲得好!其他同学还有高见吗?”另一位学生站起来说:“还有强调作用。好像‘万万’比‘亿’多。”在确认没有不同看法后,于老师总结道:“通过对‘万万’的讨论,我们了解到汉字重叠的修辞作用,它不但读起来响亮,而且增强了表现力。那么,请同学们想一想,我们今天这个知识是怎样获得的呢?”全班同学不约而同地将视线集中到刚才发问的学生身上。这个学生如释重负,先前的惭愧、自责一扫而光,仿佛自己一下子聪明了许多。

品读:在课堂上如何面对学生提出的问题,特别是如何面对学生提出的比较幼稚的问题?于老师的课给了我们有益的启示,它告诉我们什么叫“唤醒”和“激励”,什么叫尊重与平等,什么叫“师生互动”,什么叫探索与创新。

故事中的那个学生所提的问题层次较低,因而引起同学们的哄堂大笑,如果老师引导不好,就有可能造成课堂上的混乱,引起学生注意力的分散。对于提问的那个学生而言,自尊心、上进心必然受到伤害,很可能从此以后再也不敢提问题了。于老师的高明之处就在于,面对学生提出的比较幼稚的同题,不讽刺、不嘲笑,因势利导,“化腐朽为神奇”,变“幼稚”为有益的新的教育资源生成点,引导学生深入思考,不但使全班同学在热烈的讨论中掌握了汉字重叠的修辞功效这一知识点,又使那位提问的学生受到了鼓舞和激励,感受到了师生在人格上的平等,提高了学习的自信心,也使全班同学受到了一次尊重他人的教育。同时,这一教学片断也体现了师生互动的教学理念。

133. 你真棒,奖你一颗星

班上不少学生是独生子女,有的还是留守儿童,家庭往往疏于管教,学生真的不听话,作业不交,班级纪律涣散、学习成绩也提高不上去。有的还不服管教,蛮不讲理。你说不得,骂不得,打不得,罚不得。面对这样一群天真活泼,而又捣蛋的孩子,一些同事常常抓耳挠腮、摇头叹气。

一次,学校为丰富学生的文娱生活,准备举行全校师生拔河比赛。通知一下达,学生顿时沸腾了,一改平时的疲沓和懒散,变得格外兴奋和活跃。他们自发组织拉拉队,亲自制作小红旗,确定呐喊口号,人人忙得不亦乐乎。

这件事使班主任石老师受到了启发。

初中年龄段的孩子,热衷于参加游戏、比赛,希望通过竞争来得到别人的肯定和赞同。何不在学习上也用上比赛的办法呢?于是她请人专门刻了一枚“你真棒,奖你一颗星”的大印章,并在班会上进行了宣布:“同学们,我准备在班上举行积‘星’比赛。”同学们听后,都很好奇,瞪大眼睛专心听着石老师交代规则:各科所交作业本数,先由本组组长清点,做好记录再交到学习委员手中。凡能按时完成作业的同学,周末由班主任在指定的本子上按组长记录的次数给予相应的“你真棒,奖你一颗星”的印章。每周得星情况将公布在周一的班级日报上,周周累计,一月一结算,并评出本月得星最多的前十名,用学校的照相机免费照一张戴着大红花的彩照,张贴在本班的光荣榜里。

同学们听到有这样丰厚的奖励时,几乎欢呼起来,个个摩拳擦掌,跃跃欲试。

石老师继续补充道:“考虑到个别同学学习基础较差,按时完成作业恐有一定的难度,为公平起见,可允许个别同学适量减少作业次数,但必须用其他方式来弥补。如主动给班级提水,帮助值日生打扫卫生,积极参加学校组织的义务劳动等,这样的情况由当天的值日班长做记录,全体同学监督。”说完,石老师特意看了看那几个作业困难户,他们异常兴奋,表示乐意接受。石老师还宣布凡是在班级表扬栏里有名的同学,如拾金不昧、帮助别人、认真学习等,都将按出现的次数加星;而凡是在批评栏里出现的同学,如上自习说话、破坏卫生、迟到,同样按出现的次数减星,最后石老师特意强调,本游戏规则面对全体。只要肯努力,都有希望把自己的形象定格在光荣榜上。说完学生们又一阵雀跃。经一段时间实行,班里的面貌发生了根本的变化。

品读:班主任石老师抓住学生争强好胜的心理特点,通过开展了“你真棒,奖你一颗星”的积“星”比赛,并制订了比赛规则,其中充满了激励的因素,有效地调动了学生追求进步的积极性,使班里存在的许多影响良好班风、学风形成的难题迎刃而解。石老师善于思考、勇于革新的教育行为,体现了他的管理育人的思想与智慧。

134. 四块糖的故事

人民教育家陶行知在任育才小学校长时,发现王友用泥块砸同学,立即予以制止,并让他放学到校长室等候。

陶行知回到办公室,见王友等在门口,立即掏出一块糖送给他:“这是奖给你的,因为你按时到了。”接着又掏出一块糖给他:“这是奖励你的。我不让你打同学,你立即住手了,说明你很尊重我。”王友将信将疑地接过糖果。陶先生又说:“据了解你打同学,是因为他们欺负女生,说明你有正义感。”于是又掏出第三块糖给了他。这时王友哭了:“校长,我错了,同学再不对,我也不能采取这种方式。”陶校长满意地笑了:“你已认错,再奖你一块,我们的谈话可以结束了。”

品读:这个故事在我们教师中广为流传,陶行知校长对王友的错误没有批评和指责,只有恰到好处的赏识和奖励,却使王友同学哭了,深刻认识了错误,为什么会有如此的奇效?我们将从中得到什么启示与借鉴呢?美国心理学家威廉·

詹姆士说:“人的本质中最殷切的要求是:渴望肯定。”而赏识、激励正是肯定学生的具体表现。对待刚刚学会走路的儿童们,要竭力去寻找他们的“优点”,哪怕是沙里淘金,哪怕是用高倍放大镜。虽然他们的缺点不少,但只要对那些可能是微不足道的“优点”,发自内心的赞扬和鼓励。这样你就洞悉了他们的心灵,就像绿茵场上拉拉队的呼喊,能激发他们的拼搏勇气。有人说世上根本没有最完美的树叶,可是如果你以欣赏的目光去挑选,那么每片树叶都是完美的。所以,作为教师必须用欣赏的目光看待学生,体会学生生命中的丰富性、主动性,关注他们成长发展的每一点进步,帮助他们发现自己、肯定自己,送给他们一些“精神糖果”,使其陶冶在成功的喜悦中,让他们更多地拥有健康的心态,健全的人格和自信的人生。

可见,教师要保持一种宽容的心态。在陶行知眼里宽容就是发现,发现就要了解,了解学生犯错误背后善良的动机;宽容就会赏识,赏识学生的点滴优点,如王友“守时”、“听从劝告”和“正义感”;宽容能唤醒学生自我反省、自我教育的意识,正如王友所说:“我错了……不能采取这种方式。”

如果,陶行知先生看到王友“用泥块砸同学”,缺乏宽容心态,不去了解学生的内心世界,就立即给予暴风雨般的批评,甚至惩罚,那将会是什么结果呢?

俗话说“人非圣贤,孰能无过”,何况是孩子。陶行知先生一向提倡引导学生用自己的优点克服自己的缺点,这四块糖的故事就是典型的一例。对于犯错误的学生,老师该怎么办?关键是把学生犯错误过程中的不利的、消极的因素,转化为有利的积极因素。像陶行知那样以尊重、理解、信任的强大精神力量去感化学生、昭示学生、诱导学生,给学生以反省的契机自我修正的时间,从而体现出教育所特有的人文教化功能。

135.“这是一篇好文章”

马尔科姆·戴尔科夫来自伊利诺斯州的罗克岛,是一个特别腼腆胆怯的男孩。他几乎没有朋友,也很自卑。一天,他的英语老师露丝·布劳荷给全班学生布置作业,要求大家接着阅读《杀死一只模仿鸟》这本小说的最后一章,然后,自己续写一章。

戴尔科夫写好后交了上去。他现在已经记不清他写的有什么特别之处,也想不起布劳荷夫人给他打了多少分,而使其终身不忘的是那句批语:“这是一篇好文章。”

也就是这句话改变了他的一生。他说:“我长这么大,直到读到那句话后才明白我是谁,我将成为什么样的人。看完这个批语,我立刻回家写了篇短篇小说,那是我梦想要做的,却不敢相信自己能做得到的事。”

那一年在学校的其余时间里,他写了好多小故事,后来,他被任命为学校校报编辑。他的信心因此增强,他踏上了成功的道路并拥有了充实的生活。戴尔科夫深信,如果没有布劳荷夫人的那句批语,就不会有这一切。

在中学同学毕业30年纪念聚会上,戴尔科夫回到了学校,并看望了已经退休的布劳荷夫人。他告诉布劳荷夫人,她的那句话对他产生的影响,他告诉她是那句话给了他当作家的信心,而且,他还把这种信心传递给了一个女子,那人后来成了他的太太,也成了一名作家。

品读:马尔科姆·戴尔科夫之所以成为美国著名的作家与老师的激励是分不开的。老师一句“这是一篇好文章”激起了他的写作激情:老师“严肃而真诚”的“打气和鼓励”,使他越发充满了自信。后来又让他当了《中学报》的编辑,这种授权激励成就了他的作家人生。让我们用激励启动学生远航的风帆吧!

“这是一篇好文章”一句话虽然不长,却可以改变戴尔科夫的一生。可见,老师的赞美之词是多么的重要!老师啊,请不要吝啬您的赞美之词。

136. 赞赏孩子是一种责任

美国有一所小学有这样一道作文题:几个小朋友在芦苇荡中玩,突然发现一只硕大的鸟蛋,就把它带了回来,至于以后会怎么样,请接着写!

有个学生是这样写的:小朋友捧着鸟蛋,有的说是野鸭蛋,有的说是天鹅蛋,为了快点看到结果,大家把鸟蛋放在暖箱里孵,还焦急地等待着,孵啊孵,小鸟终于出壳了,再一看,天啊!是里根总统!

品读:孩子们的淘气和天真立刻因为这生动的一笔而跃然纸上,思维形象化为流畅的思考、新颖的组合,把不相关的事物联系起来的丰富想象力使这篇文章“妙笔生花”!这里只有对孩子想象力的赞赏,却没有谁去指责孩子的荒诞和恶意中伤。

如果我们的老师,面对这样的作文,该怎么批呢?也许有人会说孩子“胡闹”这样会伤害孩子的童心,作家毕淑敏说:“谁能改变一个孩子的童年体验,谁就能改变她眼中的世界和人生的蓝图。”

请学会赞赏孩子们美好的情趣、大胆而丰富的想象吧,请懂得鼓励孩子们充满活力的创新精神吧,那是一种责任。在成功的孩子后面,都站着一位成功的老师或成功的父母或兼而有之,他们的优秀或者伟大,就在于把选择的自由全部交给孩子,就在于对孩子富有个性化和创造性的“造就”上!

137. 被斥责的勤奋

现代原子物理学的奠基者卢瑟福对思考极为推崇。一天深夜,他偶尔发现了一位学生还在埋头实验,便好奇地问:“上午你在干什么?”学生回答:“在做实验。”“下午呢?”“做实验。”卢瑟福不禁皱起了眉头,继续追问:“那晚上呢?”“也在做实验。”

勤奋的学生本以为能够得到导师的一番夸奖,没想到卢瑟福居然大为恼火,厉声斥责:“你一天到晚都在做实验,什么时间用于思考?”

品读:勤奋的学生却遭到斥责,看似委屈。很多时候人们宁可让岁月淹没在仿佛很有价值的忙碌之中,却极不情愿拿出时间进行思考,以至于思维总是在低水平的层次上徘徊,最终一无所获。

如果说智慧是创造的源泉,那思考便是智慧的起点。我很赞赏卢瑟福的做法,因为,批评也是激励。

138. 乐羊子妻的故事

《后汉书·列女传》上还记载了一个久传不衰的故事。乐羊子,河南人氏,一介书生,看样子是很穷的。有一次他在路上拾到一块金子,赶忙回家交给妻子,大约是想借以聊补无米之炊。不料妻子却严肃地对他说道:“妾闻志士不饮盗泉之水,廉者不受嗟来之食,况拾遗求利,以污其行乎?”几句话说得乐羊子羞愧万分,连忙带着金子找失主去了。又有一次,乐羊子外出求学,七年不归。大概是家里好久不沾腥味儿了,乐羊子的妈妈犯了馋,看见别人家的鸡跑到她家园子来了,就偷偷地宰了来吃。乐羊子妻面对香味扑鼻的炖鸡肉,“不餐而泣”。婆母问其故,她十分难受地讲道:“自伤居贫,使食有他肉。”意思是说,怪咱们家穷,我没有把婆婆侍候好,因而使桌上有了别人家的肉。令婆母几乎无地自容。

品读:乐羊子妻的高尚品德自然应该是我们的楷模,她那娴熟的批评艺术,也很值得我们班主任学习。聊举三点,作探讨。

第一,批评学生时,要紧的是首先发现并善于肯定他的长处。乍一看,乐羊子妻对其丈夫的批评是火辣辣的。但细细分析一下,就不难看出她是以肯定为前提的。你听她开口第一句话就是:“志士不饮盗泉之水,廉者不受嗟来之食。”这就是说她首先肯定了乐羊子是一位“志士”和“廉者”,一向品行高洁,怎么会一时糊涂了起来呢?这样,乐羊子当然就比较容易接受了,而且还会促使他以“志士”和“廉者”的道德标准来衡量自己。这样的批评方法不值得称道吗?鲁迅说:“倘要完全的书,天下可读的书怕要绝无;倘要完全的人,天下配的人也有限。”学生更是如此,再好的学生也有他的弱点,再差的学生也有他的长处。特别是对于差生,我们往往很不耐烦,一犯错误,劈头盖脸就是一顿指责。这样很容易形成心理上的对立情绪。你越是生气,他越是顶牛。所以这个时候最要紧的是首先静下心来,指出他的长处,先恢复他的自尊心,然后再给予批评,他才有可以承受批评的基础,批评才会奏效。这个道理就像治病一样,如果病人久病不愈,体质很差,就不能下急药了。否则他的身体承受不了,欲速则不达。有经验的医生总免不了要在药方里加几味补药的,边补边治,缓而图之。

第二,引咎自责,动之以情。乐羊子妻批评其婆母的方法更为巧妙。明为自责,实是批评,采取了一种迂回战术。不过她这种自责,建立在一种真挚的感情基础之上,不是故意耍花招。看她面对香喷喷的炖鸡肉,“不餐而泣”,“泣”什么?这是发自心底的内疚,如果自己有能耐把日子过得好一些,怎么会使婆母落到偷吃人家鸡的地步呢?因此,乐羊子妻首先想到的是自己的责任,怪自己不孝,使得婆母偷了人家的鸡。这确实令人感动,我想就是最不通情理的婆婆遇到这样孝顺的媳妇,听了这样的批评,也断断不会有气的,孟子说:“治人不治反其智,礼人不答反其敬。”批评学生没有效果,那就回过头来检查一下自己,是批评方法不当呢,还是自己尚不足甚至不如人呢?如果能像乐羊子妻那样,批评学生之前首先诚恳地检查一下自己的责任,不是更好吗?这样,学生才能感到温暖,感到老师与自己是站在一个平等的地位上,他才能与老师在心理上产生共鸣,老师的话才能听得进去。《淮南子》上论军事战术时讲道:"善用兵者,必先修诸己,而后求诸人。"我们把它引申为一种批评方法,也不无可取之处。

第三,善于激发学生的羞耻心。一个人最伤心的事莫过于良心的死灭。只要他稍具有廉耻之心,其自我思想斗争就是不会停止的。乐羊子妻之所以高明,就在于她看到了犯错误者的这种内部思想斗争,把批评作为推动和激化这种斗争的手段。她的丈夫、婆母能被她一席话说得幡然醒悟,其实是因为他们自身的良心和正义感战胜私心利欲的结果,并非乐羊子妻具有某种神奇的感召力。古希腊著名哲学家德谟克利特说:"对可耻行为的追悔是对生命的拯救。"羞耻之心,人皆有之。学生也一样,不管他差到什么程度,毕竟还是一个孩子,羞耻心还是有的,上进的要求还是有的。关键是教师要使他看到自己的光明前途,而不要使其坠到绝望的境地。

其实我们广大班主任在其工作中,也积累了丰富的经验,创造了许多行之有效的批评方法,我们应该善于归纳。

139. 音乐大师与小男孩儿

著名的钢琴家及作曲家帕岱莱夫斯基预定在美国某大音乐厅表演。那是一个值得纪念的夜晚——黑色燕尾服,正式的晚礼服,上流社会的打扮。当晚的观众中有一位母亲,带着一个烦躁不安的9岁孩子。在演出开始前,小孩显然已经等待得不耐烦了,在座位上扭动不停。母亲希望他在听过大师演奏之后,会增加练习钢琴的兴趣。于是,他不得已来了。

当母亲转头跟朋友交谈时,他再也按捺不住了,从母亲身边溜走。他被刺眼灯光照耀着的舞台上那演奏用的钢琴和前面的乌木坐凳所吸引。在台下那批受过教养的观众不注意的时候,他瞪眼看着眼前黑白颜色的琴键,把颤抖的小手指放在正确的位置,开始弹奏一首名叫《筷子》的曲子。

观众的交谈声立即停止下来,数百双表示不悦的眼睛一起看过去,观众开始叫嚷:

"把那男孩弄走!"

"谁把他带进来的?"

"他母亲在哪里?"

“制止他!”

在后台,钢琴大师听见台前的声音,立即知道发生了什么事。他赶忙抓起外衣,跑到台前,一言不发地站到男孩身后,伸出双手,即兴地弹出配合《筷子》的一些和谐的音符。二人同时弹奏时,大师在男孩耳边低声说:“继续弹——不要停止——继续弹——不要停止——。”

品读:人生最深层的动力就是别人对自己加以赏识。马克·吐温说:“只凭一句赞美的话我就可以活上两个月。”美国心理学家威廉·詹姆士发现:一个没有受过激励的人仅能发挥其能力的20%~30%,而当他受到激励后,其能力可以发挥至80%~90%。可见,表扬激励的运用是多么的重要。我们要寻找理由鼓励学生,一次合理的鼓励要比十次各种各样的指责带给学生的收益还多。

故事中钢琴大师对小孩“润物细无声”的激励,体现了他宽大的胸襟和超乎寻常的教育智慧。学校中那些思想上和学习上暂时落后的学生,他们的自卑感和逆反心理强,常常受到父母的训斥、怒骂,同学的挖苦、瞧不起,还有老师的冷落。但他们又渴望得到别人的重视和关爱,就像久旱的小苗渴望得到甘露一样。他们也在苦苦探索前进的方向,就像在黑夜里走路的人,有火把才能照亮前进的路,而这火把就是鼓励。

140. 创造奇迹的孩子

纽约大沙头贫民窟声名狼藉。这里环境肮脏,充满暴力,是偷渡和流浪汉的聚集地。在这儿出生的孩子,耳濡目染,他们从小逃学、打架、偷窃甚至吸毒,长大后很少有人从事体面的职业。然而,这里却诞生了美国纽约州历史上第一任黑人州长。

罗杰·罗尔斯就是那个创造奇迹的孩子。1961年,罗杰·罗尔斯就读于大沙头诺必塔小学。这里的孩子家庭都很贫困,是“迷惘的一代”,无所事事的一代。他们不与老师合作,旷课、斗殴,甚至砸烂教室的黑板。历届校长想过很多办法来引导他们,但是仍然没有用。

这一年,诺必塔小学新的董事兼校长——皮尔·保罗。

皮尔·保罗想尽办法来改变这些孩子们。他发现这些孩子都很迷信,于是在他上课的时候就多了一项内容——给学生看手相。他试图用这个办法来鼓励学生。

轮到罗尔斯时,皮尔·保罗校长说:“我一看你修长的小拇指就知道,将来你是纽约州的州长。”幼小的罗尔斯大吃一惊,因为长这么大,除了奶奶说过他可以成为五吨重小船的船长外从来没有人相信他今后能有什么成就。而这一次,皮尔·保罗先生竟说他可以成为纽约州的州长。他记下了这句话,并且相信了他。

从那天起,“纽约州州长”就像一面旗帜,引导罗尔斯在以后的40年间按州长的身份要求自己。年少的罗尔斯的衣服不再沾满泥土,说话时也不再夹杂污言秽语。他开始挺直腰杆走路……51岁那年,他终于成了州长。

在就职的记者招待会上,面对记者对他为什么能取得如此成就的疑问,罗尔斯只说了一个名字皮尔·保罗。

品读:看手相这样的做法,在今天可能已经找不到它合适的土壤了,然而,它所包含的精神实质,却仍然有它的生命力。这种精神实质就是:承认每个学生都是会闪光的金子,承认每个学生都有一颗敏感的心;老师不仅是科学知识的传播者,更是懂得如何激励学生、关怀学生并且给学生指路的长者。

老师一个鼓励的眼神、一个恬静的微笑、一句温柔的话语,可以照亮许多人的人生。

心理学家阿德勒有句名言:我本自卑。意思是每个人都有自卑的一面。我们的学生也是这样,特别是后进生。他们一方面感觉到自己有某种能力。另一方面又不确信这种能力,所以他们渴望自身以外的力量来帮助他确认这种能力。如果这种能力没有得到肯定,他们可能会通过一些较为极端的方式来表示他们的存在,比如:叛逆、贪恋还有其他一些可能会引人注目的行为。正因为这样,教师特别被学生需要着:学生需要我们去关注他、发现他、激励他并培养他。

141. 他真成了小提琴家

日本著名的教育家铃木找到了教孩子学说话学走路的最佳教育方法后,每年能培养出许多与莫扎特同龄水平的小神童。一下子,他在日本成了家喻户晓的人物。

一天,一位年轻的母亲千方百计地找到铃木。跟他说:“你认为所有的孩子都是小提琴家,而我的孩子已经练了几年了,也没有长进,你若能把他教好,我就服了你。”

铃木跟着那位母亲到了她家,那孩子只有五六岁。

母亲让孩子把小提琴拿出来,演奏一段给铃木听。小男孩一看铃木大师来了,心中发慌。吱吱呀呀拉了一遍,比青蛙叫好不到哪去,还不如平常的水平。

母亲拉长了脸。

谁知铃木像发现新大陆似的,一把搂住孩子说:“你拉得太好了,太动听了,你再拉一段给我听听。”

孩子激动得脸都红了,接着又拉了一段,比第一段好一些。

母亲在一边看得目瞪口呆。

拉完了,铃木又是鼓掌又是表扬。到走的时候,孩子已经完全沉浸在小提琴神童的感受里了。母亲送铃木走的时候,说:“铃木先生,我真的不懂,你怎么能在孩子面前说假话呢?明明我儿子拉得那么难听,你还夸奖他?”

铃木回答道:“你要知道你孩子的心灵已经受伤了,我是在治他的心病。你有没有发现,我第一次夸奖他时,他的眼睛一亮,这说明孩子受到了震动,心灵开始转变了,感觉找到了。”

后来,铃木专门辅导这个孩子。不到两年,这个孩子就举办了独奏音乐会。

品读:那些长期受到批评的学生,往往自卑心理严重,帮助他们树立自信心不失为好办法。正如铃木所说,赞美可以“医治他的心病”。作为教师一定要不失时机,或创造时机,略作夸张地对那些自卑的学生予以赞扬,一定会唤起他们的自信心,促使他们朝着教师希望的目标奋力发展。这个故事非常典型地说明这个道理。

142. 选班长

那年新入学的新生们发现,班主任老师没有马上选班长。老师解释说,自己对同学们还不了解,所以班长的选任拖延了。

这天,同学们正在班主任老师的带领下开班会,一名老师跑进教室,惊恐地说:“隔壁教室失火了,赶快离开!”教室里立刻乱作一团。你推我挤中,教室门仿佛变窄了,费尽力气也挤不出去。

这时,一个洪亮的声音响了起来:“都不要乱,男同学站到两边,让女同学先出去。”同学们一下子都安静下来，顺着声音望去，一名黑黑瘦瘦的同学正站在桌子上喊着：“女生排成两行，一个一个按秩序往外走……”同学们按照他的指挥做着，乱作一团的景象变得井然有序起来。

当所有人都跑到教学楼外后，一个同学询问辅导员老师：“老师，既然失火了为什么只有我们班疏散出来？”辅导员老师笑了：“我要说声抱歉，其实并没有失火，这只是一次选任班长的测试。”说着辅导员老师将那个指挥疏散的黑瘦同学叫出队伍，“我很高兴地告诉同学们，你们有了新班长，就是他。”

品读：辅导员老师给出了自己选择这名同学的理由：“突发事件中能够处变不惊、指挥若定的人一定是个具有领导才能、非常优秀的人。请你们记住，优秀不是一种行为，而是一种习惯。”

读了这则故事，好让我感动，感动的不只是这位挺身而出、处变不惊同学的精神和指挥才能，更让人赞叹的是这位辅导员挑选班长的特殊方式。他创造这样一个突发事件的情境，班长也就在这种紧急状态下脱颖而出，而且为同学树立了一个令人信服、佩服的榜样，真的是一箭双雕。这位老师的睿智更令人钦佩。

143. 第十三个满分

杨舰波老师拿着一摞试卷，兴冲冲地来到教室。“这次考试同学们考得都不错，有十二个同学还得了满分！下面我来分发试卷。”同学们个个瞪着大眼，充满着期待。

“哪些同学得了100分？”顿时十二只小手高高地举了起来。四下里，羡慕的眼神如蜂飞蝶舞般地被吸引了过来。杨老师没有当众点出那十二位同学的名字，他是想让学生们用自己的方式展示收获的喜悦，还因为那张不同寻常的试卷。

“其实，我们班还有第十三个100分，它的主人聪明、勤奋而又心地纯洁，你们能找一找她是谁吗？”

教室里沸腾了，讲台下猜测声不断。

“老师，晓雨的试卷您忘了判一道题，她那道题明显错了。”晓雨的同桌怯生生地说。

教室里安静下来，晓雨满脸通红，坐在那里一声不吭。

“你能说说她错在哪儿吗?”杨老师问。

“就是那道连线题:5克应该和一支铅笔相连,可她却把一块砖头连到了5克那里,而把一支铅笔连成了五斤。您没有给这一道题打错,也没有给她算总分。”“是这样,是错了。”四周的七八个脑袋凑了过去。她就是班上的第十三个100分吗?大家的脸上写满了疑惑。

“晓雨是个优秀的学生,成绩一向不错,按理说她不应该出这样的错。阅卷时,我曾找她问了问原因。她的回答让我收获了一份感动。”原来,晓雨从小就失去了母亲,父亲带着她辛苦地生活。父亲是个农民,闲暇时就到附近的建筑工地搬运砖头。看着父亲日渐苍老的面容和长满老茧的双手,晓雨非常难过。做这道题时,她希望砖头变成5克,父亲干的活就轻了。杨老师把晓雨的故事一讲,同学们都说,晓雨那颗爱心应该打100分。

这时杨老师走下讲台,小心地拿起晓雨的试卷,在上边认真地补上了一个大大的对钩并郑重地写上100分!

教室里响起了热烈的掌声。

品读:杨老师没有按标准答案决定对错,打出分数。晓雨的低级错误引起了他的注意,立即问明了原因,不仅自己收获了一份感动,而且成了他施教的活生生的教材。于是他怀着激动的心情讲给同学们听。在学生中引起了强烈的震撼。

这哪里是一堂试卷分析课,分明是一堂生动的思想品德教育课。不仅激励了晓雨,也感染了大家。使教育贴近了生活,无限的师爱蕴含其中,无比的智慧充溢其中。

144. 首席座位

开学了,按照惯例要给学生排座位。班级人数49,这就意味着有一名学生要单独坐。安排谁合适呢?宁海侠老师的目光在学生们身上搜索着。对,张彤,学习认真、听话懂事,不管坐在哪儿都让人放心。

大约过了两个星期,张彤对宁老师说:“我不想一个人坐。”“为什么呀?”宁老师奇怪地问。张彤低着头,没有出声,看得出她很难过。宁老师拉过她的手,耐心地说:“班里必须有一名学生单坐,老师信任你,才安排你的。”“老师,我知道,可是我一个人难受。平时没有人和我讨论问题,没有人和我互背课文。上音乐课,老师让同学互相拍打节奏,我只好对墙拍。”说着说着,张彤哭了起来。望着这个伤心的孩子,宁老师的心被震动了。本来认为自己考虑得很周到,其实最重要的是孩子的感受被我忽略了。宁老师负疚地替她擦干眼泪:“对不起,老师太粗心了,以后这种情况不会再出现。”

张彤有了同位,另外一个同学就要单独坐,该怎么办呢?宁老师苦苦思索着对策。

第二天,宁老师把张彤的课桌从最后一排调到教室的最前排,郑重对学生宣布:“法庭上最高法官叫首席法官,乐队里的最好的乐手叫首席乐手。这张桌子在最前排,老师给它命名‘首席座位’。谁表现出色,谁就有资格坐到这儿,享有和老师一起读课文讨论问题的待遇。张彤同学品学兼优,是不是应该成为‘首席座位’的第一主人?”“应该!”全班同学异口同声响亮地答道。

在同学们羡慕的目光下,张彤带着灿烂的微笑坐到“首席座位”上。后来“首席座位”成了全班同学最向往的地方,也成了宁老师调动学生积极性的“法宝”。半学期下来,几乎每个学生都单独坐过这个座位,但他们感受到的是自豪和快乐,而不是孤独和自卑。

品读:班主任的言行影响孩子的情绪、孩子的心灵。只有把注重孩子的感受作为工作的前提,才能真正达到育人的目的。让我们每个班主任在行使权力的时候,多一些细心,多一些思考,使每个生命都因享受师爱而快乐吧!

145.“哎呀”的力量

一位学生由于中途转学,功课落下不少。一次数学考试后发卷子,他提心吊胆地接过来一看,非常意外,老师没有打分,只写了两个字“哎呀”。顷刻间他领会了老师的心意。老师不相信他会这样,老师在用一个善意的玩笑等待着他的努力。他决心把落下的功课补上。果然,下一次考试他得了满分。许多年过去了,虽经历了无数次的考试,见到成百上千张试卷,写着“哎呀”的试卷成为他心中永远的珍藏。

品读:真为这位老师的智慧折服。一位教育家说:“只有当师生关系建立在彼此信任和关怀基础之上时,评分才能成为促使脑力劳动积极起来的推动力。也可以说,评分是一种最微妙的教育工具。根据学生怎样看待教师所给的分数,可以准确无误地判断出他对教师的态度如何,对教师信任和尊敬的程度如何。”假如每位老师在课堂教学中都能解放头脑、集思广益,不断创新“分数”的“给予”方式,相信分数的可爱一面、积极一面,一定会在学生心中越放越大。

146.“账”本

有位班主任手中有本“账”,上面记的都是学生何时何地犯了何种错误,而且自打一开始就向学生宣布:“记下这些东西,以后我是要算总账的! 请同学们好自为之!”开始,学生摄于班主任向家长告状,而受皮肉之苦;或怕班主任真的把它记入“档案”而影响日后的升学和就业。但随着账目一笔笔加码,也就“虱子多了不咬,账多不愁了”。有的甚至“破罐破摔”和老师唱起了“对台戏”。

有一个学生也准备了一个账本,记的是:“某月某日,老师揪我的耳朵;某月某日,老师骂我是小流氓……”准备和班主任分庭抗礼。他曾扬言:“只要老师向我爹妈告状,我就捧着账本向校长告他的状。”

于是,我又想起一位优秀班主任的“记账本”。这位班主任记的是:“某月某日,小王主动把教室打扫干净”,“某月某日,小李在运动会上得了100米第二名,为班集体争得了荣誉”,“某月某日,小沈和姐姐协同母亲解决了一道难题:说服父亲不再参赌”……而且,这位班主任还定期召开“让优点发扬光大”的主题班会,会上给每位学生“评功摆好”。说的学生个个心里都热乎乎的。此时,学生们都纷纷站起来摆自己的差距,决心继续努力,取得更大的进步。优等生觉得全班同学都在进步,一旦放松努力就会落后;后进生更是摩拳擦掌,决心迎头赶上,决不辜负老师的期望。

一位后进生在日记里写道:“我的每一个微小的进步,老师都看在眼里、记在心上,真让我不好意思,我若不积极进取,实在对不起老师。”

品读:两位班主任,同样有本账,可是前者记的是学生的缺点,目的是为了“秋后算账”;后者记的是学生的“闪光点”,目的是为了点燃学生前进的火把,结果却是大相径庭,这难道不值得为师者深思吗?

班主任的心中都应有一本“账”,但应该有一本什么“账”？这倒是个关键。这不仅反映了班主任的教育观念,也反映了班主任的教育智慧。我想,我们应该向第二位班主任学习吧!

147. 音乐与数学

一位聪慧的小学数学教师听到孩子们用口琴吹奏一首动听的曲子——音乐课的作业。

这天,数学老师教小数加减法。孩子们已经学会了计算,正兴致勃勃地比赛完成黑板上整齐排列的几道小数点加减法试题。一会儿工夫一组正确的答案用另一种颜色被特别整齐地排列在大黑板上。此刻,数学老师挥手在这排答案之间画了一条条竖线,于是数字成了音符,小数点成了符号,一个个音节连成了一段乐曲。在学生一片惊讶的目光中,教师微笑着说:“请同学们拿出口琴,把黑板上这些计算结果当作乐谱,吹吹试试。”孩子们个个兴致勃勃,积极投入试吹,教室里响起一片欢快的音乐声。数学老师满脸笑容,认真倾听,她的眼睛分明与那一串串音符在会神地交流。孩子们吹完了,眼里漾满了会心的笑意——不正是这几天我们天天在练的曲子吗？怎么这么巧是这些计算题的答案组成的呀!

数学老师没有解释什么,只是充满鼓励地问:“喜欢这支我们大家‘计算’出来的曲子吗?”“喜——欢——”“那就一起来吹吧,吹出最好的水平!”悠扬的音乐袅袅响起,仿佛农民辛勤劳作后,在田埂上小坐吹一吹凉风一般舒爽。

品读:这是一位令人钦佩的智慧型老师。她细心观察,精心地将一串抽象、枯燥的计算结果,点化成一串学生熟悉的音符,把数学学习成果化作一种艺术形式,无疑是智慧的结晶。这不仅激发学生的学习兴趣,还使学生终生难忘。

有人说赞赏教育是让学生心灵得以舒展的教育。没有人不喜欢赞赏教育。但是,如果有人仅把赞赏简单地理解为一种评价性语言,那么当我们在教育教学过程中,无数次地运用赞赏语言之后,是否会感到自身的一丝肤浅与学生接受上的强硬？假如我们能够在教学中,时刻以舒展孩子的心灵为目标,精心设计教学过程,把学生实践活动升华为富有冲击力的艺术行为,让学生在实践中燃起惊异的火花,激起探索的渴望,享受智力的满足,并在学习活动中调动学生心灵的参与,应该是对学生最有价值的赞赏。

148. 该不该表扬

在一堂初中地理课上,老师讲完年产100万吨的大煤矿的有关内容后,让同学们回答我国这样的煤矿有哪些?

一个成绩较好的学生一口气说了九个,老师对此没有做出评价;这时,一个成绩较落后的学生站起来说了剩下的一个,老师立即说:“小李同学说得不错。”刚说完,老师发现这个学生脸沉下来,老师立即意识到“答对九个不表扬,答对一个却表扬,这种表扬是不是在讽刺我”。这时这位老师说:“小王答对九个我为什么没有表扬,而小李答对一个我却表扬了。告诉大家:小王答对九个当然该表扬,而小李答对一个更该表扬,因为小李答的一个与小王答的九个不重复,说明小李听课很认真;另外,小李答的一个与小王答的九个加起来就是全部年产100万吨的大煤矿,说明小李十个煤矿都知道。你们说该不该表扬?”

品读:同学需要表扬,但更需要真实的具体的评价,当学生有了一定认识和判断能力的时候,廉价的表扬有时会适得其反,激励和表扬都要发挥好“诊断”功能,没有关注“诊断”的表扬等于不表扬。

149. 布鲁克斯校长与诺贝尔奖获得者罗伯茨

英国生物化学家罗伯茨童年在一所条件很简陋的乡村小学上学。这所小学有一位十分出色的校长罗纳德·布鲁克斯。他发现小罗伯茨喜欢钻研问题,就收集了许多有关数学和逻辑学的小问题和测试题写在小纸条上揣在口袋里,遇见罗伯茨,就递给他一张纸条,让小罗伯茨解决纸条上的问题。随着时间的推移,纸条上的题目越来越难,这就逼着罗伯茨学习更多的知识,思考也越来越深入。布鲁克斯出的题目生动有趣,尽管有时会让小罗伯茨百思不得其解,却从没有让他感到厌烦过,反而更加激发了他求知的欲望。不论罗伯茨是否答对了问题,布鲁克斯都会发出愉快的笑声,喊道:“干得好!”正是布鲁克斯这种奇特的教育方法,使罗伯茨走上了热爱科学和从事科学事业的道路。1993年罗伯茨获得了诺贝尔生理学和医学奖。

品读:故事中,布鲁克斯发现罗伯茨喜欢钻研问题的特点后,以传送小纸条的方式不断地激发着罗伯茨学习的热情与强烈的进取心,促使他不断进步,最终成为了诺贝尔奖的获得者,布鲁克斯教育小罗伯茨的成功很值得我们教师学习借鉴。

每个学生都有自己的长处,作为教师要善于观察并从中发现每个学生个性中的"优点",这些优点就是学生发展的"亮点"。发现学生的"亮点"后,教师应不失时机地抓住学生的这些与众不同之处,有的放矢,灵活运用多种方法,给学生创设前进的动力,同时对他们的每一点努力都要予以肯定,鼓励他们学有所长,学有所为。

150. 牧师 · 孩子 · 花

在几所小学附近,有一个花园,一年四季鲜花不断,五彩缤纷。美中不足的是,尽管牧师认真看管,学生们在上学放学的途中,总喜欢在花园徘徊,流连于花丛中,并顺手摘下几朵带走。后来,换了一位牧师,情况发生了根本变化,学生私摘和毁坏鲜花的现象再也没有发生过。这位新来的牧师有什么"秘诀"呢?

一天早晨,一群学生走过来,其中一位小男孩走近牧师,问道:"爷爷,我能采一朵花吗?"

"你想要哪一朵?"牧师和蔼地问道。小男孩很仔细地看了一会儿,选中了一朵开得正艳的红色郁金香,"这朵行吗?"

"这花归你了。不过我有一个小小的建议。你想啊,如果你把它留在花枝上,它可以开好几天。如果你现在把它摘走,那只一会儿,它就枯萎了。你愿意采用哪种方法呢?"小男孩想了好一会儿说,"那我还是把它先放在这里吧,等放学后我再来看它。"

"那好!"牧师问,"你叫什么名字?"

"我叫张思民。"

那天,有20多个学生都向牧师要花,牧师有求必应,但接着学生们又都同意把花留在花圃里。等到放学回来,他们看到选定的花茎上面都挂了一个小纸片,上面写着自己的名字。这使学生们激动不已,于是要花的学生越来越多,而定期给花浇水、上肥、除虫的学生也愈来愈多了。

品读:故事中的这位牧师俨然是一位高超的教育家。面对学生的摘花行为,他没有板着面孔训斥。他知道,儿童是喜欢花的,是爱美的。他也知道“一个人只有懂得欣赏美,才能创造美,才会成为一个品质高尚的人”,不能使学生爱美的欲望受到伤害。他理解学生的初衷是爱花,只不过他们选择的方法不对。他既尊重学生的愿望,又能因势利导,让学生们知道摘在手里的花没有生命力,让花朵长在枝头上,花会更娇艳。于是,循循善诱地说服孩子们把花留在花枝上,他留下每个学生的姓名,并制成小卡片,把它挂在每位学生选择的花枝上。就这样枝条上挂着写有学生名字的小卡片,花就变成学生自己的了,学生也为此“激动不已”这种巧妙疏导的办法,使学生摘花的行为得以矫正,并使他们产生了极其愉快的情感体验。

我们教育工作者定能从中得到这样一个启示:了解孩子的心理,顺应孩子的天性,尊重和理解孩子的愿望是教育的前提,要从孩子的角度出发考虑我们的教育,要相信孩子的能力,充分挖掘孩子的潜力,发挥孩子的主体作用,教育的创造性本质就会释放异彩。孩子们不仅再也不摘花,而且还定期为花浇水、上肥、除虫,这是多么好的教育结果啊!

151. 两难选择

一位地理老师讲完“天气与气候”的课题之后,为了让学生理解“天气与人民生活息息相关”便提出两个题目:一个是“下雨了真好啊……”,一个是“下雨了真糟糕……”,要求学生用在生活中的例子补充说明。

一位女生站起来说:“下雨了,真好啊,我是做雨鞋生意的,下雨了,我的雨鞋可以卖个好价钱!”

一位男生站起来说:“下雨了真糟糕,长江中下游地区正遭受洪涝灾害,这次下雨不知会不会带来新的灾害!”老师说:“两位同学回答的都符合要求,很好。”

老师注意两位同学表达是否清楚,是否反映了“天气与人民生活息息相关”的主题,但没有注意两位同学答案背后的差距,因此也就没有对此进行评价。我曾把这个案例讲给几位班主任,请他们谈谈对此该不该做出评价?应该如何做出评价?几位班主任都觉得对两位同学答案背后的差距必须做出评价,这是教书育人的要求。然而在如何对此进行评价上,却不尽相同,其中多数班主任都认为,男生的答案更值得赞扬,女生的答案有点功利色彩,只有一位班主任是这样说的:“我主张说真话,我首先要鼓励说真话,做一个诚实的好学生,但是在说真话的前提下,我更喜欢那位男同学推己及人的思维方式和他的责任感。”

品读:我非常赞赏这位班主任作出的评价。的确那位男生的话分明体现了一种悲天悯人的人文情怀,而女生的答案却多了一份自私自利的功利追求。肯定男生的答案和人文情怀吗?如果男生只是为了表现自己的高尚,他的答案却不是发自内心的,我们鼓励的又是什么呢?无非是鼓励学生说假话。

而做一个诚实的人,说老实话,是我们教育人文追求的一个重要内容。不是有参加高考的学生为了突出自己的苦难经历,在高考作文中硬是将自己活着的母亲写成了“死去的母亲”吗?

我们要悲天悯人,但我们又不需要虚伪的高尚!因此,评价这两个学生的答案及背后的差距,的确是个“两难”的选择。

这位班主任所做出的评价,应该说是非常科学的,鼓励了说真话,这种实事求是的科学精神,赞扬学生要关心人民的生活,要具有责任感。这是一种教育智慧的体现。

说真话没有错,我们首先鼓励说真话。在说真话的前提下,老师更喜欢那位男同学推己及人的思维方式和他的责任感。

152. 学琴

一个女孩初学小提琴,琴声如同锯木头,父母不愿听,孩子一气之下跑到幽静的树林中去练,突然,她听到一老妇人的赞许。老人说:“我的耳朵聋了,什么也听不见,只感觉你拉得很不错。”小女孩受到鼓励,于是每天早上都到树林里为老人拉琴,每奏完一曲,老人都鼓励说:“谢谢,拉得真不错。”

终于,家长惊奇地发现了女儿优美的琴声,忙问是什么名师指导。这时女孩才知道,林中的老人是著名的音乐教授,而且她的耳朵从未聋过。装耳聋,引导孩子走向自信,对孩子不断给予鼓励,虽然没有具体施教琴艺,也没有任何说教,但却给了孩子动力和智慧。

品读:这个故事真的让我们感动,让我们深思,作为教师是否很有效地保护了学生的心灵?是否引导学生走向自信了呢?有没有通过自己的爱心和耐心激励学生战胜困难走向成功的勇气？这位著名音乐教授的做法值得我们学习。学生的追求是需要勇气和智慧的，这勇气和智慧不是自发形成的。只有家长和教师善于保护他们积极的求异思维、保护他们创新发现和独特的做法，才会在他们心灵里燃起一把火。

我们要像保护荷叶上的小露珠那样细心保护学生，保护学生的自尊、人格，保护学生的创新发现、独特思维，保护学生想做“好孩子”的意识。保护的对立面则是挫伤、扼杀，我们切不可追求教育的急功近利，让师爱变味，让师爱这支利箭封杀学生的可塑性发展。

智慧的师爱应该学会鼓励。

153. “小纸片”的背后

有一个学生作业字迹潦草，多次批评也不见效，一次班主任发现这个学生作业本上模糊处贴了张小纸片作为补就。这位班主任想这小纸片的背后不正蕴藏着也想把作业写整洁的心意吗？于是老师在作业讲评时表扬了他，结果这小小的表扬产生了很大的效应，他觉得老师能从小纸片上了解他的心意，就下决心把字写好。

这位老师又趁热打铁，指导他买来字帖练习写字，培养他养成良好的书写习惯。这学生进步很大。

品读：“不惜歌者苦，但伤知音稀”学生虽然年幼却同样有这种心理，可见这位老师善于察秋毫、辨微殊，感知学生心理的点滴变化，实施有效的激励，才取得好的教育效果。

师爱不是一种恩赐，更不是居高临下的施舍。教育的意义不只是传道、授业、解惑，更重要的是激励和唤醒。缺乏激励的师爱，同样缺乏智慧。激励是成功教育的催化剂，是促进学生孜孜不倦地投入学习的动力源泉，更是塑造健康人格的关键因素。

智慧的师爱应该学会宽容与发现。

154. 在希望里成长

两个盲人说书弹三弦糊口。老者70多岁,是师父;幼者20岁不到,是徒弟。师父已经弹断了999根弦子,离1 000根只差一根了。祖师爷在临终前对师父说:“我这里有一张复明的药方,现在我将它缝进你的琴槽中。当你弹断第1 000根琴弦的时候,你才可取出药方。记住,每弹断一根弦时,你都必须尽心尽力。否则,再灵的药方也不会起作用。”那时,师父才是20岁的小青年,可如今他的头发和胡子都已经花白了。50年来,他的心里有个梦想,他一直想象着自己失明的眼睛能够看见东西了。

一声脆响,师父终于弹断了最后一根琴弦,他向城中的药铺赶去。当他满怀着希望等着取草药时,掌柜告诉他:那是一张白纸。他的头嗡地响了一下,一种从未有过的失落感遍布全身,平静下来以后,他终于明白了:他不是早就得到了那个药方吗?就是因为有这个药方,他才有生存的勇气。他努力地说书弹弦,学会了爱与被爱,广受人们尊重。

回家后,他郑重地对小徒弟说:“我这里有一个复明的药方,我将它封入你的琴槽。当你弹断1 200根弦的时候,你才能取出药方。记住,得用心去弹,你祖师爷将这个数错记为1 000根了……”小徒弟虔诚地允诺着,师父心中暗想:或许他一生也弹不断1 200根弦……

品读:作为师长首先应该在孩子幼小心灵种植希望,因为成功的动力在于希望,有了希望才会有追求,而追求的过程就是最美的人生。

155. 欣赏

1852年秋天,屠格涅夫在打猎时无意间捡到一本皱巴巴的《现代人》杂志。他随手翻了几页,竟被一篇名为《童年》的小说所吸引。作者是一个初出茅庐的无名小辈,但屠格涅夫却十分欣赏,钟爱有加。

屠格涅夫四处打听作者的住处,最后得知作者是由姑妈一手抚养照顾长大的。屠格涅夫找到了作者的姑妈,表达他对作者的欣赏与肯定。姑妈很快就写信告诉自己的侄儿："你的第一篇小说在瓦列里引起很大轰动，大名鼎鼎、写《猎人笔记》的作家屠格涅夫逢人便称赞你。他说：'这位年轻人如果能继续写下去，他的前途一定不可限量！'"

作者收到姑妈的信后惊喜若狂，他本是因为生活的苦闷而信笔涂鸦打发心中寂寥的，由于名家屠格涅夫的欣赏，竟一下子点燃了心中的火焰，找回了自信和人生的价值，于是一发而不可收地写了下去，最终成为具有世界声誉和世界意义的艺术家和思想家。他就是列夫·托尔斯泰。

品读：社会生活中，欣赏与被欣赏是一种互动的力量之源，欣赏者必须具有愉悦之心，仁爱之怀，成人之美的善念；被欣赏者定会产生自尊之心，奋进之力，向上之志。因此，学会欣赏应该是一种做人的美德、温馨的感触；欣赏是教师手中的一支"神笔"，它可以涂抹出美丽的画卷，它可以开启学生大脑中智慧的源泉，可以驯服桀骜不驯的"野马"，可抹去自卑，唤回自信和自尊。对！欣赏学生吧！

156. 儿时的梦

一位多年从事教育事业的英国教师因年岁的缘故要退休了，整理办公室文件的时候，他发现了自己带过的班里有51位同学的作文本。翻开来看，题目叫《未来我是……》。老师随便翻看着，回想着过去的教学生活。

重读孩子们25年前的作文本，临退休的怅然开始弥漫。但很快，老师的脸上浮现出了笑容，他被这些孩子们千奇百怪的自我设计迷住了。

一个叫彼得的学生写道：未来我是海军大臣，因为有一次在海里游泳时，我喝了三升海水都没被淹死。一个叫查理得的学生说：我将来必定是法国的总统，因为我能背出2 5个法国城市的名字，而同班的其他同学最多只能背出7个……最让人惊讶的是，一个叫戴维的盲学生，他说，将来他必定是英国的一位内阁大臣，因为在英国还没有一个盲人进入过内阁。

总之，孩子们都在作文中认真地描绘着自己的未来，有当驯狗师的；有当领航员的；有做王妃的……五花八门，应有尽有。

老师读着这些作文，突然有一种冲动——寻找这51位学生，看看他们是否实现了自己25年前的梦想。

当地一家报纸得知他的这一想法后很感兴趣，他们免费为老师在报纸上刊登了一则启事。没几天，书信开始一一寄到老师这里。有50位当初的学生向老师致谢，感谢老师仍然保存着他们幼时的梦想，并且他们希望得到那本作文本，重温儿时的梦想。这中间有商人、学者及政府官员，更多的是没有身份的人。

老师满足了他们的愿望，他把作文按书信地址一一寄了过去。老师同时发现只有一个叫戴维的盲学生没有来信。

一年过去了，戴维仍然没和老师联系，老师想，那个叫戴维的人也许已经不在人世了。毕竟25年了，25年间什么事都会发生的。

就在老师准备把这个本子送给一家私人收藏馆时，内阁教育大臣布伦克特寄来一封信。他在信中说，我是您当年的学生戴维，感谢您还为我们保存着儿时的梦想。不过已经不需要那个本子了，因为从那时起，我的梦想一直在我的脑子里，我没有一天放弃过。25年过去了，可以说我已经实现了那个梦想。今天，我还想通过这封信告诉我其他的50位同学，只要不让年轻时的梦想随岁月飘逝，成功总有一天会出现在你的面前。

布伦克特的这封信后来被发表在《太阳报》上。作为英国第一位盲人大臣，布伦克特用自己的行动说明了一个道理：假如谁能把15岁时当总统的愿望保持25年，那么他现在一定已经是总统了。

品读：类似《未来我是……》的作文题目，在我们的中小学的作文教学中，还常常被采用。那里充满了儿时的美好梦想。正是这些梦想激励着他们的成长。这种作文是教育学生的丰富资源，教师要激励学生努力实现这个梦想。而且要引导他们懂得持之以恒、滴水穿石的道理，使他们坚持不懈地为梦想奋斗。正如伟大的人民教育家陶行知先生所说：“给孩子一座高山，让他自己去攀登，父母要做的就是让孩子坚持下去。”老师何尝不是如此。

157. 蒙迪 · 罗伯特的选择

蒙迪 · 罗伯特是美国犹他州一所中学的学生，他出身虽然贫寒但性格乐观向上。

一天，老师比尔 · 克利亚给大家布置了一份作业，要求孩子们就自己未来的理想写一篇作文。

蒙迪·罗伯特回家后,兴高采烈地开始写自己的梦想。他用了整整一夜的时间,写了七大张,详细地描写了自己的梦。在作文中他写道:“我梦想将来有一天拥有一个牧马场。”蒙迪·罗伯特把自己梦想中的牧马场描述得很详尽,甚至绘了一幅占地200英亩的牧马场示意图,有马厩、跑道和种植园,还有房屋建筑和室内平面设计图。

第二天他兴冲冲地将这份作文交给了克利亚老师。然而作业批回的时候,蒙迪·罗伯特伤心地看到:老师在第一页的右上角打了个大大的“F”(差)。

蒙迪·罗伯特觉得自己的功课完成得很出色,他想不通为什么只得了个“F”。下课后蒙迪去找老师询问原因。

克利亚老师认真地说:“蒙迪,我承认你的这份作业做得很认真,但是你的理想离现实太远,太不切实际了。要知道你父亲只是一个驯马师,连固定的家都没有,经常搬迁,根本没有什么资本,而要拥有一个牧马场,得要很多的钱,你能有那么多的钱吗?”

克利亚老师最后说:“如果你愿意重新做这份作业,确定一个现实一些的目标,我可以考虑重新给你打分。”

蒙迪拿回自己的作业,去问父亲的意见。父亲摸摸儿子的头说:“孩子,你自己拿主意吧,不过,你得慎重一些,这个决定对你来说很重要!”

蒙迪考虑一晚上,他决定坚持自己的梦想,即使老师给的成绩是“F”。

多年来,蒙迪一直保存着那份作业,本子上刺眼的“F”激励着蒙迪,一步一个脚印不断迈向自己创业的征程,多年后蒙迪·罗伯特终于如愿以偿地实现了自己的梦想。

数年后,克利亚老师带着他的30名学生参观一个占地200多英亩的牧马场,当登上一座面积达4 000 m^2 的建筑时,他发现,牧马场的主人就是曾经被他评价为梦想太不切实际的蒙迪。

品读:每个学生都有自己的梦想,也许这在老师的眼里是那么不自量力、不切实际,甚至遥不可及,但是,谁又能保证学生不会实现自己的梦想呢?为师为家长者,还是学学蒙迪·罗伯特的父亲,多给学生一些鼓励和支持吧,让他们勇敢地去追寻自己的梦。因为,有梦就会有希望,有希望才会产生拼搏的激情,激励学生守住自己的梦,勇敢地走下去,他们会比别人提前到达成功的彼岸。这是教育者的使命。

158. 利息

在一次阶段考试中，一个男生的语文得了59分。他找到老师说："老师，您就再给我的作文加1分吧，就1分。求您了！"老师说："作文绝对不给加分；但是，我可以给你把总分改成60分算我借给你1分。不过，你可要想好啊，这1分不能白借，要还利息的，借1还10，下次考试我要扣掉你10分，怎么样？要是觉得不划算就不要借了。"男生咬咬牙说："我借。"结果，再后一次阶段考试中，他语文得了91分，扣掉10分，净剩81分。

这位老师一是有一颗真切的爱生之心，他不想让学生挨打；二是他充分相信学生；三是他善于利用契机激励学生。那个借分的学生由于获得了老师的"资助"，得到了老师的关爱，鼓起了奋斗的信心，从考试不及格到考试高分，实现了他自己的许诺。

品读：一般说，老师对学习成绩不佳的学生往往不会很重视，不会很信任，有的甚至会挖苦讽刺，巴不得借家长之手"好好整治"一下学生。老师心里很想把学生教好，但对学生缺乏爱心，单是"恨铁不成钢"，"铁"就难以"炼成钢"。爱学生是和尊重学生、信任学生连在一起的。

159. 你和我当年一模一样

一位热爱音乐的青年，在音乐创作的道路上摸索了许多年，进步却很小。他经常怀疑自己是否有音乐天赋，对未来前途感到十分迷茫。为此，他去拜访了柏辽兹，希望这位大作曲家指点迷津。

青年人演奏了一首自己创作的曲子后，诚恳地问："柏辽兹先生，您认为我适合从事音乐创作吗？"

柏辽兹听出来，青年人的演奏虽然很熟练，却缺少某种灵气，很显然，他对音乐的理解还停留在很浅的层次，而且不懂得将技巧和灵感自然地融合在一起，甚至可以说根本缺少灵感。一个学过多年音乐创作的人，仅仅达到这个水准，可不是缺少天赋吗？因此，柏辽兹坦率地说："年轻人，我毫不隐瞒地对你说，你根本没有音乐天赋。我之所以痛快对你下结论,是为了让你趁早放弃,另寻出路,免得浪费青春。”

青年人一听,此言正好证实了自己的疑惑。他大失所望,带着羞愧不安的心理向柏辽兹告辞,然后低着头,走了出去。

其实柏辽兹话刚出口,便感到懊悔;这对青年人的自尊心和自信心是一个多么大的打击呀!再说,那番话未免太绝对了,一个人的天赋有欠缺,可以用勤奋弥补,即使达不到极高的境界,也会很出色的,为什么要叫人家放弃呢?因此,他决定采取补救措施,挽回青年人的自信心。柏辽兹打开窗户,看见那个青年人正垂头丧气地走在街道上。他从窗口探出头,叫住青年人说:“我不改变刚才对你的评价。但是,我有必要补充一句:大师们当年对我也是这么说的。记住,你和我当年一模一样,是的,一模一样!”

青年人一闻此言,顿时精神大振,重新树起了信心。多年后,他经过刻苦努力,终于成为了一个知名的作曲家。

品读:鼓励是最大的帮助。它能使胆怯的人鼓起勇气,使自卑的人重塑信心。人人都需要赞美,需要被认可。成年人尚且如此,何况孩子呢?每个孩子都有闪光点,无论是学习好的孩子还是学习差的孩子。我们的家长和老师往往对孩子的闪光点视而不见,而对孩子的缺点和错误却抓住不放。这又让我想起了另外一个故事:

一位小学老师在黑板上写了五道题,由一名学生上来做。

$3\times9=27$　$4\times9=36$　$5\times9=45$　$6\times9=54$　$7\times9=62$

当学生写完62时,台下多数同学都大声叫喊起来:“老师,他错了,最后一题错了……”老师说:“最后一题是错了,可大家为什么只说他错的这个题,而不说他前面四道题都做对了呢?看来,我们是多么容易发现别人的错误,而忽略别人的正确……”

是啊,我们是多么容易发现别人的错误,而忽略别人的正确……尤其是我们的老师和家长。尽管我们一直强调要对孩子进行赏识教育,要善于发现、肯定和鼓励孩子每次的点滴进步,但事实上我们的眼睛却一直紧紧地盯着孩子的不足和错误。这样一来,我们的教育就会不自觉地陷入“纠错”的泥潭,看不到孩子的变化以及为此所付出的努力,从而真正忽略孩子进步和闪光的一面。我们常说生活中不是缺少美,而是缺少发现美的眼睛;同样在教育中,不是孩子缺少进步的表现，而真正缺少的是我们那种源自内心深处热爱孩子的品质。新课改强调要“保护和启发幼儿的好奇心和求知欲”，而善于发掘和肯定孩子“正确”的地方，少挑刺、少批评、少指责，不就是对此最好的注释吗？

160. 小蝴蝶

“老师，我已经得了4只小蝴蝶了，你能给我写一份成长的足迹吗？”我忙着看作业，一声稚嫩的童声传入我的耳畔。我低头一看是小凯。一个平时沉默寡言，而且很胆怯的小男孩。看着那双充满期盼，又带有一丝焦虑的眼睛，我怎么能拒绝呢？我点了点头。

“耶，我可以得到成长的足迹了。”他高兴地跳起来。稚嫩的小脸一脸灿烂。我的心中升腾起一股暖暖的爱意。我从没有见过他如此高兴过。他一蹦一跳地跑开了。望着他那小小的背影，我知道，他现在有多么高兴。我没有想到，一只小小的蝴蝶，能够给孩子带来那么大的快乐。你可知道我是一个多么拙劣的画家啊。

有一段时间，孩子们的作业做得乱七八糟。每当看到一篇书写潦草、错题满篇的作业，我就气得七窍生烟。于是，在课上便大发雷霆。拿起一两本作业就大加批判，杀一儆百。第二天，我打开一本作业，一行清秀的小字便映入我的眼帘：“老师，有什么事，能不能好好跟我们说，不发火，好吗？”我的脸腾地一下红了。我对昨天的行为深深地自责，这哪像一位老师呀。

苏霍姆林斯基说：“在每个孩子心中最隐秘的一角，都有一根独特的琴弦，拨动它就会发出特有的音响，要使孩子的心同我讲的话发生共鸣，我自身就需要同孩子的心弦对准音调。”我和孩子的音调对准了吗？能不能想一个好办法，让孩子的作业不再出错呢？对，就画蝴蝶吧。

在一次上课的时候，我向孩子们诚恳地请教，并说了我的想法：“哪个孩子作业写得好，老师就给他画一只蝴蝶，积累到三只，老师为他写一份成长的足迹，让家长看一看他的进步。”从此，孩子们变了，作业成了孩子们和我沟通的桥梁。小蝴蝶也多了起来。有时，每节课我要画好多蝴蝶。蝴蝶变形了，走样了，在孩子们的作业本上到处飞舞，可孩子们一点也不介意，仍然津津乐道于自己的蝴蝶。有的孩子在作业本上写道：老师，我争取每一次的作业都认真做，我希望每一次的作业都得小蝴蝶。老师，我都得了好多小蝴蝶了，为什么不给我写成长的足迹呢？老师，我认为今天我得不到小蝴蝶，你给我画蝴蝶是鼓励我的，对吗？我一定要好好做作业，争取得到一只属于我自己的小蝴蝶。

今天，并不美丽的小蝴蝶飞舞在孩子们的作业本上，是蝴蝶把我和孩子们的心紧紧地连在了一起。小蝴蝶记下了我们的心语：一本好的作业带给我的不仅仅是欣喜，更多的是鼓舞，谢谢你，这份优秀作业的作者。你一直在进步，我对你充满了信心，加油！你的进步是你努力的结果，老师为你骄傲，为你自豪，更为你喝彩，加油！……有一天，课代表俯在我的耳边悄悄地告诉我："老师，小蝴蝶的魔力可真大，同学们的作业写得可棒了。"我微笑着告诉他："是呀，因为那是爱的蝴蝶呀！"

品读：老师画的蝴蝶也许不很美丽，但这是老师对孩子们的肯定，对孩子们的赞许，这才是孩子们心中的蝴蝶——它甜美。不仅如此，孩子们企盼的是他们的成长足迹。有谁不希望自己进步呢？孩子们如果看到了在成长过程中老师对他们的赏识与夸奖，就会对自己充满信心，做事也会充满力量，特别是如果得到师长的赞许，他们更会有一种成就感。这样孩子们对学习就会产生一种动力、一种向往、一种快乐。

不很美丽的小蝴蝶在孩子们心里承载着多少含义啊，它在老师的心里却是爱的体现。愿我们的家长和老师的心里也充满爱的蝴蝶。

161. 出试题

于老师教的班有一个学生学习成绩很差，每次考试几乎都不及格，常埋怨老师出题太难。为了激发他的学习兴趣，提高他的学习成绩，于老师想了许多办法。有一次，于老师把这个学生叫到办公室，对他说："这次单元考试，你替我出题吧。"他很愕然地问："老师，是开玩笑吧？怎么能让我出试题？"于老师笑笑说："不是开玩笑，我相信你，由你出的试题可能比我出的更实际，更有代表性，这是一次单元考试。又不是期末大考，没有关系，你一定能出好的。"这个学生得到于老师的信任与鼓励，认真出完了这次试题，他出的试题基本合理，于老师表扬了他。因为责任心促使这个学生在出题的过程中系统复习了所学的课程，从此，他的学习成绩有了起色。他对于老师说："老师这么相信我，我再学不好，那太不应该了。"

品读:教育学研究表明;让落后的学生当老师,实际上是让他改变角色,这个新角色与他原来的角色显然是对立的,这就使他形成了原来的观念和态度与现在所担任的角色的心理矛盾,这种矛盾,又常常会因为他现在所担负的任务而形成巨大的外部压力。事实证明,在他们完成了新角色的任务之后,往往会放弃以前的观念和态度,而形成与他现在所担任的角色相一致的观念和态度。我们教师在教育教学过程中,一定要充分相信学生,运用授权(角色)激励学生的方法,使他们在自主发展的空间自由驰骋。

162. 爱因斯坦的成长

爱因斯坦都4岁多了还不会说话,人们都认为他是个"傻子"。上小学了,爱因斯坦功课很差,表现得仍然很平庸,训导主任曾向爱因斯坦的父亲断言:"你的儿子将一事无成。"

面对人们的讥笑和议论,尤其是面对训导主任给儿子下的结论,做电机工程师的父亲并没有对孩子失去信心,他相信爱因斯坦一定能成才,并且期望他能做出伟大的事业。

为了培养孩子的自信心,父亲为爱因斯坦买了积木,让他搭房子,搭好一层,便表扬和鼓励一次,结果,爱因斯坦情绪高涨地一直搭到了14层。

父亲还积极通过各种方式帮助爱因斯坦建立自信,消除爱因斯坦的消极情绪。而父亲的赏识,也点燃了爱因斯坦心头的希望之火,让爱因斯坦振作起来,使他以一种不断进取的心态,努力奋进,最终成为举世瞩目的伟大的物理学家。

品读:一个被人们认为是"傻子",被训导主任断定"将一事无成"的爱因斯坦,为什么成为了"举世瞩目的伟大的物理学家"呢?因为,他有一位伟大的父亲。父亲的信任、父亲的激励、父亲的帮助使爱因斯坦建立了自信,战胜了自卑,这便是激励的结果。为师为家长者,千万不要轻易地否定学生,千万不要忽视激励的功效。

163. 夸奖错了

一位到北欧某国访问的女士,到一位教授家做客,送给教授5岁的女儿一件中国礼物,小女孩有礼貌地微笑道谢。她抚摸着女孩的头发说:“你长得这么漂亮,真是可爱极了!”教授等女儿走了以后,严肃地对她说,她伤害了孩子,要向孩子道歉。她大吃一惊。教授说:“你是因为她漂亮才夸奖她,而漂亮不是她的功劳,这取决于我和她父亲的遗传基因,与她个人基本没有关系。你这样夸奖她,孩子还小,不会分辨,会认为这是她的本领。而且,一旦认为天生的美丽是值得骄傲的资本,她就会看不起长相平平甚至丑陋的孩子,这就成了误区。不过你还是有机会弥补的,你可以夸奖她微笑和有礼貌,这是她自己努力的结果。请你为刚才的夸奖道歉。”

后来,她正式向小女孩儿道了歉,并表扬了她的礼貌。

品读:看了这个故事,使我感慨不已,由此想到了我们当前推崇的赏识教育。往往一味强调对孩子的夸奖激励,其中,有的“夸奖”是否成了一种无意的“伤害”呢?

教授的话使我们明白,赏识教育是通过夸奖、肯定孩子自身良好的行为表现来达到激励孩子不断努力、健康成长的目的。在具体的教育过程中,请不要一味赞赏学生的天赋,如“你真聪明”“你在这方面很有天赋”等,长此以往,会导致学生认为自己某方面有天赋、有优势,而不去努力;还会导致在某一方面不理想时,便会觉得自己很笨,从而失去自信。应该更多地赞赏学生付出的劳动,赞赏他们良好的学习方式和行为习惯。“你很会动脑子”“你读书真细心”“你很有礼貌”,这样的评价能引导学生形成这样的认识:成功是自己努力的结果,受挫折是自己未尽全力。这样的鼓励,有利于培养学生良好的学习习惯、顽强的意志品质和勇于接受挑战的进取心。

164. 他不坏

19世纪末,美国西部的密苏里有一个坏孩子,他偷偷地向邻居家的窗户扔石头,还把死兔子放到学校的大炉子里烧烤,弄得臭气熏天。他9岁那年,父亲为他娶了继母,父亲告诉孩子的继母要好好注意这个孩子。继母好奇地走近这个孩子。当她对孩子有了了解之后说:“你错了,他不坏,而且很聪明,还没有得到发挥。”继母很欣赏这个孩子,在她的引导下,这个孩子的聪明找到了发挥的地方,后来成了美国当代的著名企业家和思想家。他就是戴尔·卡耐基。

品读:读了上面说的故事,我们不难想象,如果没有继母的欣赏,恐怕就不会有今天的戴尔·卡耐基的事业和成就。这足以说明欣赏对人的发展是多么的重要。

培根说:“欣赏者心中有朝霞、露珠和常年盛开的花朵,漠视者冰结心城,四海枯竭,丛山荒芜。”我们的教育可以说时刻不能离开对学生的深入了解和真诚欣赏。欣赏是一种给予、一种馨香、一种沟通和理解、一种信赖与祝福,也是一种激励和引导。欣赏可以使人扬长避短,更健康地成长和进步。

每个学生都希望得到老师的赞扬,渴望得到老师的欣赏,我们每位老师也应当学会欣赏自己的学生。

因为,欣赏与被欣赏是一种互动的力源,欣赏者需要具有愉悦之心、仁爱之怀、成人之美的善念。因此,学会欣赏应该是一种美德,肯定了别人,也肯定了自己。诚如爱默生所言:“人生最美丽的补偿之一,就是人们真诚地帮助了别人之后,同时也帮助了自己。”

165. 大仲马的故事

一个穷困潦倒的青年,流浪到巴黎,希望父亲的朋友能帮自己找份工作。

“精通数学吗?”父亲的朋友问他。

青年羞涩地摇摇头。

“历史、地理怎么样?”青年还是不好意思地摇头。“那法律呢?”青年窘迫地垂下头。“会计呢? 怎么样?”

父亲的朋友接连发问,青年都只能以摇头、无声地告诉对方——自己一无所长,连一丁点儿优点也找不出来。

“那你先把自己的地址写下来吧,你是我老朋友的孩子,我总得帮你找一份差事做呀。”

青年羞愧地写下了自己的住址,急忙转身要走,离开这个令自己深感耻辱之地,可是却被父亲的朋友一把拉住手臂:“年轻人,你的名字写得很漂亮嘛,这就是你的优点啊,你不该只满足找一份糊口的工作。”

把名字写好也算一个优点,青年人在老人眼里看到了肯定的答案。哦,我能把名字写得让人称赞,那我就能把字写漂亮;能把字写漂亮,我就能把文章写的好看、引人入胜……受到初步肯定和鼓励的青年,把自己的优点置于放大镜下,想着想着,兴奋的脚步轻松起来。

数年后,这个原来沮丧失望的青年果然写出享誉世界的经典作品——他就是家喻户晓的法国18世纪著名作家大仲马。

品读:世界著名作家大仲马,在他成才的道路上,还有上面这一段小小的插曲,您读后一定会引起深深的思考,让我们从中得到有益的启发。中小学生,不管他们是多么的“后进”,也一定会有类似“能把名字写好”的不起眼的优点。但由于他们自卑等原因,常常被忽略,更不要说一点一滴放大它。关键是我们教育工作者是否应该学习大仲马父亲的朋友,有足够的耐心,并善于发现学生的优点,善于激励他们的上进心。在我们看来平淡无奇的学生,其生命中都蕴藏着一座丰富的金矿,只要肯于开发它,就能挖掘出令人惊讶的宝藏。

166. 从洗马桶到邮政大臣

37岁就当上了日本邮政大臣的野田圣子以前曾是个“洗马桶”者。当她第一次触及马桶时就恶心得想呕吐。于是上班不到一个月,她就开始讨厌这份工作了。

有一天,一名与圣子一起工作的前辈主动来教圣子洗马桶。她什么话也没说,就动起手来,等把马桶刷洗干净了,便从马桶里盛了满满一杯水,当着圣子的面一饮而尽。他这是告诉圣子:经他洗过的马桶,不仅外表上看起来光洁如新,而且里面的水也干净得可以喝。同时,还送给她一个含蓄的、富有深意的微笑,送给她一束关注的、鼓励的目光。

野田圣子的脸红了。心想一个抱着像自己这样工作态度的人,根本没有资格在社会上担负任何责任。于是她告诉自己,就算要洗一辈子的厕所,也要在这一行做个出色的人。终有一天,野田圣子也可以当着别人的面,用杯子盛起自己洗过的马桶里的水,毫不皱眉头地喝下去。正因为能用这样的态度对待工作,心怀大志的野田圣子终于年纪轻轻就取得了令人瞩目的成就。

品读:这个故事让我久久难忘,感慨万分。

野田圣子的成功告诉我们:一个年轻人,应该有理想、有抱负。不管从事什么样的职业,不管你是否喜欢这个职业,总得恪尽职守。唯有以高度的热情和责任心对待自己的本职工作,才能在平凡的岗位上取得成功,才能承担社会所赋予你的重任。

然而,在我们敬佩野田圣子的同时,是否更应该深深感激那位教她"洗马桶"的默默无闻的"前辈"? 没有这位前辈的以身示范,也就没有圣子的今天。前辈没有滔滔不绝的教训,而只有用自己的手、自己的心来教诲年轻的晚辈,直到马桶里面的水干净得盛起来能喝,这便是以无声胜有声。正是因为这看似平淡而又超乎寻常的身教和鼓励的目光,才深深震撼了野田圣子并彻底改变了她的一生。我想,在我们的教育教学中,需要的不正是这种执著认真、耐心细致的敬业精神吗? 我们往往不耐烦于对学生的循循善诱,总显得心浮气躁;我们往往过多地注重于对学生的训诫,而很少身体力行、率先垂范。不要忘记,我们的一举一动都将激起学生心灵的涟漪。教师只有本着一心一意、以身作则的态度,用自己的心来教育学生,用自己的人格魅力来感染学生,才能让学生的一生都受益匪浅。

167. 让学生都有精彩的人生

有一个推销员在纽约街头推销气球,生意稍差时,他就会放出一个气球。当气球在空中漂浮时,就有一群新顾客聚拢过来,这时他的生意又会好一阵子。他每次放的气球都变换颜色,起初是白的,然后是红的,接着是黄的。过了一会儿,一个黑人小男孩拉了一下他的衣袖,望着他,并问了一个有趣的问题:"先生,如果你放的是黑色气球,会不会上升?"气球推销员看了一下这个小孩,就以一种同情、智慧和理解的口吻说:"孩子,那是气球内所装的东西使他们上升的。"这个孩子碰到的是一位愿给他的人生指引方向的推销员。他说:"气球内所装的东西使它们上升,同样我们人的内在东西使我们进步,关键在于你自己,你有权决定你的命运!"在以后的人生中,黑人小孩不再因为自己的肤色而感到自卑,他努力提升自己内在的素质，骄傲自信地生活在一个白人文化占绝对优势的社会里。我们试想一下，如果推销员对小孩说没有黑色的气球，或使用物理、化学的知识解释气球上升的原因，对黑人小孩的人生又会有什么样的影响呢？

品读：从这个故事联想到我们的教育者，要引导学生，给学生指出人生的方向这是对传统教育的补充与发展，这样会使学生能成为更好的人，并且具有更精彩的人生。但是，回顾我们的教育，最为欠缺的就是这一点。我们的教育让学生与老师都感到疲惫与乏味。我们的学生小小年纪便要面对繁重的课业负担，背负沉重的心理压力。学校、老师、家长强调知识的灌输，注重记忆力的比拼，看中分数的高低与成绩的排名，所以任何一个孩子一旦步入学校，就意味着进入了一场残酷的角逐当中。经过十几年的磨炼，那些脱颖而出的幸运儿可能会有美好的人生，但这十几年的题海遨游给更多的学生带来的是什么呢？学业的失败使他们不能走向更高的社会阶层，而身无一技之长又让他们的生存就业屡屡受挫，更可怕的是自信心的消亡，勇气的丧失，这是一个人、乃至一个国家最大的悲哀。每一位教育工作者都应该思考，把少数人培养成为所谓的精英，而忽略大多数人的发展就是我们教育的目的吗？为什么不能让每一个生命都有不同的精彩呢？作为教师最重要的是要懂得引导学生，既要鼓励、启发、尊重与关怀学生，又要让每一个学生都体会到学习的快乐、学校的温暖，都能活出自信、活出精彩，能为自己的前程、生活设计最合适的道路，在这里，不同的学生有不同的精彩。无疑这位推销员的做法是我们应当借鉴的。因为，引导能带来双赢的结果，为更多的学生带来精彩，也给教师自己带来更多的快乐。作为教师，又何乐而不为呢？

168. 心灵的触动

这也是发生在美国的真实故事。

一天，几个白人孩子正在公园里玩。这时，一个卖氢气球的老人推着货车来到公园，白人孩子一窝蜂地跑了过去，每人买了一个，兴高采烈地追逐着放飞到天空中的五颜六色的氢气球。在公园的一个角落里坐着一个黑人孩子，他羡慕地看着白人孩子在自由自在地尽情玩耍、嬉笑，他不敢过去和他们一起玩，因为自卑。

当白人孩子的身影消失后，他才怯怯地走到老人的货车旁，用略带恳求的语气问道:“您能卖给我一个气球吗?”老人用慈祥的目光打量着他,温和地说:“当然可以,你要什么颜色的?”孩子鼓起勇气回答说:“我要一个黑色的。”脸上写满沧桑的老人惊诧地看了看孩子,随即给了他一个黑色的氢气球。孩子开心地拿着氢气球,小手往上一送,黑气球在微风中冉冉升起,在蓝天白云的映衬下形成一道别样的风景。老人一边眯着眼睛看着气球上升,一边用手轻柔地拍了拍孩子的头说:“记住,气球能不能升起,不是因为它的颜色、形状,而是因为气球内充满氢气。一个人的成败也不是因为种族、出身,关键是他的心中有没有信心。”老人的话对孩子的心灵触动很大。老人的鼓励,使他懂得了只要充满自信,就一定能够成功。这个黑人孩子受到了激励,终于成了当今美国最著名的心理医生。他就是基恩博士。

品读:从故事中这位坐在公园“角落的黑人男孩”,在放飞气球后的白人孩子的身影消失后,才走到卖气球老人的货车旁,怯怯地用略带恳求的语气问道:“您能卖给我一个气球吗?”卖气球的老人不一定懂得教育学和心理学,但老人却明察秋毫,看透了黑人孩子内心的自卑,于是,不仅肯定地回答了他的问题,而且“轻柔地拍了拍孩子的头”,耐心地激励道:“气球能不能升起,不是因为它的颜色,而是气球里充满氢气;一个人能不能成才也不是因为的种族、出身,关键是他有没有‘自信’。”正是由于老人的激励,使得这个黑人孩子终于走上成功之路。我们班主任常常会遇到自卑的学生,也一定会从故事中受到启示……

169. 脚比路远

古老的阿拉比国坐落在大漠深处,多年的风沙肆虐,使城堡变得满目疮痍,国王对四个王子说,他打算将国都迁往据说美丽而富饶的卡伦。

卡伦距这里很远很远,要翻过许多崇山峻岭,要穿过草地、沼泽,还要涉过很多的江河,但究竟有多远,没有人知道。

于是,国王决定让四个儿子分头前往探路。

大王子乘车走了七天,翻过三座大山,来到一望无际的草地边。一问当地人,得知过了草地,还要过沼泽,还要过大河、雪山……便调转马头往回走。

二王子策马穿过了一片沼泽后,被那条宽阔的大河挡了回来。

三王子漂过了两条大河,却被又一片辽远的大漠吓退返回。

一个月后,三个王子陆陆续续回到了国王那里,将各自沿途所见报告给国王,并都再三强调,他们在路上问过很多人,都告诉他们去卡伦的路很远很远。

又过了五天,小王子风尘仆仆地回来了,兴奋地报告父亲——到卡伦只需要18天的路程。

国王满意地笑了:“孩子,你说得很对,其实我早就去过卡伦。”

几个王子不解地望着国王:“那为什么还要派我们去探路?”

国王一脸郑重道:“那是因为我只想告诉你们四个字——脚比路远。”

品读:从教育的角度看,这位国王也堪称卓越的教育家。他在教育儿子时,没有更多的说教,而是指导孩子们去实践体验,对其中三个儿子惧怕困难,无果而返也没有尖刻的训斥,而是用欣喜的笑容和朴实的话语对小儿子的成功表示肯定和赞许,并告诉他们我早就去过了。当四个儿子不解地追问“您既然去过卡伦”“为什么还派我们去探路呢?”老国王说出了他的宗旨:“我只想告诉你们四个字——脚比路远。”

是的,“脚比路远”,远方无论多远,只怕没有追寻的双足抵达。人生亦是如此,我们不怕目标的高远,只怕没有追寻的勇气、热情、执著……只要心头时时燃烧着坚定的信念,一往无前地进行下去,就会惊讶地发现——很多所谓的远方,其实真的并不遥远。“脚比路远”,多么具有哲理啊!我想国王的四个儿子听了这话一定会刻骨铭心,永志不忘。

170. 点燃希望

美国的姜·米歇果是一个10岁的小孩。一天,他到儿童图书馆去借书。当白发苍苍的老图书管理员正为她加盖印戳时,小女孩渴望地看着柜台上的新书,惊叹着写书这件事多么伟大,于是,她看着老图书管理员说:“等我长大了,我要当作家,我要写书。”图书管理员并没有向其他大人一样叫小女孩谦虚点,而是鼓励她:“如果你真的写了书,把它带到我的图书馆来,我会展示它,把它放在柜台上。”10岁的小女孩自信地说:“我一定能做到。”

30年过去了,经过许多挫折和失败,姜·米歇果的书终于出版了。但,那位特别的图书管理员却去世了。姜·米歇果给馆长写了一封信,告诉她10岁那年发生的事,对她的人生意义有多么重大,希望能允许她带两本书给图书馆,以此表示对那位鼓励她的管理员老师的怀念和尊敬。图书馆热情地欢迎她,她的书摆放在图书馆的柜台上,还附上了解说。姜·米歇果激动地泪流满面。

品读:老图书管理员的一句话,如同一把火点燃了小女孩心中的希望,激励了她孜孜以求的一生。无独有偶,有位老师发现一位学生上课时,时常低着头画什么。有一天他看见那位学生好像又在画,他边朗读课文边走到这个学生面前,拿起学生的画,发现画中的人物正是龇牙咧嘴的自己。老师没有发火,只是憨憨地笑着,要学生课后再做些加工,画得更神似一点。奇怪的是,自此那位学生上课再没有画画,各门功课都学得不错,而且后来成了颇有造诣的漫画家。那位老师并没有因为学生的恶作剧而大动肝火,加以指责、训斥,甚至变相体罚,使其情绪低沉、一蹶不振,而是从中发现了学生的美术天赋,并加以鼓励、引导,用自己的宽容、智慧和无私的爱心,点亮学生的心灯,使其辨明方向、认清目标,奔向希望的未来。

171. 眼睛变亮的人

有两位住在乡下的陶瓷艺人,听说城里人喜欢用陶罐,便决定将自己烧制的最好的陶罐卖到城里。他们雇了一艘轮船,准备将所有的陶罐都运到城里去。没想到,轮船中途遇到了强烈风暴,等风暴过后,轮船靠岸,陶罐全部摔成碎片了。

这两个陶瓷艺人在捶胸顿足之后又想:“失去了那些陶罐,本来就够不幸的了,现在如果我们还因此而不快乐,岂不是更加不幸?”于是,他们振作起来,趁机去城里好好地玩几天。在玩的时候,他们意外地发现,城里人用来装饰墙面的东西很像他们烧制陶罐的材料,于是,他们索性将那些陶罐的碎片全部砸碎,做成马赛克出售给建筑工地,结果大赚了一笔。试想,如果这两个陶瓷艺人一味沉湎于失败的沮丧中,又怎么可能发现并抓住新的机遇呢?

无独有偶,保罗·迪克刚刚从祖父那里继承了一座美丽的“森林庄园”,然而,一夜之间,庄园因为一场雷电引发的山火被烧毁了。年轻的小伙子经不住打击,闭门不出,茶饭不思。一个多月过去了,年已古稀的外祖母意味深长地对保罗说:“孩子,庄园成了废墟并不可怕,可怕的是你的眼睛失去了光泽,一天天老去。一双老去的眼睛,怎么能看得见希望……”在外祖母的说服下,保罗走出了大门。在一条街道的拐弯处,有一家店铺的门前人头攒动,他下意识地走了过去,原来是一些家庭主妇排队购买木炭。那一块块躺在纸箱里的木炭让保罗眼睛一亮。在接下来的两个星期里,他雇用了几名烧炭工,将庄园里烧焦的树木加工成优质的木炭,分装成箱,送到集市上的木炭经销店,得到一笔不菲的收入。他用这笔钱购买了大批的新树苗。几年以后,"森林庄园"再度绿意盎然。

品读:陶瓷艺人和保罗的故事启示我们,很多时候,机遇就像一个调皮的孩子,在人生之路的某个岔道口与我们玩着捉迷藏的游戏。只有心态良好、眼睛发亮的人才能发现并抓住它。这是因为,一个人只有在心态良好、眼睛发亮时,才能看到未来,看到光明,才能把挫折变成向上的动力,把失败化为成长阶梯。

眼睛亮出的是智慧的光芒。我们教师要把这样的故事适时地讲给学生听,特别是讲给那些暂时遇到困难和挫折的学生,定会使他们以积极的心态对待挫折、战胜挫折。作为教师应在感慨保罗外祖母的教育智慧的同时,更应该向她学习。

172. 轮椅上的男孩

有一个小男孩,因为生下来腿有些残疾,每天都坐在轮椅上。男孩对自己不能走路,感到悲哀。一天,他痛苦地问他的妈妈:"我不能走路,是上帝不爱我吗?"

孩子的妈妈,微笑着告诉他:"当然不是,我的孩子。我们每个人都是上帝眼中的一只苹果,有的特别饱满和新鲜,所以上帝就忍不住咬了一口。你就是那只有点残缺,却是特别受到喜爱的苹果啊。"听了妈妈的话,男孩笑了。从那以后,他不再悲伤,不再埋怨。因为有爱,他不再觉得痛苦,他愉快地度过了他的少年。

长大以后的男孩,终于明白了母亲当年的良苦用心,更加发奋努力。他对生活充满了感恩。如果不是母亲当年的鼓励,他也许会一直处于那种痛苦的漩涡中。后来,小男孩成长为一名残疾运动员,开心地面对生活。

另一个孩子,曾经为自己出生在一个偏远的乡村而自卑,因为没有漂亮的玩具,也没有漂亮的衣服,看到那些有钱人家的孩子,总觉得无地自容。

后来,母亲告诉他,一个人的出身并不重要,那是上天要让你经历的磨难,你要为此争口气,表明你并不比那些孩子差。

他明白了,必须比别人付出更多,才会得到我想要的。于是,他挑灯夜读,沉浸在学习的快乐中。后来,他成为那个村子里第一个考上大学的人。终于可以扬眉吐气了。

可是,当在繁华的都市里求学时,仍然要面对那些比他富裕而帅气的同学,但是这时他已经不再自卑,因为他已经学会了从容和面对。同时,他也感觉到了同学们热情的鼓励,并没有因为他来自乡下而轻视他。

品读:这两个故事中母亲都是深爱自己孩子的伟大的母亲,而对孩子的自卑,她们的教育智慧(巧妙的启发和激励)使孩子振作起来,成为生活中的强者,佼佼者。

173. 金币

那年,母亲得癌症去世了,母亲死后,父亲一下子老了许多,本来一头乌黑的头发几乎在一夜之间就变得花白了。

由于贫穷,由于没有母亲,我们姐弟四个常常衣衫不整。因此我们被同学耻笑,被老师看不起。那种精神上的伤害,更让我们幼小的心灵难以承受。

父亲觉察到了我们的自卑。有一天晚饭后,他把我们叫到房间里,说是要告诉我们一个秘密。只见他小心翼翼地从柜子深处取出一个精致的小匣子,打开盖子,里面有一个红布包。父亲哆嗦着双手把红布包捧出,然后一层层地打开。打开最后一层,我们看到了几块金光灿灿的小圆片。“这是什么?”我们不禁好奇地问。“孩子们,你们不知道吧,这是我们家的祖传宝贝——十块金币啊!”“啊!金币?”我们惊叫起来。“是啊,”父亲说,“这是你们的爷爷传下来的。”“那我们卖掉一块,不就有钱了?”弟弟说。“不行啊,这是祖传之宝,是要传下去的。当年闹大饥荒,家里人都快饿死了,你爷爷还顽强地保存着它们呢。我们现在虽然穷点,但远远还没有到饿肚皮的时候,我们有什么理由卖掉它们呢?”父亲说得对。我们决定要坚持下去,要把我们的祖传宝贝传下去。

从此之后,我们姐弟四个的腰板一下子挺了起来,就凭着这十块金币的底气,我们和父亲一起战胜了贫穷,战胜了自卑。几年后,我们姐弟四个相继考上了大学。又几年,我们大学毕业并都找到了工作。

去年元旦,我们相约回到了老家看望父亲。父亲看到我们四个都有出息,高兴地喝了一斤黄酒。醉醺醺的父亲对我们说,他要告诉我们一个秘密。

父亲捧出那匣子,打开红布包,取出那十块金币:“其实呀,这根本就不是什么金币,而是十块不值钱的铜板……当年我欺骗了你们……”

“铜板?”我们几个面面相觑。

但我们马上明白了父亲的用意。父亲啊,勤劳而智慧的父亲,如果没有您当年的“欺骗”,哪会有我们今天的成功!我们每人拿着两块铜板,激动地对父亲说:“爸爸,这就是‘金币’,这就是我们的祖传之宝,我们一定要把它们传下去。”

品读:读了这个故事,真的让我们好感动,我们更钦佩这位父亲教育子女的方法。在困难的时候,在孩子产生自卑的时候,他向孩子们展示了“十块金币的传家宝”,使孩子们有了“底气”,而且当小儿子提出“卖掉一块不就有钱了吗”的时候,父亲说:“不行啊,这是祖传之宝,是要传下去的。当年闹大饥荒,家里人都几乎饿死了,你爷爷还顽强地保存它们呢……”就这样使孩子们懂得了要像爷爷那样挺直腰板,战胜贫穷和自卑。

174. 渔夫与珍珠

有位渔夫出海捕鱼,从海里捞到一颗大珍珠。这颗大珍珠,晶莹圆润,渔夫爱不释手。美中不足的是,珍珠上面有一个小黑点。夫妇相信,如果能将小黑点去掉,珍珠完美无瑕,就会成为无价之宝。于是,他就耐心地剥剔着黑点。可是去掉一层,黑点仍然存在;再去一层……就这样终于去掉了黑点,不过,令人惋惜的是,这颗硕大的珍珠已不复存在了。

品读:在学校里,学生就是一颗硕大的珍珠,然而,他们都或多或少存在这样或那样的“黑点”,会不时犯这样、那样的错误。恰如俗语所说“金无足赤,人无完人”。可是,有些教师对学生的能力和水平、思想和品德往往期望过高,甚至期望成为一颗洁白无瑕的珍珠(像渔夫一样)。因此,就像医生老是盯着患者的毛病一样,用过高求全的眼光衡量学生,结果却发现学生许多缺点和毛病。如此则会把好学生看成一般的学生,把一般的学生看成后进生,这就是一种“求全效应”。其结果是我们不愿看到的,那就是渔夫手中珍珠的命运。

“金无足赤,人无完人”,何况学生。他们难免有这样那样的缺点,就像珍珠上的“黑点”一样，正是学生进步中的必然历程。

学生的人生是一幅个性色彩鲜明的生命画卷，有许多值得老师欣赏的东西，真正缺少的是老师欣赏的目光。可是我们一些老师的一个通病就是要求学生没有缺点，这也恰恰是这些老师的最大缺点。

175. 海鸥的启示

有个孩子，对一个问题一直想不通：为什么他的同桌想考第一，一下子就考了第一，而他总想考第一，却才考了全班第21名呢？回家后他问妈妈：“妈妈，我是不是比别人笨。我觉得我与我的同桌一样听老师的话，一样认真地做作业，可为什么我总比他落后？”妈妈心里一震，但没有立即回答自己的孩子。又是一次考试，孩子考了第17名，而他的同桌依然是第一名。回到家里儿子又问妈妈同样的问题。这一次，妈妈真想说：人的智力确实有三六九等，考第一的人脑子就是比一般人灵。但她清楚，如果说了，孩子也许就从此认为自己是个愚笨的人，任何努力都会是无效的，其后果会不堪设想。于是，妈妈只是用充满希望的目光望着孩子，并表示等小学毕业了，她一定回答儿子的问题。时光如梭，儿子小学毕业了，考试成绩虽然没赶上他的同桌，但一直在提高，母亲为此兴高采烈地带儿子去看了一次大海。那天母子俩坐在沙滩上，母亲指着前面对儿子说：你看那些在海边争食的鸟儿，当海浪打过来的时候，小灰雀总能迅速地飞开，它们只需拍两三下翅膀就升入了天空，而海鸥却总显得非常笨拙，它们从沙滩上飞入天空总要很长时间，然而，真正能飞越大海横过大洋的可还是那些海鸥呀！儿子听了妈妈的话，深深地点了几下头。后来儿子以优异的成绩考入了清华大学。

品读：读了这个故事，我被震撼了，字里行间透露出这位伟大母亲的耐心等待和育子智慧，是我们教师所不及的。在孩子再三追问时，真想说，人的智力是有差别的，总考第一的人脑子就是比一般人灵，可是她看到孩子一直在努力，成绩也在提高，她没有说，在儿子小学毕业时，她把孩子带到海边，语重心长地对儿子说的那番话，真的是意味无穷，比喻恰切，喻理深刻，既是期盼更是激励，终于使这个不太聪明的孩子以优异的成绩考入了清华大学。

176. 向往

在作家小的时候母亲就渴望他能成为一个大人物。尽管在以后的成长岁月中他屡遭失败,但妈妈总是相信他总有一天会实现梦想的。

当他进入学校读书的时候,数学经常不及格,老师的责骂对他来说成了家常便饭。“你的老师不了解你。”妈妈坚决地说,“将来有一天他们会后悔的。你的名字将要用金字刻在他们那个学校的墙上,这一天会到来的。明天我就会去学校,把这些话告诉他们。我还要给他们读读你最近写的几首诗。你将来会成为达农佐尔,成为维克多·雨果。他们根本不了解你。”

这些话极大地伤害了少年的自信心,也就从那天起,梦想在脑海中越发清晰了——他要成为伟大的作家。

此后,每当他在文学方面有所进步,妈妈都要称赞一番。妈妈还让他把他写的诗歌拿给邻居们看,把他写得有趣的故事念给大家听。在妈妈的激励下,孩子对实现梦想更加充满了信心。后来他果然写出了一部小说——《老人与海》,他就是海明威。

品读:海明威曾说:“人的自信不是生来就有的,人们都畏惧黑暗,但是有母亲的时候,就有了向往……母亲帮助我树起了梦想,我开始相信自己……”是啊,他的成长就是他有一位不放弃、懂激励的伟大母亲。我们做班主任的难道不该从中悟出些什么吗!

177. 我很重要

日本一家濒临倒闭的食品公司为了缩减开支,决定裁员三分之一,有三种人是裁员对象:清洁工、司机、无技术的仓库管理人员。经理找他们谈话,说明裁员的意图。

清洁工说:“我们很重要。如果没有清洁、有序的工作环境,你们怎么能够全身心地投入工作?”

司机说:“我们很重要。这么多产品没有司机怎么能迅速销往市场?”

仓管员说:“我们很重要。如果没有我们,这些食品岂不要被流浪街头的乞丐偷光!”

经理觉得他们说的话都很有道理,权衡再三决定不裁员。

第二天,员工们看到厂门口悬挂着一块大匾,上面写着“我很重要”。这句话调动了全体员工的积极性,几年后该公司成为有名的大公司。

品读:在这个世界里,我们每个人都很平凡,如海边的一粒沙,像田野里的一棵草。但是,没有沙的海岸线不会有引人遐想的魅力,没有小草的田野也不会给踏青者绿色和生命的心灵洗礼。

所以,对于看海的人,沙是重要的;对于踏青的人,小草是重要的。

同学们,那我们自己呢?我们重要吗?请用心想一想:

对于父母,我们是独一无二的宝贝,无论父母有多少孩子,我们都是独特且不可重复的唯一;

对于老师,我们是他们欣慰的学生,我们的努力和勤奋,我们的一点一滴进步,都是他们谆谆教诲的成果;

对于社会,我们是未来和希望,我们将为国家和民族创造辉煌的明天;

……

看,我们是不是都很重要?

现在,请每一位同学大声对自己说:“我很重要!”

让我们时时刻刻都牢牢记住:“我很重要!”

178. 变罚为奖

美国有个著名的植物园,里面种满了各种珍奇名贵的花卉,每天都有大批游客前来观赏,但时有花卉不翼而飞的事发生,为此,管理人员在植物园门上方竖起了一块告示牌:“凡检举偷窃花卉者奖励200美元。”打这以后,植物园再未出现过丢失花卉的现象。有好奇的游客问管理人员,为何不写成“凡偷窃花卉者罚款200美元?”管理人员若有所思地答道,如果那样写的话,只能靠我们有限的几个人去看管,而这样,就可能充分调动游客,使几百几千甚至更多的人参与我们的管理,而且,还会让动机不纯的人产生一种“四处都有目光”的惧怕心理。变罚为奖,变管住人人的被动局面为人人参与管理的主动局面。

品读:这着实让人拍案叫绝。事实上,这只是源于管理人员转换了思维角度,巧妙地改动了一下管理的支点。

对于学生的行为规范管理,很多老师采取的是扣分制,即违反了哪一条扣几分。其实采用加分制更好,做到了哪几条加几分。最后不是看谁扣分多,而是看谁加分多。靠堵永远解决不了问题,奖励虽然不能杜绝所有的不良现象,但是作为一种引导,它在很大程度上能减少不良行为。

变罚为奖,老师们不妨都来试试看。

179. 鸭子只有一条腿

某王爷手下有个著名的厨师,他的拿手好菜是烤鸭,深受王府里的人喜爱,王爷也喜爱,却不知道赏识,也从来没有给予厨师任何奖励,使得厨师整天闷闷不乐。

有一天,王爷有客从远方来,在家设宴招待贵宾,点了数道菜,其中一道是王爷最喜爱吃的烤鸭。厨师奉命行事,然而,当王爷挟了一条鸭腿给客人时,却找不到另一条鸭腿,他便问身后的厨师说:"另一条腿到哪里去了?"

厨师说:"禀王爷,我们府里养的鸭子都只有一条腿!"王爷感到诧异,但碍于客人在场,不便问个究竟。

饭后,王爷便跟着厨师到鸭笼去查个究竟。时值夜晚,鸭子正在睡觉。每只鸭子都只露出一条腿。

厨师指着鸭子说:"王爷你看,我们府里的鸭子不全都是只有一条腿吗?"

王爷听后,便大声拍掌,吵醒了鸭子,鸭子当场被惊醒,都站了起来。

王爷说:"鸭子不全是两条腿吗?"

厨师说:"对!对!不过,只有鼓掌拍手,才会有两条腿呀!"

品读:这个故事很有讽刺意味,鸭子只有一条腿是由于王爷不去奖赏下属造成的。故事对我们的启发是:要使学生始终处于学习的最佳状态,有效的方法之一,就是表扬和激励,没有比受到教师批评更能打击学生的学习积极性的了。尤其在学生学习情绪低落时,适当的激励奖赏是非常重要的。身为教师,要经常在班级里表扬表现好或获得佳绩的学生,以资鼓励,激励他们继续努力。

180. 数字的奥秘

英国某空调公司生产一直处于低迷状态。一天,总经理查尔斯·史考勃走进工厂,问一位工人说:“请问,你们这一班今天制造了几部空调?”“6部。”工人答道。总经理没再说话,只是拿了一支粉笔在地板上写下一个大大的阿拉伯数字:“6”,然后转身离开了车间。夜班工人接班时,看到了那个“6”字,明白了老总的用意,交班时就把地板上的“6”字改写成了“7”字。日班工人接班时当然看到了那个很大的“7”字,于是他们决定要给夜班工人颜色看看,发愤抓紧干活,他们下班,又把地板上的“7”字改成了颇具示威性的特大的“10”字。不久,空调公司顿现生机,重振雄风。

品读:读完这个故事,我感到这个公司之所以能重振雄风,其奥秘在于总经理善于激发工人们的竞争意识和积极性、创造性,使他们主动工作,乐于竞争。正如德国资深管理顾问雷·博兰罕姆所说:“乐趣,也能提高生产力。”同样,在我们的教育教学中,学生的成长同样需要激励。秋瑾说:“水激石则鸣,人激志则宏。”美国心理学家威廉·詹姆士研究发现,一个没有受激励的人,仅能发挥其能力的20%~30%,而当他受到激励时,其能力可以发挥至80%~90%。可是,在现实工作中,很多教师坚信“严管”的力量,认为“严师出高徒”,其实,“教师教学的艺术在于激励、唤醒和鼓舞”。

181. 态度决定一切

有这样一则寓言,说的是:一个青年来到绿洲,碰到一位老先生,年轻人问:“这里如何?”老人家反问:“你的家乡如何?”年轻人答:“糟透了!我很讨厌。”老人家接着说:“那你快走,这里同你家乡一样糟。”后来,又来了一个年轻人,问同样的问题,老人家也同样反问,年轻人回答说:“我的家乡很好,我很想念家乡的人、花、事物……”老人家便说:“这里也是同样的好。”旁听者觉得诧异,问老人家为何前后说法不一致。老者说:“当你以欣赏的态度去看一件事,你便会看到许多优点;相反,以批评的态度去看,你便会看到无数缺点。”

品读:读了这则寓言使我想起了一句话:“天堂和地狱的大门,钥匙就捏在你自己手中。把学生当做天使,学校就是教师的天堂;把学生当做魔鬼,学校就是教师的地狱。”可见,“态度决定一切”。地狱还是天堂,就看教师的心放在什么地方,教师自身的态度才是钥匙。把学生看得一无是处的教师必定苦不堪言。要想走进教育的“天堂”,就必须改变教育观、学生观,练就一双发现美的慧眼,看到每一个学生的优点和长处,努力激发每一个学生的潜能。如果每位教师都能够让平凡的教室里充满赏识的阳光,让每个学生都在赞许的雨露中绽放笑脸,那么我们又何尝不是生活在教育的“天堂”里呢?

182. 青蛙的故事

从前,有一群青蛙组织了一场攀爬比赛。比赛的终点是一个非常高的铁塔的塔顶。一大群青蛙围着铁塔看比赛,围观者为他们加油。比赛开始了!老实说,这群青蛙没有谁相信这些小小的青蛙会到达塔顶,它们都在议论,“这太难了!它们肯定到不了塔顶!它们绝不可能成功的,塔太高了!”听到这些,一只接一只青蛙开始泄气了,除了那几只情绪高涨的青蛙还在往上爬。这群青蛙继续喊着说:“这太难了,没有谁能爬上顶的!”越来越多的青蛙累坏了,退出了比赛,唯有一只青蛙却还在越爬越高,一点没有放弃的意思。最后,其他的青蛙都退出了比赛,除了那只青蛙,它费了很大劲,终于成为唯一一只到达塔顶的胜利者。很自然,其他的青蛙都想知道“胜利者”是怎么成功的?有一只青蛙还跑上去问那位“胜利者”,你哪来那么大的力气跑完全程?结果发现这只青蛙是个聋子。

品读:这个故事的寓意是:永远不要听信那些习惯于消极悲观看问题的人,因为他们只会粉碎你内心对美好事物的梦想与希望。而且总是要记住,你听到的那些消极的话语都会影响你的行为。所以,我们总是要保持积极、乐观的心态!而且,当有人告诉你,你的梦想不可能成真时,你要学会变成“聋子”,对此充耳不闻!要总是想着:我一定能做到!

183. 老师，给我一个表扬吧！

下课了，我正准备离开教室，一个同学闪到我面前说："老师，给我一个表扬吧！"我一愣，他红着脸跑开了。这是怎么回事呢？原来他是我们班上的小张。数学课上，他不是插嘴就是捣乱。因此，我从没给过他一丝笑容，一句好话，多数采用的都是打压政策。"老师，给我一个表扬吧！"我反复细想，原来他是渴望得到老师课堂上的激励评价。自那以后，"你听课很认真""你会倾听别人发言，自己变的有礼貌了""你发言真积极""你的方法真是太妙了""你的思维真灵活"等激励评价，我都毫不吝啬地用在他的身上。一段时间下来，他还真变了，完全改掉了乱说、乱动的坏毛病。

品读：作为教师不要吝啬您的赞美之词。这个案例说明赞扬比批评更能激发学生的进取心。

184. 小丽需要欣赏

班里新转来一位女生小丽，因为小时候腿骨折落下了残疾，走路十分不方便。同学们对她很是关照，尽可能给她提供方便：她不用值日，不用买饭，上下楼有人搀扶，甚至连大件的衣服也有同学帮忙带回家去洗。这令我十分欣慰。可没想到一个月后，这位女生突然找到我说想转学。难道是我的工作出了疏漏？看出我的疑惑，她憋红了脸说："你们对我太好了，我觉得非常压抑！"

原来是这样。经过仔细考虑，我在班会上给大家讲了这样一个真实的故事：

瓯绣是始于唐代且久负盛名的手工艺品，曾和宁绣、湘绣、苏绣、粤绣、蜀绣齐名。由于工艺复杂、利润低微，20世纪六七十年代以后日趋没落。但在温州一个偏僻的小巷内，却开着一个不大的瓯绣店。店主是一位气质温婉的姑娘，她常常只顾埋头刺绣，疏于招徕客人。但她的绣品却构图精练，纹理分明，针法多变，绣面光亮饱满，动物羽毛轻松活泼，人物、兰竹都绣得精巧传神。许多到过小店的顾客都止步啧啧称奇。更让人惊奇的是，一幅幅精美的艺术品居然不是用手绣出来的，而是用手掌和嘴一针一线绣出来的，因为她没有手指。

一位游客在欣赏和感动之余挑中一幅绣品问:“您这幅作品多少钱?”“600元。”姑娘抬头柔声回答。游客拿了一幅,却递给她1 200元钱。

讲到这儿,我问:“同学们猜一猜,这位姑娘会有什么反应?”

“眼睛里充满泪花,然后说声谢谢!”一个同学回答。

“她可能会把多的钱退回去。”另一个学生说,不少同学也点头赞同。

在学生们安静下来后,我告诉了他们真实的答案。

店主姑娘说:“您这1 200元我收下了,但您要拿两幅。因为我需要的是欣赏,而不仅仅是帮助!”短暂的沉默后,班里响起一阵热烈的掌声。

小丽同学就坐在前排,听了故事后她显得异常激动。我深情地望了望小丽,接着对大家说:“同学们,小丽需要帮助,更需要欣赏,让我们能欣赏到她的自信、她的坚强……”从此,小丽逐渐变得活泼起来。

品读:原来有一种帮助叫欣赏。这位班主任通过讲故事启发了大家也激励了小丽,令人佩服。

卷八

不愤不启，不悱不发

——启发的艺术

《资治通鉴》里记载了唐太宗李世民教子的故事。

“朕自立太子，遇物则诲之。见其饭，则曰：‘汝知稼穑之艰难，则常有斯饭矣。’见其乘马，则曰：‘汝知其劳逸，不竭其力，则常得乘之矣。’见其乘舟，则曰：‘水可以载舟，也可以覆舟，民犹水也，君犹舟也。’见其息于木下，则曰：‘木从绳正，后（君主）从谏则圣。’”

教育是一门爱的艺术，而启发则是教育必不可少的艺术手段，那么，何不用心把爱赋予启发，以智慧让学生感受到成长的幸福呢！

教育是引导学生向上与向善的历程，最需要循循善诱的爱心与耐心。其实教育无非是爱与关怀，而教育的爱需要方法，关怀需要技巧。只有让我们的教育与启发如春风化雨，于无声中渗入学生的心灵深处，才能为学生创造一个快乐的学习氛围。才能通过艺术的处理与智慧的引导，让学生在提高认识的情况下，自己做出合情合理的结论，以收到自我教育的成效。

近年来，常可听到学生对老师，特别是对家长说：“别讲大道理，我不听！”这话当然不对，既是道理，而且是大道理，为什么不可以讲，为什么不听呢？当然要讲，当然也得听。至于为师、为家长者如何讲好、讲得入情入理、深入浅出，使他们乐意听、易接受，这就值得研究了。唐太宗“遇物则诲之”的教子方法，我们大可以借鉴一下。道理是从实际生活中抽象出来的，当反过来用它指导生活时，就应当具体化、形象化、个性化。唐太宗抓住吃饭、骑马、乘船、息于树下等身边琐事，通过形象的比喻引出深刻的道理，形象逼真，生动具体，既融情于行，又寓理于事，深入浅出，便于接受。

“遇物则诲之”是有其鲜明的教育目的的。唐太宗教子完全是为了巩固其统治地位。时代不同,人各有异,我们教育青少年则是为了把他们培养成德智体美全面发展的“四有”人才。因此,在学校里,每开展一项活动,每讲授一个课题,每解决一个问题,以及在家庭、社会的待人接物的细枝末节中,都要围绕素质教育的要求“遇物则诲之”。

“遇物则诲之”注重针对性和启发性。其法是开启学生心锁的钥匙。受教育者厌烦大道理自然不对,但是施教者也有不可推卸的责任。如果施教者时刻考虑他们的年龄特点、个性特征以及所处的社会环境,有针对性地联系实际,“遇物则诲之”,防止硬灌教条、冷脸训人,以平等待人的态度、深入浅出的理喻、灵活多样的形式启发学生自己教育自己,并从动机到方法,从理论到行动,帮助他们树立正确的理想,那他们一定乐意听、听得进,还会把它变为自己的实际行动。

185. 批评应走进学生的心里

班里不少男生对手臂刺青羡慕不已,想模仿,又怕痛,只好用圆珠笔在手背上描画美术字,什么龙、虎、狼啊,相互炫耀。我决心“严”字当头,刹住这股“歪风邪气”。可是,上有政策,下有对策:我课堂上训斥,学生课后涂画;我检查手背,学生“阵地”转移到手腕。我不得不另寻他法:“同学们,你们为什么在手背写字呢?”一个男生说:“老师,我们是想学电视里的黑帮老大,手臂上刺着龙头,挺威风的。”“那个黑帮老大后来怎么样了?”我反问道。“被警察抓进公安局了。”“咱班小明大哥的手腕上刺着梅花,就没事。”又一个学生嘟囔道。“小明大哥正为这事苦恼呢。去年他报名参军,因为有纹身,被刷下来了。多可惜呀!你们不想有个好前程吗?”我正说着,一些男生已经搓起手腕来了。

品读: 学生是有情感、有思想的个体,对事物有着自己的判断力。学生犯错时,如果老师只是一味居高临下批评,学生往往会因反感而把批评当成耳边风。如果老师能够晓之以理、动之以情,批评才会走进学生心里,发挥作用。

186. 目标

一天,著名人力资源培训师鲁柏祥博士应邀从杭州乘飞机去深圳某公司考察,由该公司浙江区总经理小余陪同。飞机着陆之后在跑道上滑行,小余和其他旅客一样,站起来打开行李舱。鲁博士把小余拉回座位,问他:“为什么刚上飞机时大家都很安静,而现在却乱糟糟的呢?”小余一时被问住了。鲁博士说:“其实这里隐藏着一个管理上的大学问。乘客与飞机之间是靠什么联系起来的?”“机票。”“对,机票表示飞机把我们从杭州带到深圳。也就是说,飞机的目标与旅客的目标是一致的。那么现在到达深圳了,机票还有价值吗?”“没有了。”“对,现在旅客的目标与飞机的目标不一致了,所以大家乱哄哄地急着要离开飞机。”

品读: 其实鲁博士提到的现象再普通不过了,然而,正因为普通,人们才容易忽视其中所蕴含的道理。仔细想一想,管理班级与坐飞机道理相同。班级就像一架飞机,学生就像乘客。只有当学生的目标与班级目标一致时,学生才能在班里安心学习。一旦学生的目标与班级目标不一致,整个班级就会失去凝聚力。所以,班主任管理班级需要不断地给学生“联程机票”,让他们乘着班级这架飞机,不断地从一个目的地飞向另一个目的地。这里所说的“机票”就是班级每一阶段的奋斗目标。如果在班级发展过程中能不断地给学生更换“机票”——明确每一阶段的奋斗目标,他们就能始终随着班级的前进方向发展。

187. 里程碑

心理学家曾做过这样一个实验:组织三组人,让他们分别向着10千米以外的三个村子进发。

第一组人既不知道村子的名字,也不知道路程有多远,只告诉他们跟着向导走就行了。刚走出两三千米,就开始有人叫苦;走到一半时,有人几乎愤怒了,他们抱怨为什么要走这么远,何时才能走到头;有人甚至坐在路边不想走了。越往后走,他们的情绪越低落。

第二组人知道村子的名字和路程有多远,但路边没有里程碑,只是凭着经验估计行程的时间和距离。走了一段时间后,有经验的人说:“大概走了一半的路程了。”于是大家继续往前走。当走到全程的四分之三时,大家情绪开始低落,觉得疲惫不堪,而历程似乎还很长。这时有人说:“快到了! 快到了!”大家又振奋起来,加快了行进的步伐。

第三组人不仅知道村子的名字、路程,而且公路旁每一千米就有一块里程碑。人们边走边看里程碑,行程很快乐又不觉疲劳,所以很快就到达了目的地。

品读:心理学家的实验告诉我们这样一个道理:当人们的行动有了明确的目标的时候,才能把自己的行动与目标不断加以对照,进而清楚地知道自己的行进速度与目标之间的距离,人们行动的动机就会得到维持和加强,就会自觉地克服一切困难,努力达到目标。作为班主任就是要引导学生确立发展目标,并引导他们随时了解要达到的目标与目前到达的目标之间的差距,才能产生实现目标的动力。

188. 方苹果的启发

张喜英老师教的二年级，有篇学生作文写着："有个力大无穷的叔叔藏在大山后边，太阳是他玩的火球。每天早晨他把太阳放到空中，晚上收回来。"她给了150分，说：这里有"创意加分"。她认为儿童是天生的浪漫主义的"童话作家"。她拟的口头作文题目不少具有童话色彩，如"书包背我上学"，"假如我有一只大象鼻子"。有一次她带学生到郊外秋游，一位学生回来画苹果树上结的都是方苹果。张老师问："苹果是圆的，你为什么画成方的？"学生答："我妈妈把苹果放在桌上，老是骨碌到地上，我想要是方苹果该多好啊！"张老师鼓励说："你真会动脑筋，老师等你长大了早点培育出真正的方苹果。"

品读：童年是充满幻想的岁月，儿童并不像成年人现实，他们更多地生活在物我一体、精神现实不分的状态。诸如，"我听不懂小金鱼的悄悄话。""牵牛花像个小弟弟，爬在树上。""风很淘气，把水逗乐了。""雪化了变成了春天。"这些都是小学生很有灵气的佳句，老师切不可以不规范而封杀。而应当向张老师那样保护学生的创新精神。

189. 粉刷黑板

老师分配给两个学生相同的任务，学校走廊两侧各有一块相同大小的黑板，做壁报用的。老师给他们一人两包黑板漆料，嘱咐他们用两碗水把漆料稀释均匀后粉刷。"好孩子"听了老师的话，用了两碗凉水稀释后，又用半碗水清洗漆料包，让漆料稀释得更完全，这样，他的漆料桶里有了两碗半漆料溶液。

"坏孩子"却没有完全听老师的话，他用了一碗半的温水，就把两包黑板漆料稀释好了。接下来他们俩就用刷子各自粉刷不同的两块黑板，"好孩子"从黑板的一头仔仔细细地粉刷，不留一点痕迹。"坏孩子"却用刷子粗略地粉刷一遍，然后用剩下的漆料把遗漏的地方补刷，半个小时的时间没用完，"坏孩子"就把活儿干完去玩了。

"好孩子"用了一个小时的时间才刷了一遍，晚饭的铃声响了。"好孩子"的漆料桶里还剩有多半碗漆料，老师事先说好的，这些漆料刷这块黑板是正好的。因此他只好再重新粉刷一次，想办法把剩余的漆料用完。“坏孩子”拿着饭碗去餐厅打饭，路过这里，先看看自己的“杰作”，又走上前看看“好孩子”的漆料桶，“坏孩子”建议把剩余的漆料在花池里挖个坑倒掉，“好孩子”坚持再刷第三遍。

第二天，老师从走廊走过，没有发现什么不同，课堂上同时表扬了这两个学生。二十年后，那个“好孩子”在一所中等专业学校毕业后分到了一家工厂当工人。几年后，效益不好，工厂倒闭，被一私营企业主吞并买断后转产，重新盘活了那家工厂，那老板就是当初的“坏孩子”。

品读：“好孩子”很难理解“坏孩子”的思维模式。“坏孩子”的“坏”无法模仿，“好孩子”的“好”人人都可学。“坏孩子”从不按照正常的逻辑出牌。“好孩子”生活一帆风顺，又可能会造成对苦难与阴暗的察而不觉。“坏孩子”的特征常常是好动好问、好破坏、不守规矩、淘气、不愿聆听说教。

其实，“坏孩子”的“坏”没有什么不好。好动，说明他动手能力强；好问，说明对一些未知事物有着强烈的好奇心和求知欲；好破坏，说明有着冒险精神，不破不立就是这个道理；淘气，说明有活力；不愿意听从别人的说教，说明自己有着独特的见解和思想，这恰恰是高创造力潜能的表现。

这类的例子一点也不鲜见，古有郑板桥、鲁班，今有王朔和韩寒；外有哥伦布、爱迪生，中有鲁迅、高士其等人。他们或冒险或叛逆，或好动或偏科，在孩童时绝对不是“三好学生”，但他们的成功足以说明这个问题。

如果你循规蹈矩，墨守成规，你就会沦为平庸；如果你标新立异，离经叛道，你就可能一举成功。年轻人不“坏”，幸运之神不爱。因为有时候，“坏孩子”更容易出类拔萃。做个“坏孩子”其实挺容易，难的是做个成功的“坏孩子”。因此说，“坏孩子”本身蕴藏着巨大的能量。我们老师特别是班主任要高度关注顽皮学生的创造，为他们创造展示能力的机会。叶圣陶先生曾深刻地指出：“请老师们时刻想到，学生跟种子一个样，有自己的生命力，老师能做到的只是供给他们适当的条件和照料，让他们自己成长。”对于你心目中的顽劣学生也是如此，他们中间有爱迪生、高士其……

190. 唐僧的马与磨坊的驴

太宗贞观年间，长安城西一家磨坊里，有一匹马和一头驴子。它们是好朋友，马在外面拉东西，驴子在屋里拉磨。贞观三年，这匹马被玄奘大师选中，出发经西域前往印度取经。

取经归来，马向驴子讲了它取经的经过：高入云霄的山岭，凌峰的冰雪……这些神话般的境界，使驴子听了大为惊异。驴子惊叹道："你有那么丰富的见闻啊！那么遥远的道路，我连想都不敢想。"马说："其实我们跨过的距离大体是相等的，当我向西域前进的时候，你一步也没停止过。不同的是，我同玄奘大师有一个遥远的目标，按照始终如一的方向前进，所以我们打开了一个广阔的世界。而你被蒙住了眼睛。一生就围着磨盘打转，所以永远也走不出这个狭窄的天地。"

品读：这个故事给我们的启示是：一个杰出的班主任与一般的班主任相比并不是他拥有多么高的天赋，多么好的机遇，而是在于他们之间有无目标的差别。因此，班主任必须根据教育方针的要求，学校教育的总体目标，在这个宏观目标的基础上，在班集体建设的各个环节中，都要有一个明确的、相对科学的、具有先进性的、切实可行的中观和微观目标，而且这些目标的核心都必须考虑到有利于培养学生的创新精神的形成和实践能力的提高。

191. 两个截然相反的故事

1991年11月1日震惊全美的来自爱荷华大学校园的枪声。28岁的中国青年博士卢刚在十分钟内枪杀6人。卢刚的智慧毋庸置疑，可是在现实生活中却成了一名高智商的低能儿！这与他在成长中处处有依靠、独立性差不无关系。在卢刚从少年班到出国留学的路上，处处是呵护、处处有依靠！出国，他是公派，有经济依靠——月月有进账，不需要像自费留学生那样靠自己独立、靠自己尝试、靠自己去洗碗或当保姆来挣学费。卢刚毕业后不想回归报效祖国，形势突变，支票断档，又面临失业，这时的他，首先想到的不是去闯、去"try"，而是选择了失去依靠和支撑后的一条极端的绝路。

同样是在美国名闻天下,曼哈顿的中国女人——周励,初到纽约,一没有经济依靠,二没有亲戚朋友,仅凭兜里揣着的18美元,骑着自行车,奔波在学院与餐馆洗涮间的途中。正是靠着自己的自强独立,周励成功了,她不但拿到了学位,而且成了纽约商界叱咤风云的巾帼名流!

品读:卢刚的悲剧和周励的成功,向我们提出了一个严肃的课题:我们的学识与能力再不能是畸形的了!我们要告诉以跨世纪为荣的学子们,不但要学识渊博,而且关键还要敢"try",能自立!在跨世纪的同时,还要跨越心理上的依附障碍。

的确,在我们中国,关于"靠"的"金玉良言"可谓多矣:在家靠父母,出门靠朋友;背靠大树好乘凉等等。于是年轻时靠父母,成年后找"靠山",正所谓"无时不靠,无处不靠"。一个"靠"字,对一个人来讲究竟意味着什么呢?一个依赖"靠"字的民族又能站立多久、行走多远?市场经济的大潮席卷中国这片古老土地的每个角落,置身于其中的我们在热衷于侃"理想现代化"时,是否想过:也让这股大潮冲击一下我们身上的那个"靠"字?变依靠为独立。不再以对别人的依靠为支撑,从别人的搀扶中走出来,完成一次独立的行走!

须知,人类最有力的支撑是什么?不是金钱,不是权势,更不是靠山。人类最有力的支撑来自于自己,能够完成一次独立的行走!不要因为失去别人的搀扶而胆怯止步,不要因为是第一次独立行走而担心摔倒……哪一个走路的人没有跌过跤呢?16岁栽的跟头就在16岁时站起来;18岁吃的苦水就用18岁的青春吞掉它!只要我们肯摆脱依靠与依附心理,一样可以自立起来!美国女诗人海伦·凯勒说得好:"当一个人感到有一种力量推动他去翱翔时,他是决不应该爬行的。"我们要翱翔,不要再爬行;我们要独立,不再依靠别人!我们要去完成一次独立的行走!

192. 喝盐水的故事

有一位印度大师,身边有一个总是抱怨的弟子。有一天,派弟子去买盐,弟子回来后大师吩咐这个不快乐的弟子把买回来的盐放在一杯水中,并让他喝了一口。大师问:味道如何?弟子咧着嘴说:苦!大师又吩咐弟子把这些盐放进湖泊里,并让弟子再尝尝湖水。弟子就尝了尝。大师又问:现在味道如何?弟子答:很新鲜!“你尝到咸味了吗?”弟子说:没有!这时大师对弟子说:生命中的痛苦就像一把盐不多也不少,我们在生活中遇到的痛苦就这么多。但是,我们体验到所受的痛苦取决于你放在多大的背景中。一个是我们遇到的痛苦,一个是体验到的痛苦,这个取决于你的胸怀。所以,当你处于痛苦时应开阔你的胸怀,不要做一只“杯子”,而要做一个“湖泊”。

品读:这个故事告诉我们教师要善于启发学生做一个有开阔胸怀的人。使学生懂得做人要有一个积极的心态、开阔的心境。同时也让我们教师懂得作为教师,最重要的是应该做一个什么样的人!如果在生活中是一个苟且的人,干什么都心不在焉的人,我想工作也不会兢兢业业、精益求精。假若我们是一个能唤起生活、热爱生活的人,一个学而不厌、富有想象力和创造力的人,不仅会成为一个好的教师,也能胜任许多其他的工作。

193. 什么叫“祖国”?

著名特级教师斯霞老师是这样对一年级学生进行“祖国”一词教学的。

师:“祖国”是什么意思呢?什么叫“祖国”?

生:祖国就是南京。(好多学生笑了,知道祖国不是南京)

师:不要笑,祖国是南京吗?不对!南京是我们祖国的一个城市,像北京、上海一样。大家再想想。什么叫“祖国”?

生:祖国就是一个国家的意思。

师:噢!祖国就是一个国家的意思,对吗?

生:不对。(也有答对的)

师:美国是一个国家,日本也是一个国家,我们能说美国、日本是我们的祖国吗?

生:不能!

师:那么,什么是“祖国”呢?谁再说一说。

生:祖国就是我们自己的国家。

师:讲得对,祖国就是我们自己的国家。我们的爷爷、奶奶、爸爸、妈妈,祖祖辈辈生长的这个国家叫祖国。那么,我们的祖国叫什么名称呢?

生：中华人民共和国。

师：对了，我们的祖国是中华人民共和国。我们大家都热爱我们的祖国。

品读：对于一年级的小同学而言，“祖国”一词很抽象，因而不容易理解。为此，斯霞老师联系学生已有的生活经验，结合具体实例，化抽象为具体，不断排除学生对“祖国”一词的错误认识，最终使学生认识了“祖国”的本质。例如，当有的学生认为“祖国就是南京”时，斯老师举出北京、上海为例，排除了学生的错误认识；当有的学生认为“祖国就是一个国家”时，斯老师又以美国、日本为例，使学生认识到“祖国就是我们自己的国家”。在整个教学过程中，斯老师不断启发学生自己思考，自己理解词义，让学生把握认识事物、得出结论的全过程，而不是将现成的结论告诉学生。这样做，有利于学生准确地理解词义，培养学生认真思考、独立思考的学习品质。在这一教学片断的最后，斯老师又引导学生说出自己祖国的名称，这不仅使学生更深刻而具体地理解了“祖国”一词的含义，也激发了学生的爱国之情，水乳交融般地渗透了思想教育。

194. 磨砖成镜

唐代道一和尚，每日只知晨钟暮鼓，坐禅诵经，以为这样就会修成正果。怀让法师看在眼里，没有说什么，却每日拿着一块青砖在大石头上磨，道一看到问：“法师你在干什么？”法师说：“我要把这块青砖磨成一面宝鉴。”道一笑道：“青砖怎能磨成镜子呢？”怀让说：“是呀，青砖不可成镜，你不求领悟佛法，不想普度众生，每日只知坐禅诵经，又如何悟得大道，修成正果？”道一听后恍然大悟，最终也成了一位得道法师。

品读：一个读死书、死读书的学生，智力潜能是很难得到开发的。这个故事，对于改变班里学生的学习方法，开发学生的智力，具有启发作用。

“学而不思则罔，思而不学则殆”，两千五百多年前，孔子就给我们指出了学习的要诀。学习不仅仅是简单的记忆和背诵，更需要思考、理解、领会和运用，如果只是死记硬背教条式的内容，而不思考其中之义，更不想想该怎么运用这些知识，岂不把自己变成了书橱？智力怎么会得到发展？尽管“书山有路勤为径，学海无涯苦作舟”一类的古训很多，但是，仅有勤与苦不能将所学知识内化为自己的智慧,未必能达到学习的最佳效果,自己的智力也很难得到发展。

195. 郭沫若对“对子”

据说郭沫若小的时候很顽皮,一天,他和几个小朋友溜进附近一座寺庙,偷摘里面的桃子吃。不想第二天和尚告到私塾里,老先生好不恼火!他把学生集中到一块追问是谁偷摘了大桃子?这时,没有一个人招供。按理说,此时,老先生可以揍屁股、打手心,发挥戒尺的作用。可是,老先生没有这样做,却出了这样一句上联:昨日偷桃钻狗洞,不知是谁?并告学生谁对出下联谁可以免受责罚。郭沫若稍做思考后,站起来对曰:“他年攀桂步蟾宫,必定有我!”老先生听后,不禁暗暗叫绝!于是,他免罚了郭沫若和偷桃子的学生。

品读:这位老先生在学生犯错误时,没有动用戒尺,进行体罚,以此来找出偷桃子的学生,而是以对“对子”的方法引导学生承认错误,正是这种方法,郭沫若才勇敢地站出来承认了错误,并巧妙而含蓄地表达了决心改正错误,积极向上的进取精神。与此同时其他同学也受到了教育,并获得了知识。从某种意义上说,这个故事不仅反映了郭沫若才思敏捷,更重要的是说明了这位老先生教育引导犯错误学生认错、改错有方。倘若老先生用体罚的办法,我们大概也就读不到郭沫若“他年攀桂步蟾宫,必定有我!”的佳句了。

由此,我联想到,我们做教师的一定会从中受到有益的启发:处理学生犯错误时,变相体罚绝非有效办法,它不仅侵犯了学生的生命权、人格尊严,而且一定会引发学生的逆反心理和对抗情绪,使师生关系恶化。这位老先生的“寓教于乐”、“能教于学”的方法,的确值得我们效仿。

196. 黑 马

年近百岁的周意盛曾是哈佛大学哲学院毕业的研究生。谈起当年的恩师蔡元培,他不禁泪流满面。

周意盛24岁那年,当他宣布自己要考哈佛大学哲学专业时,他的几个同窗都十分惊讶:“这小子天生就不爱背书啊,他不是立志学机械电子?怎么到头来阴差阳错去学了哲学? 哲学? 这与他当初最不喜欢的政治有什么区别?"

只有周意盛心里明白,这一切要归功于他的老师蔡元培先生。

北大二年级的时候,他的政治老师蔡元培先生是个幽默风趣的笑面好人,把本来单调乏味的政治课调剂得一如他的面容,把枯燥难记的政治题描绘得如同是你周围的生活。蔡元培几乎不批评学生,周意盛也开始喜欢上政治课了。

蔡元培总是喜欢把一些同学比做课本上的政治事件中的人物,或名人,或间谍之类,每每都会引起学生们大笑。可周意盛却一直没成为他故事中的主人公,心中对那些同学不免有些羡慕。

也许是因为运气好的缘故,也许是他真的努力了,在一次政治小测验中,周意盛竟然考了全班第一。总结课上,蔡元培眯着眼睛,用他那经典的笑容看着周意盛,当着全班同学的面,第一次表扬了他——"这个周意盛真不简单,他是匹黑马呀! 我们大家以后得对他刮目相看点,照这么下去,黑马先生周意盛将来的厉害程度不在于我之下呀!"

全班哄堂大笑起来,当然,这种笑是善意的。

周意盛当时相当的激动,心怦怦地跳,脸也涨得通红。

从此,蔡元培开始关注周意盛了,周意盛也偶尔会成为先生故事里的主人公了。当然,周意盛自此获得了一个绰号:"黑马"。

不知怎么,从那次表扬后,周意盛的心里对学好政治产生了从未有过的自信。而每有同学戏称他"黑马"时,他都心里甜甜的,好舒服啊!

结果,北大毕业时,周意盛的政治分数竟然是所有功课中最高的,而之前,他的理想其实是做一个机械学家。

这之后,周意盛留洋,而且竟然选择了哈佛的哲学专业! 这确实是有些出人意料,但究其原因,却是"亲其师,信其道"的必然结果。

品读:古人云:"数子十过,不如奖子一长。"可见赞扬鼓励对一个人成长是多么重要。也许在蔡元培眼里,对周意盛的表扬只是不经意的一个小插曲,或许他早已忘记了他曾表扬过的学生。但他的学生不会忘记,还因此而改变了人生历程的方向。身为教师,你要明确一点,每一个学生心中都有一种潜在的上进心和荣誉感。这种积极的上进心和荣誉感,教师应适时关注、及时满足。现在不是提倡赏识教育吗? 所谓赏识教育就是教师在教育过程中或与孩子交往过程中,对他们的优点及时地进行表扬和鼓励,特别是对于差等生,更应如此。老师的粗暴批评、讽刺挖苦会极大地挫伤学生的信心和斗志,而发自内心的肯定、表扬、鼓励会更好地激发孩子的上进心,焕发他们的学习热情。多表扬,少批评,这是教育的基本原则。但也不能滥用表扬。在适当的场合,对学生进行恰如其分的表扬,能使学生产生积极的情绪体验和愉悦的成就感,从而让学生在真诚的肯定中享受快乐,获得足够的自信,学生也会在自己良好的表现基础上获得发展。

197. 两个苹果

这是一个发生在我国一所小学校的故事。这所小学有一个班级的不少学生不懂什么是美、什么是丑,骂街现象十分严重。刚接班的班主任不是喋喋不休地讲道理,而是开展了一个活动。这位班主任在讲桌上摆了一个鲜艳的、没有一点伤痕的苹果,说:“从今天开始,每当有人骂街说脏话时,就在这苹果上刻一刀。”第一天,苹果上刻了一刀又一刀,第二天,第三天……苹果上伤痕累累。班主任捧着苹果痛心地说:“它原来可是一个鲜艳的没有一点伤痕的苹果啊!可如今被伤害成这个样子。我们每个同学就是一个苹果,一个鲜艳的苹果,我们不应该彼此伤害。”过了一周,老师在讲桌上又放上一个鲜艳的,没有一点伤痕的苹果。第一天过去了,第二天过去了……这个苹果始终鲜艳,没有一点伤痕。同学们开始懂得什么是美、什么是丑了。

品读:这是一个启发学生改正缺点的典型故事。这位老师借用一个苹果打动了学生的心灵。使他们悟出了不文明行为的危害,既形象,又深刻。人的心灵是一个极其宽广、复杂、多变的世界。面对几十个性格各异、不断变化发展的学生,怎样走进他们的心灵世界,找到属于他们的那片沃土,播下适宜他们成长的那粒种子,这是至关重要的。苏霍姆林斯基说:“教育的任务首先是了解孩子,而为了了解孩子,就应该不断地观察、研究。不了解孩子,不深刻注意发生在他们内心深处的复杂活动,我们的教育就是盲目的,因此也就是没有意义的。”他要求每一位教师都要具有深入儿童精神世界的本领,他说:“我十分坚信,确实有那么一些精神品质,一个缺少了它们就不可能成为真正的教育者,而其中首要的便是深入儿童精神世界的本领。只有那些始终不忘自己也曾是一个孩子的人,才能成为真正的教师。”他还告诫说:“别让任何一次心灵振荡不知不觉地从您身边掠过。要成为学生雪中送炭的帮助者,心灵创伤的医治者。”教育是心灵的艺术。

198. 恶作剧

一天,学生和一位教授一起散步。他们在小道上看到了一双旧鞋子,估计这双鞋是属于在附近田间劳作的一个穷人的。学生转向教授说:“让我们拿这个人来个恶作剧吧——把他的鞋藏起来,然后躲到树丛后面,这样就可以等着看他找不到鞋子的困惑表情。”“我年轻的朋友”,教授回答道,“我们决不能把自己的快乐建立在别人的痛苦之上。但是因为你有钱,你或许可以通过那个穷人给自己带来更多的乐趣,在每个鞋子里放上一枚硬币,然后我们躲起来观察他发现这件事后的反应。”

学生照做了,随后他们俩都躲进了旁边的树丛。那个穷人干完了活儿,穿过田间回到了他放衣服和鞋子的小道上。他一边穿衣服,一边把脚伸进了一只鞋里,他感到鞋里有个硬邦邦的东西,弯下腰去摸了一下,竟然发现了一枚硬币。他的脸上看上去充满了惊讶和疑惑的表情。他捧着硬币,翻来覆去地看,随后又望了望四周,没有发现任何人。于是他把钱放进了自己的口袋,继续去穿另一只鞋,他又一次惊喜地发现了另一枚硬币。他激动地仰望着天空,大声地表达了炽热的感激之情,他的话语中谈及了生病和无助的妻子,没有面包吃的孩子,感谢那来自未知处的及时救助,才将他们一家人从死亡中拯救出来。

站在树丛后的学生被深深地感动了,他的眼中充满了泪花。“现在,”教授说,“你是不是还觉得恶作剧更有趣呢?”

年轻人回答说:“我感觉到了以前我从来都不曾懂得的这句话的意味——给予比接受更快乐。谢谢您!”

品读:为了让学生懂得“决不能把自己的快乐建立在别人的痛苦之上”的做人道理,教授不仅制止了学生的“恶作剧”想法,而且告诉学生另一种做法,甚至会给自己带来更多的乐趣,学生照做了,其结果真的使学生感动得热泪盈眶,并感悟到“给予比接受更快乐”。故事结尾一句简短的“谢谢您”的话,道出了教授的教育实效。我们要学习教授引导学生做人的教育艺术。

199. 陶渊明与少年

东晋著名的大诗人陶渊明，他晚年辞官回乡，人们都知道他很有学问，纷纷慕名前去求教，他都热情接待。

在初夏的一天，一位少年来到陶渊明乡间的住所。当他见到仰慕已久的著名诗人陶渊明时，非常激动，毕恭毕敬地说：

“陶老先生，我一直非常敬佩您的学识。今日小辈前来，只为讨取学习的‘秘诀’，以开茅塞。”

陶渊明听罢，哈哈一笑，感到这个少年幼稚无知：学习哪有什么“秘诀”呀！可转念一想，自己作为一个长者，应当耐心引导少年求学才是，可不能轻易伤害他那可贵的求学积极性。于是，他便亲热地拉着那位少年的手，说：

“来，来，小朋友，跟我来。”

他们一老一少，拉着手，一起来到陶渊明亲自耕种的稻田旁边。陶渊明用手指着一棵禾苗，对那位少年说：

“小朋友，你去观察一下，看它是否在长高？”

少年走上前去，蹲在禾苗跟前，睁大眼睛，仔仔细细地观察了许久，直到腰酸腿疼，才站了起来。那位少年回转身来，失望地看着陶渊明，摇了摇头，说没有看到禾苗在长高。

陶渊明问道：

“你说没看见长高。那么请问，这禾苗是春天刚刚栽下的，为何现在变成了一尺多高？”

少年又迷茫地摇了摇头，也觉得莫名奇妙，不解其因。

陶渊明耐心地引导他说：

“小朋友，你听我说，这些禾苗实际上每日每时都在不停地增长，只是我们人觉察不出。但是，只要勤奋学习，持之以恒，就会由不知到知，由知之少到知之多。这就像春天种的禾苗那样，‘不见其增，日有所长’啊。”

少年听后，若有所悟地点了点头。

然后，陶渊明又带着少年走到一块磨刀石前，用手指着问道：

“小朋友，你看到磨刀石上那凹进去的石面了吗？你可曾看到它是哪一天磨出来的？”

“没有看到。”少年摇摇头。

陶渊明说：

“这个磨刀石上的凹面，是农夫们长年累月地在上面磨刀、擦镰，日复一日，年复一年地磨出来的。”

少年又不明白了：陶先生讲这磨刀石的事，又与学习有什么关系呢？

陶渊明看出了少年若有所思，又迷惑不解的神情，便趁机说：

“从这磨刀石上，我们又可以悟出另一个学习的道理：这就是学习不能间断。否则，就如这磨刀之石，‘不见其损，日有所亏’。间断了学习，知识就会不知不觉逐步地忘掉了。”

少年听罢这深入浅出的道理，恍然大悟，再也不去寻求什么学习的“秘诀”了；表示回去以后，要勤学苦练，持之以恒，坚持不懈。

少年拜谢后，请求陶先生给他题词留念。陶渊明欣然同意，提笔一挥而就，写下了下面几句话：

勤学如春起之苗，不见其增，日有所长；

辍学如磨刀之石，不见其损，日有所亏。

品读：陶渊明用身边事物的变化，启发引导少年要勤奋学习永不辍，这种方法深刻而又易懂。我们教师真的应该向陶渊明学习，用贴近生活、贴近实际的例子启发诱导学生提高认识。

200. 走自己的路……

严卫林老师班的班长张亮神情沮丧地说：“老师，我想换一个座位，我不想跟黄芳坐在一起了。”张亮工作认真、乐于助人，是班主任的得力助手。“是不是和黄芳吵架了？”在严老师的再三追问下，他说出了实情：原来黄芳学习努力，但成绩较差，经常向张亮请教，张亮总是无私地、不厌其烦地帮助补课。不料，好事多磨，平地起风波，他的好心引起其他同学的误解，认为张亮讨好黄芳，是两个人在谈恋爱，而且越说越难听。

此时，严老师给张亮讲了下面的故事：一天，祖孙两人骑着骡子去赶集，路人议论说：“两人骑一骡子过于残忍。”于是爷爷下来让孙子骑。走了一会儿，又有路人说：孙子不孝，怎么能让爷爷步行他骑骡子！孙子赶紧下来让爷爷骑上去。

又走了一会儿,又有路人议论说:爷爷心肠太硬,怎么好让孩子自己走路?没办法,两个人都不骑了,牵着骡子走路。这时,又听见路人议论:放着骡子不骑,真是大傻瓜……祖孙俩没有办法了,只好抬着骡子走路,结果路人议论纷纷。你说这祖孙俩该怎么办?

说也奇怪,张亮听了这个故事笑了,他点了点头说:“我懂了”。因为他悟出了“走自己的路,让别人去说吧!”的道理。继续努力工作,帮助别人。

品读:巧用故事能把深奥、刻板的道理说得通俗易懂,能揭示事物本质给人留下永久的回味,能引起学生的思考,自己去解决问题。严老师真的很高明。

201. 面子

初中毕业生小明,没能考进重点高中,父母为此愁得整天唉声叹气,他也觉得自己挺对不住父母,沮丧不安,感到前途渺茫。

一天,在美国留学回来探亲的叔叔知道小明的情况后,问他喜欢干什么,哪方面有特殊的兴趣和基础?小明说,文化课一般,但一些业余的东西学得很好,比如水果雕刻技艺之类。叔叔说:你愿意不愿意上职业学校厨艺专业?小明一听就直摇头,打上学起,他就没有把学习与什么厨师联系起来。做厨师,自己没有地位不说,弄得父母面子上也不好看。叔叔毫不客气地批评中国的教育患了太严重的贵族病,使学生满脑子不是“星”就是“家”。他说,凭本事吃饭,体面地生活,有什么丢面子不丢面子,这个时代,本事才是面子,在不该讲面子的地方讲面子,将来一定会没面子……

抱着横竖也是一条路的想法,小明学起了厨师专业。没想到学起来挺顺手、挺带劲的,比学功课顺溜多了。几年一晃而过,小明进了一家三星级酒店。当他第一次将薪水交给父母时,父母惊讶得差点一屁股坐在地上,他们干了一辈子,月薪还没有小明的尾数多。父母第一次为儿子的前途舒了口气。闲时,小明还在家露几手,乐得父母眉开眼笑,邻居们都说小明有出息、有孝心,羡慕他的父母好福气,比孩子在外留学的虚名强多了。

品读:我们的教师要学习小明的叔叔,是他告诉我们必须更新观念,是他改变了小明的人生,而且让我们懂得了教育是要帮助学生找到一条最适合自己发展的道路。

是的,鞋子合脚走在路上才轻松舒适,做自己感兴趣和擅长的事就能得心应手。有了好心情,不就是最大的幸福吗?请我们的家长在孩子人生的十字路口面临选择时,牢牢记住这个朴素的真理:不合脚的鞋再昂贵也要丢弃。

202. 泥泞的路才能留下脚印

鉴真大师在剃度一年多以后,寺里的住持还是让他做行脚僧,每天风里来雨里去,辛辛苦苦地外出化缘。

有一天,日已三竿了,鉴真依然大睡不起,住持推开房门,见床边堆着破破烂烂的鞋。住持叫醒鉴真问:"你今天不外出化缘,堆这么一堆破鞋干什么?"鉴真愤愤不平地说:"别人一年连一双鞋都穿不坏,我刚刚剃度一年多,就穿烂了这么多鞋子。"

住持明白了他的弦外之音,微微一笑说:"昨天夜里落了一场透雨,你随我到寺前的路上看看吧。"寺前的路是一块黄土坡地,由于刚下过一场透雨,路面泥泞不堪。住持拍着鉴真的肩膀问:"你是愿意做个天天撞钟混日子的和尚,还是愿意做个能广大佛法的名僧?""我当然想做一个名僧啦!"

住持捋着胡须接着问:"你昨天是否在这条路上走过?""当然。"

"你能找到自己的脚印吗?"鉴真十分不解地说:"昨天这路上又干又硬,哪能找到自己的脚印?"住持没再说话,迈步走进泥泞里,走了几步后,住持停下来说:"今天我在这条路上走一趟,你是否能找到我的脚印了呢?"鉴真答道:"那当然能啦。"

住持听后说:"泥泞的路才能留下脚印,世上芸芸众生莫不如此啊!"鉴真顿时恍然大悟,重新踏上化缘之路,最后终于成为一位名僧。

品读:住持运用比喻的方法教徒的故事,既形象又深刻,效果非常好,充分显示了住持善于启发的教育机智。这对我们教师做好学生工作也是一个极为有益的启示。

鉴真大师的经历还告诉我们:一味的风调雨顺、一路的平安无奇,对学生来说并不见得是件好事。学习路上什么颠簸与泥泞,什么曲折与险阻,学生一概无缘相见,这样的施教倾向和素质教育的初衷南辕北辙。当我们努力在为学生提供无微不至帮助的时候,其实也在剥夺了学生自我成长的权利,打击了学生建立自主、自立、自强个性的信心。让学生成长之路多一些“泥泞”吧!这样的教育才会为学生们的成长留下清晰的脚印。

203. 小时候发生的一件事

史蒂芬·格莱恩是一位著名的科学家,在医学领域曾有过十分重要的发现和成就。有个报社记者曾经采访过他,问他为什么会比一般人更有创造力?究竟是什么妙法使他能够超乎凡人?

结果,他的回答大大出乎记者的意料。他说,这一切都应与他两岁时一件意想不到的事情发生时,母亲对他的教育有关。紧接着,他向记者谈起了他小时候发生的那件事。

有一次,他趁母亲不在身边的时候,想自己尝试着从冰箱里拿一瓶牛奶。可是瓶子太滑了,他没抓住,牛奶瓶掉到地上,摔得粉碎,牛奶溅得满地都是!

母亲闻声连忙跑到厨房里来,面对眼前的一片狼藉,她相当沉着冷静,丝毫没有怒发冲冠的样子,更没有对他大嚷大叫,而是故作惊讶地说:“哇!罗伯特!你制造的麻烦可真是棒极了!我还从来没有见过这么大的一汪牛奶呢!哎,反正损失已经造成了,那么在我们把它打扫干净以前,你想不想玩几分钟呢?”

听母亲这么一说,他真是高兴极了,立即玩了起来。几分钟后,母亲对他说道:“罗伯特,你知道,今后无论什么时候,当你制造了像今天这样又脏又乱的场面时,你都必须把它打扫干净,并且要把每件东西按原样放好。你懂了吗?”他抬起头看着母亲,眨巴眨巴眼睛,似懂非懂地点了点头。

“啊,亲爱的,下面你想和我一起把它打扫干净吗?我们可以用海绵、毛巾或者是拖把来打扫。你想用哪一种呢?”他选择了海绵。很快,他们就一起将满地的牛奶打扫干净了。

后来,她的母亲又对他说:“罗伯特,刚才你用你的两只小手去拿大牛奶瓶子的试验已经失败了。那么,你还想不想学会用你的小手拿大牛奶瓶子呢?”看着他充满好奇与欲望的眼神,母亲继续说:“那好,走,我们到后院去,把瓶子装满水,看看你有没有办法把它拿起来,而不让它掉下去?”在母亲耐心指导下,小罗伯特很快就学会了,他发现只要用双手抓住瓶子顶部、靠近瓶嘴边缘的地方,瓶子就不会从他手中滑掉。他真是高兴极了,笑逐颜开地对母亲说:“真是棒极了!

谢谢妈妈!”

说完上面的故事,这位著名的科学家继续说:“从那时起,我知道我不必再害怕犯任何错误,因为错误往往是学习新知识的良机。科学家试验也是这样,即使试验失败了,但是我们还可以从中学到很多有价值的东西。”

品读:这个故事本身和这位科学家对母亲做法的感悟中,足以说明家庭教育的重要性,作为教师读了这个故事,一定会理解“犯错误是上帝给孩子们的权利”这句话的真正含义。只有宽容、理解和引导,孩子们犯的错误才会成为他们成长中的宝贵财富。而且,孩子们犯错误的时候,恰恰是教育的良机,充满智慧的教育,不仅可以使孩子学到知识,更能使孩子懂得责任,不仅使孩子得到教训,而且不会泯灭孩子的探索精神,这才是最重要的。

204. 溜冰场上

全国模范班主任丁榕老师曾遇到这样一件事:一次考试,许多同学成绩不理想,全班情绪低落。下课了,也不愿去游戏。丁榕老师想办法把学生带到溜冰场。溜冰场上热闹非凡,你一跤,我一个跟头,学生顿时忘记了考试带来的烦恼。可是班主任却没有放弃这个进行教育的好机会。当学生痛痛快快地玩了一会儿以后,她将学生叫到身边,询问他们:摔了多少跤?怕不怕?学会了滑冰的同学有没有不摔跤的?他们回答问题,毫无摔跤以后的沮丧和失意。于是丁老师进一步引导说:为什么滑冰摔跤以后大家能爬起来,而考试成绩不理想就那么垂头丧气?学会滑冰尚且要经过无数次摔跤才能成功,更何况复杂而艰巨的学习呢?学生心理负担放下了,自信又回到身边。

品读:丁榕老师工作特点是创设教育情境,循循善诱。其基本步骤是:首先利用学生好玩的天性,创设情境,淡化焦虑情绪;然后针对学生考试受挫缺乏信心,用创设的情境引导学生进行类比思考;最后利用迁移法,设问和反问法激发学生找回自信。丁老师的教育艺术值得我们学习。

205.孙敬修听树

老教育家孙敬修,有一次见几个小学生摇一棵小树,孙老沉思片刻,走过去把耳朵贴在小树上。孩子们莫名其妙,问他在干什么。孙老说:“你们听,小树在哭呢。”孩子们更加莫名其妙:“为什么呀?”孙老说:“小树说了,你们把它的命根快摇断了,不能给你们盖房子、做桌椅了。”孩子们听了以后,惭愧地低下了头。然后孙老和他们一起给小树浇水、培土。以后,孩子们不但不摇树,而且还当上了小树的“卫士”。

品读:老教育家孙敬修对有过错的学生不是一味地批评和严格的斥责,而是循循善诱,因势利导,寓教育于幽默与诙谐之中,使过错免于给孩子心灵留下创伤,反而取得了“良性刺激”的效应。

206.河蚌

一个初懂事理的女孩最喜欢帮妈妈检查买回的河蚌是否有坏的。经妈妈的指点和她的尝试,检查的方法是,用左手先拿住一个河蚌,再用右手捡起其他的河蚌,一个一个地敲打,如果河蚌发出的声音是结实的,就是新鲜的,如果敲打的声音是虚的,有点沙哑,不管它闭的多紧也是坏的。

女孩的耳朵好使,自从母亲教过之后,她几乎没有出过错。一家人每次都能享受到美味可口的河蚌汤。为此她高兴不已。有一天妈妈又买回一大包河蚌,放心地交给孩子去检查。当孩子熟练地开始“工作”以后,出乎意料地认定河蚌都是坏的。尽管不相信自己的耳朵,还是又重新敲了一遍,依旧没有一个河蚌是好的!无奈下求助母亲才明白,原来抓在手里的那只河蚌是坏的,所以敲出来的声音全都不对劲。

品读:这个故事告诉我们这样一个道理:带着有色眼镜看到的天总是灰暗的;没有阳光般的心情,就见不到一片阳光;用不健康的心态看到的都会是“病人”。作为一名教师千万不能做那只“坏河蚌”。女孩右手那只坏河蚌,充其量糟踢一大包河蚌,只是家人不能尝到鲜美的河蚌汤。如果我们用“坏河蚌”去敲自己的学生,有可能毁掉一个学生。

面对自己的学生,我们如何去发现他们的优点,无疑对他们会产生非常大的作用。我们要学会去倾听出噪音中的乐音,更进一步去判断它的旋律和节奏。

当我们用挑剔的目光、“眼睛里揉不进一粒沙子”的态度去面对学生时,一切都将会变成另一个样子。

207. 劝架三步曲

浙江省东阳市外国语小学卢雁红正在教室里埋头改作业,突然有同学来告:“卢老师,陆俊和张田打架了。”卢老师笑着对他说:“你去劝劝他们吧!”没想到第二拨马上又报:“卢老师,他们打得很凶啊,我们劝不住!”卢老师走出教室,果然,两个同学就像两头小牛顶在一块,正厮杀得起劲儿。劝架的同学刚把他们拉开,又使劲往回冲。尤其是陆俊,气得嘴巴都歪到了耳根下,他手被同学拉住了,心一急就用脚踹,真有不揍扁对方誓不罢休的架势。卢老师急忙叫了声:“陆俊……”不料,卢老师的话还没说,他吼得更凶:“我知道你又要说我不对,你总是批评我,你一点也不公平。”

卢老师被噎得半天回不过神来。卢老师一句话也没说,把他俩拉到了过道的镜子前。果然,镜子前面,他们俩的情绪马上稳定下来,一定是镜子里的形象有损他们的大丈夫风度了。

事情来得如此突然,又结束的如此迅速。矛盾真的解决了吗?卢老师联想到平日学生对心理测试很好奇,对心理学很信奉。他什么话也没说。直到放学时,才把他们俩叫来布置了一个特殊的作业:利用周末去图书馆查心理学方面的书,研究一下“情绪与健康”的关系,然后写一篇演讲稿,题目叫《做情绪的主人》。星期一,果然交上来两篇很生动的演讲稿。其中,陆俊是这样写的。

打架是当今世上发生最多的一件事,曾经有两位美国医生在 1948 年对某医学院的毕业生进行了长达 30 年之久的跟踪研究。他们把学生分成了安静型、开朗型、恼怒型三类。结果发现,恼怒型的学生中有 77.3% 患了高血压、心血管疾病、良性肿瘤和癌症等疾病;其他类型的学生中只有 25% 和 20.7% 有此类疾病。据说一位哲学家去世时,他的侄女因在他的床头找到了六万法郎,竟高兴过度也死掉了。这都是不良情绪造成的危害,事实上这是一种病。有不少人已经患上了这种疾病。而治这种疾病的良药就是克制,尤其是要有宽广的胸怀,目光短浅和心胸狭窄的人往往会被不良情绪所困扰,从而减少寿命。许多心理专家都说发火、打架,不但伤害别人,对自己更是无一利而有百害。

同学们,行动起来吧,让我们做情绪的主人,这样,幸福将与您常伴!

看来,这第二步让学生在研究中进行自我反思,远比教师的空洞说教要有效得多。

为了进一步强化学生的自我意识,卢老师请他们俩在班上好好地演讲了一番。他们的精彩演讲赢得了全班同学的共鸣,同学们还把他们的演讲稿刊登在教室后的黑板报上。卢老师此时有了更强的课程开发意识,从"偶发事件"到"有意为之",于是他先分析了陆俊的演讲稿为什么能引起大家强烈的共鸣,然后让他们也学写一篇简短的演讲稿。就这样,一次富有成效的习作练习在轻松自然的状态下完成了。

那以后,班里吵架明显减少,打架也几乎绝迹。那个气筒子陆俊有时还要生气,但一见到卢老师就会咧嘴笑,他再也不好意思打架了。

品读:学生打架,在许多班里时常发生,如何处理不仅反映出班主任是否有正确的教育观念,而且也能体现班主任是否具有教育智慧。卢老师在处理陆俊和张田打架时,首先是请同学去劝说,在劝说不成时才出面,没想到又莫名其妙地遭到陆俊的指责,好在卢老师没有生气,而是把他们俩拉到楼道的镜子前。这一招真灵,两个学生的情绪一下子稳定下来。然而,卢老师意识到矛盾没有彻底解决,他又根据学生"对心理学的信奉",要求他俩去图书馆查阅心理学的书,写一篇题为《做情绪的主人》的演讲稿,并召开了演讲会,这样做真是一举多得,既开发了学生的潜能又培养了学生自我教育的能力,同时也成了新课程的开发者。

大家都清楚:"在新课改的理念下,教师不仅是课程的执行者,更应该是课程的创生者。"日常教学中的琐事,从经验课程的视角来观照、整合,都是一种宝贵的课程资源。如果我们能树立强烈的课程开发意识,再琐碎的小事也可能成为良好的课程资源。而且正是在琐事发生的不经意间,最能够暴露人的真性格,那正是我们观察学生、了解学生、教育学生的最好契机。对待这些琐事的态度及处理方式,也最能体现一位教师的教学理念、教学风格、教学能力和智慧。

208. 选定一张椅子

帕瓦罗蒂小时候兴趣广泛,先是想长大后当老师,过了一段时间又提出要当科学家,后来又改变主意想成为歌唱家。他父亲是一个面包师,为了帮助儿子正确地确定志向,老帕瓦罗蒂语重心长地说:“孩子,如果你想同时坐两张椅子,就可能因坐不稳而掉到两张椅子之间的地上,在人生的道路上,你应选定一张椅子。”

在父亲的帮助下,帕瓦罗蒂选择了唱歌。经过7年的不懈努力,他小有成就,第一次在意大利的雷吉奥艾米利亚城登上了舞台。

后来,他又花去了7年的时间,才得以在大城市的歌剧院里一展歌喉,成为享誉世界的男高音歌唱家。

帕瓦罗蒂没有满足,决心使自己的歌唱事业“更上一层楼”。为此,他远离喧闹的都市,告别熟悉的舞台,回到偏僻的家乡摩德纳镇“充电”:努力发现身上的不足之处,尝试着用一些不同的发音方法来加以弥补和提高……

又一个7年过去了,奇迹终于发生——他在纽约歌剧院演唱歌剧《军中女郎》时,在一首咏叹调里竟然一连串爆发出9个高音C,创下了男高音演唱的世界之最。帕瓦罗蒂在歌剧《艺术家生涯》中成功地扮演了鲁道夫,被称为“高音C之王”。后来他多次与另外两位著名的男高音歌唱家多明戈和卡雷拉斯同台演出,享誉全球。

今天,每当与年轻的歌手们谈起自己的歌唱生涯时,帕瓦罗蒂讲得最多的一句话就是:“请你选定一张椅子。”

品读:要“选定一张椅子”,关键在于这张“椅子”是否最适合自己。“椅子”选定之后,还得靠坚定不移的决心去坐稳坐好。帕瓦罗蒂的最可贵之处,就是为实现自己的目标,用了一个又一个的7年去奋斗,结果有了《我的太阳》那种绕梁三日的金石之音。但是,他的成功我们又不能不想到他的父亲,有父亲的启发才有他今天的成功。

209."舍得"才会有"糖"吃

有个教师的儿子生性调皮,不听话,不好好学习,最要命的是干啥都偷懒,舍不得付出与投入。

为了教育好自己孩子,父亲特地给儿子买回了17块糖果,让他把糖果分成二分之一、三分之一、九分之一,其中,二分之一这份作为奖励送给儿子。另外,又给了儿子1角钱,说是预先支付的解题奖励。

这下儿子来劲了,但继而又为难了:17无论如何不能被2、3和9整除呀,要是再有一块糖就好了。儿子紧锁眉头,冥思苦想,抓耳挠腮。

忽然,他望着手中握的1角钱,眼睛一亮:拿钱去买一块糖加进去,不就可以分成9块、6块和2块了吗! 多出的一块"完璧归赵"。难题迎刃而解了!

父亲望着儿子语重心长地说:"孩子,这下你该明白了吧,解决难题的关键是你必须舍得。你若舍不得将自己手中的钱换成糖投进去,你就无法解开这道题,也得不到比你投进去多出数倍的糖果。解题是如此,做事情又何尝不是这个道理呢?"

后来,这个孩子长大了,懂事了,终于明白了父亲的那番苦心,懂得了"舍得"才会有"糖"吃的道理。

品读:这个父亲设置的小小障碍,让孩子分糖果,并从中可以得到奖励的基础上,给孩子讲道理,这样既便于接受又使孩子理解了父亲的良苦用心,懂得了干事情要"舍得"付出。这其中充满了教育的智慧。

210. 沙子和珍珠

有一个自以为是全才的年轻人,毕业以后屡次碰壁,一直找不到理想的工作,他觉得自己怀才不遇,对社会十分失望。痛苦绝望之下,他来到大海,打算就此结束自己的生命。在他正要自杀的时候,有一位老人走过来,看见了他并救了他。老人问他为什么要走绝路,他说自己得不到别人和社会的承认,没有人欣赏并重用他……

老人从脚下的沙滩上捡起一粒沙子,让青年人看了看,然后就随便地扔在了地上,对他说:“请你把我刚才扔在地上的沙子捡起来。”“这根本不可能!”年轻人说。

老人没有说话,此时又从自己的口袋里掏出一颗晶莹剔透的珍珠,也是随便地扔在地上,然后对青年人说:“你能不能把这颗珍珠捡起来呢?”“当然可以!”“那你就应该明白是为什么了吧?你应该知道,现在你还不是一颗珍珠,所以你不能苛求别人立即承认你。如果要别人承认,那你就要想办法使自己变成一颗珍珠才行。”年轻人蹙眉点头,一时无语。

品读:这位老人不仅挽救了年轻人的生命,更挽救了他的人生,所采用的方法不是严厉的训诫,而是就地取材,以生动形象的比喻启发他知道自己是普通的沙粒,而不是价值连城的珍珠。你要卓尔不群,就要有鹤立鸡群的资本才行。所以忍受不了打击和挫折,承受不住孤独和平淡,就很难达到辉煌。若要实现自己的初衷,那就要努力使自己成为一颗珍珠。

211. 是什么最迷人

一位女教师发现班上的女生普遍迷上了打扮,分散了学生的精力,于是把女生召集在一起,讲了个故事:有两个女孩争论花为什么迷人?甲说因为花美丽,乙说因为花芳香。甲说:“美丽迷人是道风景。”乙反驳说:“可美丽无奈,说败就败!”甲生气地说:“芳香看不到,不是更无奈?”乙坦然说:“为什么非要人看到呢?老远就能闻到,难道不更有魅力?”甲无话可说了。转眼过了多年,爱打扮的甲,老了。当她拥有花的美丽时,她忘记学本事,于是只能无奈地看着脸上的皱纹叹气。爱学习的乙也老了,但她却仍拥有花的芳香,因为她一直在坚持学习,并取得辉煌的成就。甲听到乙的消息时哭了,她后悔自己美丽时没能做一个有香味的女孩……女生们听了这个故事恍然而悟,并悄悄改正了迷恋打扮的毛病。

品读:这位女老师娓娓动人地讲述故事的过程中,就把一个亲切而温馨的批评亮了出来,既不伤害学生的自尊,又能启发学生思考。

批评要讲究艺术,而“艺术的批评”恰恰是教师智慧的体现。其基本要点是坚持与人为善的原则,让学生感受到你的高尚动机;要尊重学生的人格,让学生感受到你和他的平等关系;还要巧妙设计,选择适宜的时机与情境。总之,教育的本质是一种“爱”,谁能把批评真正变成了爱的雨露与爱的阳光,谁也就真正掌握了批评的艺术。

212. 现身说法

丹尼是一个三年级的学生,非常害羞,凡事追求完美。由于害怕出错,他不敢和同学一起玩游戏,课堂上也很少回答问题,因为害怕答错。写作业时,尤其是写数学作业,他经常会不知所措,长时间坐在那里咬指甲……老师尽最大努力帮他建立自信心,但一切都无济于事。

一天,老师让大家做练习题。丹尼工工整整地把第一题抄到本子上,在下面写上了答案。可不久,老师就发现他眼泪汪汪的,走近一看,原来他的第三道题做错了。怎么办呢?老师从讲台上拿出一些铅笔又走到丹尼身边,温柔地对他说:“来,丹尼,我给你看一些好东西!”她把手里的铅笔一支一支摆在丹尼的课桌上。“丹尼,你看这些铅笔,这些都是老师的。你看看铅笔上面的橡皮头是不是快用完了?你知道为什么吗?因为老师也经常出错,而且出的错还真不少。可我用橡皮头把错误抹掉,接着再继续写。你也一定要学着老师这样做……”丹尼笑了。

品读:每个人都有、也都会出现错失,包括育人者和受教育者。首先,教师心中要有“橡皮头”意识。教育工作千头万绪,出现错失是难免的,应该在弄清出错的原因以后,认认真真地用心中的“橡皮头”将其擦干净,然后按照正确的方法实施教育活动,让曾经的错误鞭策自己、警戒自己而不是困扰自己、束缚自己。同时,教师应该学会宽容学生的错失,把他们出现错误事件、时机作为培养其良好品格的契机和素材,用心中的“橡皮头”擦去学生因为犯错而产生的心理阴影,并帮助学生树立“橡皮头”意识,巧妙地借用生活、学习中出现的失误,增强他们的抗挫折能力。

尤其是这位老师的现身说法和对丹尼所表现的耐心引导和等待,值得我们学习。

213. 我们悄悄地谈恋爱,您怎么办?

接班前,班主任得知该班的不少学生正在谈“恋爱”。于是他在开场白中说:“我要做一个你们可信赖的新朋友,就理应开诚布公地回答你们提出的问题。现在就请每人提一个问题写在纸条上,我将选择其中最难回答的一个公开回答。”同学们不知这位班主任葫芦里卖的什么药,但也使他们来了精神。班主任翻阅了同学们的纸条,其中有一个问题是:“如果我们在悄悄地谈恋爱,您会怎么办?”班主任说:“既然你们在悄悄谈恋爱,我只有悄悄地问你一声,‘青苹果’‘红苹果’哪个好吃?你肯定会说‘红苹果’。对。既然红苹果好吃,那就千万先别忙着去吃那个‘青苹果’。借此机会,我也想问你们一个问题,又踢足球又吃冰淇淋,能踢好足球吗?你肯定会说踢不好。既然如此,又学习又谈恋爱,学习能搞上去吗?要是我,就肯定不干这种既踢足球又吃冰淇淋的糊涂事!”

品读:这是一种善意的提示,艺术的批评,是学生容易接受的具有说服力的规劝。而且在自问自答中充满了暗示和殷切的期待。这种方法体现了教师的睿智,其最大的作用是一下子就拉近了师生间的心理距离。使学生在与老师平等的交流中,体验到教师的关怀。

214. 对牛弹琴

“对牛弹琴”语出南朝·梁僧佑的《弘明集·理惑论》,其中讲到对佛学颇有研究的牟融在向儒家学者宣讲佛义时,引用儒家的经典证明佛教道理,因而受到儒家学者的责难,而牟融却说:我知道你们能理解儒家经典,所以引用儒家的话跟你们谈,你们没读过佛经,如果和你们谈佛经,不等于白讲了吗?随后他又向他们讲了“对牛弹琴”的故事:“公明仪为牛弹清角之操,伏食如故,非牛不闻,不合其耳也。转为蚊虻之声,孤犊之鸣,即掉尾奋耳,蹀躞而听。”意思是说:公明仪开始给牛弹高雅的曲子,牛无法理解,以至无动于衷“伏食如故”。公明仪见其听而不闻,转而为之弹“蚊虻之声”结果与前大不一样,只见那牛“掉尾奋耳,蹀躞而听”。由此可见只要你改变“不合其耳”的声调,效果就会大不相同。

品读:这个成语故事使我联想到"因材施教"的原则,由于"英才教育和应试教育"的影响,致使一些学生基础较差,给我们的教学工作带来不少困难,也提出了新的课题。我们教师的责任是通过自己教学中的主导作用,在调动学生积极性的基础上,帮助他们不断提高知识水平和认识能力使他们成为合格的人才。教学过程中,只要教师真正了解学生的知识基础、接受能力和各方面情况,如同孔子那样对学生要"视其所以、观其所由,察其所安"(《论语·为政》)并做到从实际出发,采用有效的教学方法,对"中人以上,可以语上",对"中人以下不可语上"(《论语·雍政》),即根据学生资质的高下,分别深浅而教之。如同公明仪那样对即使蠢笨如牛的学生,只要舍"清角之操"而为"蚊虻之声"做些雪中送炭的工作,他们也会听之有味,学之有趣,而且会在老师帮助之下,积跬步而至千里。

这就要求我们教师要善于了解和研究学生,使自己的教育教学更具有针对性,同时,更需要教师增长教育智慧,提高教育水平。让我们改变那种只埋怨学生蠢笨如牛,以及无可奈何的感叹,而为扎扎实实、脚踏实地的工作吧!

215. 生命的价值

一个孤独的孩子,常常悲观地问年长的智者:"像我这样没人看得起的孩子,活着究竟有什么意思?生命的价值又在哪里?"

有一天,智者将男孩叫到眼前,把一块色彩斑斓的石头给男孩,并对他说:"明早,你拿这块石头到市场上去卖;但不是真卖,记住,不论别人出多少钱,绝对不能卖!"

男孩还满腹狐疑,心想这块石头虽然不错,但怎么会有人肯花钱买呢?

第二天,男孩蹲在市场的角落,意外地有好多人要想买他这块石头,而且价钱越出越高。回到院内,男孩兴奋地向智者报告:"想不到一块石头值这么多钱。"

智者说:"明天你拿到黄金市场去,记住,不论人家出多少钱都不能卖。"

在黄金市场中,有人出比昨天高10倍的价钱要买那块石头,令男孩大为惊讶。

第三天,智者叫男孩拿石头到宝石市场去展示,结果,石头的身价较昨天又长了10倍,更由于男孩怎么也不卖的缘故,被传扬为"稀世珍宝"。

男孩大惑不解,智者说:"人的生命价值就像这块石头一样,在不同环境下就会有不同的意义,你明白吗?”

一块不起眼的石头,由于你的珍惜而提升了它的价值,被说成稀世珍宝,你不就像这石头一样,只要自己看重自己,热爱自己,生命就会有意义,有价值。

品读:智者不愧为智者,他对男孩的启迪形象而又真切,使男孩体验到只有自己看重自己、热爱自己,生命才会有意义。我们教育的目的就是让孩子认识到自己的价值,并去珍惜它。

216. 立刻行动吧

奥马尔是一个有作为的皇帝。他的头脑里充满了智慧,而且稳健、博学,为人们所敬仰。

有一次,一个年轻人问他:“您是如何做到这一切的,刚一开始您是否就已经制订了一生的计划呢?”奥马尔微笑着说:“到了现在这个年纪,我才知道只订计划是没有用的。”

当我20岁的时候我对自己说:“我要用20岁以后的第一个10年学习知识;第二个10年去国外旅行;第三个10年,我要和一个美丽、漂亮的姑娘结婚并生几个孩子。在最后的10年里,我将隐居在乡村地区,过着我的隐居生活,思考人生。”

终于有一天,在前10年的第7个年头,我发现自己什么也没学到,于是我推迟了旅行的安排。在以后的4年时间里,我学习了法律,并且成为了这一领域举足轻重的人物,人们把我当做楷模。

这个时候我想要出去旅行了,这是我心仪已久的愿望。但是各种各样的事情让我无法抽身离开。我害怕人们在背后斥责我不负责任,后来我只好放弃旅行这个想法。等到我40岁的时候,我开始考虑自己的婚姻了。但总是找不到自己想象中美丽、漂亮的姑娘。直到62岁的时候,我还是单身一个人,那时候我为自己这么大一把年纪还想结婚而感到羞愧。于是我又放弃了找到这样一个姑娘并且和她结婚的想法。

后来我想到了最后一个愿望,那就是找一个僻静的地方隐居下来。但是我一直没有找到这样一个地方,如今因为疾病,我连这个愿望都完不成了。

这就是我一生的计划,但是一个也没有实现。

“孩子,你现在还年轻,不要把时间放在制订漫长的计划上,只要你想到要做一件事就马上去做。世界上没有固定的事物,计划赶不上变化。放弃计划,立刻行动吧!”奥马尔最后说。

品读:我们要帮助孩子从计划的泥沼中挣脱出来,让他们立足眼前,做好身边的每一件事。这就是奥马尔给我们的启示。现在许多人又在倡导规划人生,这我并不反对,但是“计划赶不上变化”,这也是大家公认的真理,还是立即行动吧!用心、用力去做好每一件事才是最重要的。作为教师我们的责任就是帮助学生把目前的学习搞好,把身体锻炼得棒棒的,这才是首选。

217. 博览群书

日本著名的教育家铃木镇一在他的教育思想形成过程中,也曾得益于他与众不同的父亲对于教育的理解。

铃木上小学时,日本的升学竞争很激烈,所有家长关心的是孩子的学习成绩。但铃木的爸爸对他的成绩要求却不高,每门功课只要考到60分就行了。

“60分怎么行?”儿子不解地问。分数就像大山一样压得他有点喘不过气。

“60分怎么不行?”爸爸反问道,“60分就代表及格了,及格了就表示合格。你想想,工厂的产品合格就出厂了。既然你已经合格了,儿子,你没有必要把全部的精力耗费在争名夺利上。考第二名非要争第一名,考90分非要争100分,一次100分不够,非要次次100分。儿子啊,儿子啊,求知识是人间最大的欢乐,如果你成天想到的只是考试分数,那么,求知不就变成一种无尽的苦难吗?”

铃木父亲一语道破了求学的最高目的,就是培养孩子的求知欲。

儿子徒然觉得身轻如燕,兴奋起来。但转念一想,不对呀,忍不住问道:“爸爸,这样学习就太轻松了,空闲的时间做什么?”

“你永远记住爸爸的话,其他时间用来博览群书,把求知的快乐还给自己。”

爸爸的话深深地印在铃木的脑海里。从此,铃木就按照父亲的教导,在功课上花的时间不多,学习成绩中等。而读过的课外书是全班其他同学的十几倍,从中体验到学习无穷无尽的愉悦。

品读:铃木有一位开明又睿智的父亲。他深谙教育的真谛,他对人们只看重考分以致使孩子陷入“无尽的苦难”的分析,可以说入木三分。正因为他有如此深刻的认识,才能引导儿子获得学习的快乐,而且成为一位有影响的教育家。我们为师、为父母者,必须懂得看重分数的教育是缺少生命力,缺少人情味的教育。求知本来是人世间最大的欢乐,我们应该让孩子感受到这种快乐,而不是无尽的苦难。

218.讲给学生听的故事

孔融让梨的故事家喻户晓:孔融的父亲拿一些梨给孩子们吃,让孔融先挑,孔融却挑一个最小的。父亲问他为什么拿最小的,孔融回答自己最小,所以应该吃小的,大的给哥哥吃。这故事被用作儿童教育的好教材成为千古美谈,它美就美在孔融小小年纪便有如此谦让风格。

近来看到一个外国儿童的故事,说:有个叫威廉的孩子,人们拿5分和10分硬币给他时他总是拿5分的。许多人都不相信,屡次试验,无不如此。因此人们都说这是个傻孩子。一位智者听说后,也亲自试演了一回,威廉仍然拿了5分的硬币。智者哈哈大笑,拍着威廉的肩膀说:你真聪明。威廉也笑了。这个孩子长大后当了美国第九任总统。原来,如果威廉第一次便拿了10分的硬币,从此就不会再有人拿硬币让他挑了,那么他就只能拿到这一枚10分的硬币;而每次都拿5分的,人们觉得奇怪,才会不断来试验,这样他就可以拿到若干个5分的硬币。这就是小威廉的聪明之处。

品读:我想,听了这个故事,谁都不能不惊讶小威廉的聪明。如果不点破,许多人恐怕仍莫名其妙。想来这在美国也是一个美谈。不过,与孔融让梨不同的是,这美谈不是美在品德上,而是美在聪明上。

中国也有许多赞扬孩子机智聪明的故事,如司马光砸缸救小朋友、文彦博灌水漂出掉进树洞的皮球、曹冲称象等。但威廉的故事若发生在中国,人们恐怕未必会有好的评价,一旦明白他的用意,恐怕就会说他贪,或说这孩子太有心计,太狡诈。由此可见中西文化的差异。

然而,我既赞赏孔融让梨,也赞赏威廉挑钱。孔融让梨体现了谦让的美德,这种美德任何时代都需要。现在这种谦让的风格不是太多,而是太少了。有不少人希望别人谦让,自己却不谦让,非但不谦让,还巧取豪夺,把国家和人民的财产贪婪地据为己有。孔融让梨是儿童故事,但应向孔融学习的首先是大人。大人们向孔融那样谦让了,才能为孩子们做出榜样。大人中应该向孔融学习的首先是官员,官员们像孔融那样谦让了,才能给其他人做出榜样。有句话叫"从娃娃抓起",谦让的美德当然也要从娃娃抓起,但不能只抓娃娃,更要抓大人,尤其要抓官员。

再回到威廉挑钱上来。小威廉的聪明智慧确实非常人所及。市场经济下的中国也十分需要这种聪明智慧。这种聪明智慧说白了,就是怎样在不损害他人和社会利益的前提下赚到更多的钱。赚钱两字有些人可能还听不顺耳,甚至反感,但这并不说明他们不爱钱,只不过是为了表现所谓高尚,"君子不言钱"而已。既然市场经济了,就应当改变不适应市场经济的旧观念,接受市场经济带来的新观念。把小威廉的聪明智慧用在商场上,一定会财源滚滚。

孔融让梨,威廉挑钱,两个故事,一个言德,一个言才。德才兼备,中西结合,无往而不胜也。我们做教师的就应抓好这两方面的教育。

219."打要还手,骂要还口"

下课了,同学们像撒欢的小鹿涌出教室,这时骏豪不小心踩了达理的脚。达理怒不可遏,一定要还一脚,骏豪坚决不干,两人争执起来。

"我又不是故意的!我说对不起还不行吗?"

"不是故意的就可以踩人吗?对不起有什么用?我说十遍对不起,你让我踩十下吗?"

"你不是故意找碴吗?强词夺理!"

"那我为什么要吃亏?"

两人针尖对麦芒,争得面红耳赤地来到我的办公室,什么"忍让",什么"团结",早就丢到九霄云外了。

听明白真相后,我心疼地问达理:"脚还疼吗?别怕,我给你撑腰,为什么要让他占便宜?打要还手,骂要还口,打一还二,打他两下,还过来!"达理扬起手理直气壮地打了骏豪两下。我又笑对骏豪说:"疼吗?不服气吗?打一还二,打他四下,还过来!放心,我也给你撑腰!"骏豪立马也还了四下。我说:"达理,我作证,刚才骏豪打了你四下,快,打他八下,还过来!"达理看了看我,表情很特别,再看骏豪,也是抓耳挠腮。我"焦急"地打抱不平:"达理,快,打他八下呀!不能白吃亏呀！然后骏豪再还十六下,达理再打骏豪三十二下,骏豪打达理六十四下,达理再还一百二十八下,骏豪还……”话还没说完,“扑哧”一声,两个小家伙都已经笑出声来,不好意思地说:“老师,我们错了。”

品读:我觉得老师在处理学生矛盾的时候,有时可以向学生讲明道理,但有的时候可采用正话反说的方法,促使学生通过感悟明理。家长对孩子是爱之深、护之切,不想让孩子受到任何伤害。其实,每个孩子都是具有独立个性的人,有些事情应该放手让他们去尝试、去体会。而老师和家长要做的则应该是提供机会,让他们体验。在孩子需要帮助时,伸出温暖的双手,给他们以支持和鼓励,把握好他们人生的方向,而不是替他们生活。

正话反说,用好了体现一种智慧,用不好也会适得其反,因为反话具有强烈的讽刺意味,用反话时,必须考虑学生是否能够领会其正面内涵。

220. 千镜之屋

曾经有这样一个故事:很久以前在一个遥远的村庄里有一个以“千镜之屋”而著名的地方。一个孩子决定去看个究竟。他来到屋门口快乐地向里面张望,令他吃惊的是他看到一千个孩子快乐地看着他。他露出灿烂的笑容,友好地挥了挥手,回报他的是1 000个孩子欢快地笑着并向他挥手致意。孩子开心极了,把这个美妙的经历告诉了全村的人。村中另一个孩子为此也来到这个地方。他怯生生地向里张望,却看到1 000个孩子满心疑虑地望着他。他心里很不痛快,皱起了眉头。回报他的是1 000张略带怒气的脸。他被激怒了,扯开嗓门大喊大叫。镜中的1 000个孩子毫不示弱,疯狂地向他咆哮。他被吓坏了,发誓再也不来这个地方。

品读:这个故事使我顿悟,世上每个人对你的态度就是你的一面镜子。师生的关系也是如此。若一味强调师道尊严,总是以一副冷面孔示人,只会招致学生的冷漠甚至逆反。身为教师,我深知我们无论对工作还是对学生都有一种发自内心的爱,只是受“严师出高徒,棍棒出孝子”的传统观念的影响,不知该如何表露爱生之情。如果我们教师能从这个故事中吸取营养,一定会迸发出智慧的火花。

221."得寸进尺"的效应

一位初一的班主任为了让学生喜欢阅读报纸,开始时,他先在班会和晨会上经常和学生聊他们感兴趣的报纸上的体育新闻或娱乐新闻,然后让学生自己阅读;过了一段时间,和学生聊当天报纸上刊载的国内国际新闻等等,有时就某个话题只说一半,而另一半让学生自己到报纸上去找。并且,他还经常向家长和科任老师夸学生爱看报纸,在家长会和家访时请家长向学生宣传看报纸的好处。就这样经过大半年的努力,学生开始主动找报纸看了。

品读:这位班主任的做法使我想起了美国社会心理学家弗里德曼做的一个有趣的实验:他让助手去访问一些家庭主妇,请求被访问者答应将一个小招牌挂在窗户上,她们答应了。过了半个月,实验者再次登门,要求将一个大招牌放在庭院内,这个牌子不仅大,而且很不美观。同时,实验者也向一些以前没有放过小招牌的家庭主妇提出同样的要求。结果前者有55%的人同意,而后者只有不到17%的人同意,前者比后者高出3倍。后来,人们把这种心理现象叫做"得寸进尺效应"。

这位班主任的做法就是巧妙地运用了"得寸进尺效应"。需要对学生提出一个很大、很难的要求前,最好先让他们接受一个小要求,一旦他们接受了这个小要求,就比较容易接受更高的要求。特别是对一些学习生活行为习惯不太好的学生,转化他们,也要向弗里德曼一样,应贯彻"小步子、低台阶、勤帮助、多照应"的原则,在搭"梯子"的过程中,依靠的地方要正确,间距不宜太大,做到扶一扶"梯子",托一托人。

222.从"错误"开始教起

孩子们在公园里学溜旱冰,所有孩子在教练指导下,不论年纪大小,半个钟头后都学会了这项运动。

原来,教练教的第一动作是在带好所有护具(如头盔、护肘、护膝……)后练习跌倒。"一、二、三、跌倒……一、二、三、跌倒……",这样的练习,让小朋友们觉得跌倒有趣好玩，便不再害怕跌倒，也知道在跌倒时做翻滚动作以保护自己。大约做过十余次后，教练让小朋友们排成一排，扶着栏杆练习走路。年轻的教练有节奏地喊着："踩死蚂蚁！踩死蚂蚁！"一步步引导小朋友往前走。孩子们觉得非常有趣，自然很快熟悉了直排轮的站立。之后，不用扶手再练习一会儿，一个个小朋友就在人行道上溜起来了。

品读：这个故事带给我们很多启示。其中之一就是教育不妨从"错误"开始教起。

世界是丰富多彩的，错误、挫折应该是孩子成长道路上的垫脚石。一直以来，受传统思想和教育观念的影响，我们总是带着苛刻、近乎完美的心态期望着孩子的成长，教师不想让学生出现错误，家长不愿意看到孩子"跌倒"，而孩子们不得不承受着巨大的压力生活着、学习着、烦恼着、甚至痛哭着。人的成长不可能一帆风顺。俗话说："小孩子是摔大的。"只有摔打过，才会理解平稳、顺利的宝贵。孩子是需要引导、原谅的人，他们不光需要老师、家长的正确引导和百般呵护，更需要自己的摔打、体验。

经历错误、感知错误、体验错误也是一种学习，一种进步，是人生成长不可或缺的财富。经历"错误"才能汲取成长的营养，才能学会经受挫折并最终走向成功。缺少了承受挫折、体验错误的能力，孩子的成长是不全面的。

223. 钉钉子·拔钉子·疤痕

一个孩子无法控制自己的情绪，常常无缘无故地发脾气。一天，他父亲给了他一大包钉子，让他每发一次脾气都用铁锤在他家后院的栅栏上钉一颗钉子。

第一天，小男孩共在栅栏上钉了37颗钉子。

过了几个星期，小男孩渐渐学会了控制自己的愤怒，在栅栏上钉钉子的数目开始逐渐减少了。他发现控制自己的坏脾气比往栅栏上钉钉子要容易多了……最后，小男孩变得不爱发脾气了。

他把自己的转变告诉了父亲。他父亲建议："如果你能坚持一整天不发脾气，就从栅栏上拔下一颗钉子。"经过一段时间，小男孩终于把栅栏上所有的钉子都拔掉了。

父亲拉着他的手来到栅栏边，对小男孩说："儿子，你做得很好。但是，你看一看那些钉子在栅栏上留下的那么多小孔,栅栏也不会是原来的样子了。当你向别人发过脾气之后,你的语言就像这些钉孔一样,会在人们的心灵中留下疤痕。你这样做就好比用刀子刺向了某人的身体,然后再拔出来。无论你说多少次'对不起',那伤口都会永远存在。其实,口头上对人们造成的伤害与伤害人们的肉体没有什么两样。"

品读:这位父亲循循善诱的教子方法新颖而别致。用钉钉子记录每天发脾气的次数,引导孩子学会了控制"愤怒",父亲又建议他一天不发怒再拔掉一颗钉子,儿子终于拔掉所有的钉子。这时父亲又高兴地引导儿子懂得发脾气给人的伤害就像那一个个留下的钉孔永远存在。

224. 禅师·哲学家·教授

禅宗里有这样一则故事。徒弟学艺多年,出山心切,赶去向师父辞行:"师父,我已经学够了,可以独闯天下了。""什么叫够了?"师父问。"就是满了,装不下了。"徒弟回答。"那么你装一大碗石子来。"徒弟照办。满了吗?师父问。"满了。"徒弟十分自信。师父抓起一把细纱,掺入石子中,沙一点没溢出来。"满了吗?"师父又问。"这回满了。"徒弟面有愧色。师父又抓起一把石灰,轻轻撒下,还是没有溢出。"满了吗"师父再问。"满了。"徒弟似有所悟。师父又倒了一盅水下去,仍然滴水没有溢出。"满了吗?"师父笑问。徒弟无言以对。

品读:这是一则教育自满弟子的颇有启发性的故事,这里没有直言批评,而是采取"以事论理"的方法启发弟子自我领悟,认识不足,的确值得我们教师借鉴。从表面上看,徒弟确实把碗装满了,可既然师父能再装进东西,就不能说碗已满了。面对徒弟自满的缺点,师父既没有姑息迁就,也没严加训斥,而是从这简单的事例中,教徒弟认识到自己的不足。面对徒弟自满的缺点,这位师父别致的教育方法,的确体现了高超的艺术性,而且具有很强的感染力,非常值得我们教师学习。

下面还有两个故事,是否源于上述这个故事,姑且不论,但也同样体现了教师运用启发的教育智慧,因此,也引述如下以飨读者。

其一,一位哲学教授站在他的学生面前,他面前的桌子上放着一些物件。当课程开始的时候，他没有开口而是拿起一个非常大的、空的橄榄油广口瓶，开始往里面填充石块。石块的直径大约2英寸。然后，他问学生们瓶子是否满了。学生们都认为瓶子已经满了。

于是，教授又拿起一盒小鹅卵石，把它们倒在了瓶子里。他轻轻地摇动瓶子。当然，小鹅卵石滚进了石块之间的空隙。然后，他又问学生们是否满了。学生们认为这次瓶子确实满了。教授又拿起一盒沙子，把它们倒进了瓶子里。当然沙子填满了瓶子所有的空隙。接着，教授再一次问学生们瓶子是否满了。学生们异口同声地回答“满了。”

接着，教授从桌子下面拿出了两听啤酒，把它们倒进瓶子里。啤酒填满了沙子之间的空隙。学生们大笑。“现在，”当笑声消退后，教授说：“我需要你们认识到，这个瓶子就代表你们的生命。那些石块是重要的事情——你的家庭，你的伴侣，你的健康，你的孩子们。如果其他所有的东西都失去了，仅剩下这些东西的时候，你的生命仍然是丰满的。鹅卵石是富有意义的其他事情——像你的工作，你的房子，你的汽车。沙子是所有其他的事情，小事情。”

“如果你首先将沙子放进瓶子，”他接着说：“就没有鹅卵石或者石块的地方了。你的生命也是同样。如果你把你所有的时间和精力都放在那些小事情上，你将永远没有时间给那些对你来说很重要的事情。关注那些对你的幸福至关重要的事情：和你的孩子一起玩耍，拿点时间去做身体检查，带你的伴侣去跳舞……总会有时间去工作，去赚钱。准备一个餐会，确定丢掉什么。首先关注石块——那些真正重要的事情，设置你的优先考虑，其余的都是沙子。”

一位学生举起了手，问啤酒代表什么。教授微微笑着说：“我很高兴你问了。它正好向你们显示了，无论你的生命看起来多么饱满，总还是有一杯啤酒的地方。”

其二，一位商学院的教授在讲解作为管理者的职能时，指出：高层管理者应具备更多的组织和管理职能，即管理中的计划、组织、领导、控制四项职能。

先把大石头块一一放进一个大木桶里，直到盛不下为止。他问学生：“木桶装满了吗？”学生回答“满了。”老师又把一堆小石块倒进去，并将桶摇了摇，小石块填满了大石块的缝隙。他又问学生：“现在装满了吗？”有些学生小声道：“可能还没有。”老师又将一堆沙子填满了小石块的缝隙。他再次问学生：“装满了吗？”这次学生已经明白了试验的用意，大声说：“没满。”最后老师又将水倒了进去，水充满了沙子的缝隙。老师又让学生把程序反过来，把水、沙子、石块放进木桶，结果无论如何也无法把这些东西在放到木桶里去。

这些即将从事企业管理的学子们,立即明白这个道理。

善于启发学生领会深刻道理的这位老师的教育智慧已包含其中了。

225.除杂草

一位哲学家带着一群学生来到一片旷野的草地上坐下来。

哲学家问:"现在我们坐在什么地方?"

学生们答:"草地上。"

哲学家问:"旷野里长满了杂草,现在我想知道,如何才能除掉这些杂草?"

学生们众说纷纭,有的说用火烧,有的说用铲挖,有的说……

哲学家站起来说:"等你们回去,按照各自的办法除掉一片杂草。一年后再来相聚。"

一年后大家都来了,不过原来相聚的地方已不再是杂草丛生,而是长满谷子的庄稼地,只有哲学家没有来。

原来哲学家去世了,学生们整理遗物时,发现哲学家在文章中写道:"要想铲除旷野中的杂草,最有效的方法,就是在上面种上庄稼。同样,要想让灵魂无忧,最好的办法就是用美德去占据它。"

品读:这是一个具有哲理的故事,对于我们教育教学工作也颇有启发。学生们在成长的过程中,由于处于不同的生活环境,难免养成各种各样的习惯,习惯有好有坏,作为老师,应该独具慧眼,不断发现学生的好习惯、好作风,并逐渐帮助他们用自己的好习惯克服其坏习惯。改掉坏习惯的最好方法是建立好习惯,并通过长期训练使他们能坚持下去。改变不良的情绪状态,最好的办法是想方设法建立良好的情绪状态。改变不良的人生状态,最好的方法是建立良好的人生状态。因而,我们的老师要想帮助学生改掉这样那样的不良习惯,就应当像哲学家所说的"种上庄稼"一样,将其好习惯、好美德、好状态植入学生的心田,令其开花结果。

226. 人生第一课

这是美国的一所普通的幼儿园。

刚刚入园的儿童被老师带进幼儿园的图书馆,很随便地坐在地毯上,接受他们的人生第一课。

一位幼儿园图书馆的老师微笑着走上来,他的背后是整架整架的图书。

“孩子们,我来给你们讲个故事好不好?”

“好!”孩子们答道。

于是老师从书架上抽出一本书,讲了一个很浅显的童话。

“孩子们,”老师讲完故事后说,“这个故事就写在这本书中,这本书是一位作家写的。你们长大了也一样能写这样的书。”

老师停顿了一下,接着问:“哪一位小朋友也来给大家讲一个故事?”

一位小朋友立即站起来。“我有一个爸爸,还有一个妈妈,还有我……”幼稚的声音在厅中回荡。

然后老师拿出一张非常好的纸,很认真,很工整地把这个语无伦次的故事记录下来。

下面老师又说,“哪位小朋友来给这个故事配个插图呢?”

又一位小朋友站了起来,画一个“爸爸”,画一个“妈妈”,再画一个“我”。当然画得很不像样子,但老师同样认真地接过来,附在那一页纸的后面,然后取出一张精美的封皮纸,把它们装订在一起。封面上写上作者的姓名、插图者的姓名,“出版”的年、月、日。

老师把这本“书”高高地举起来说:“孩子们,瞧,这是他俩合作写的第一本书。其实,写书并不难。你们还小,所以只能写这种小书,但是,等你们长大了,就能写大书,就能成为伟大的人物。”

品读:如果说观察力是知识积累的前提,记忆力是保持巩固知识的基础,思维力是获得新知识的途径,那么想象力则是人们进一步掌握知识、运用知识、发展知识的重要手段。

对学生来说,具有丰富的想象力比具有一定的知识更重要。

启迪孩子的思维,给予孩子丰富的想象空间,对孩子进行积极的心理暗示,并及时给予孩子充分肯定、鼓励、赞扬,这是我们看了上面的这则小故事得到的启示。

美国的孩子一入学就受到这样的教育,他们的创造力焉能不提高?

227. 为什么不去实际做一下呢?

居里夫人是世界著名的科学家,她通过四年的不断试验和探索,终于从矿渣中发现了镭这种新元素,成为一位两次获得诺贝尔奖的女性科学家。她不仅自己重视实践,在教子方面也是如此。

大女儿绮瑞娜上学的时候,老师向她和她的同学提出了一个问题:满满一缸水,任何物体放进去都会使水溢出,为什么把金鱼放进去,水却不会溢出来?同学们绞尽脑汁,纷纷提出自己的看法。有的说,因为金鱼的身体特别光滑,有的说,因为金鱼的密度小,等等。可老师说回答得都不对。绮瑞娜越想越觉得这个问题不好回答,回到家里,她把情况告诉了母亲,居里夫人并没有急于回答女儿的问题,而是说:"为什么不实际做一下呢?"绮瑞娜去做试验了,一次,两次,三次,她把金鱼放进盛满水的鱼缸里,水都溢了出来,于是,她得出了结论:老师的题目出错了!由于居里夫人的教育有方,后来绮瑞娜也获得了诺贝尔奖。

品读:也许老师在设定题目的同时就已经设计了请君入瓮的圈套。

初等教育中许多科目都需要同学们的实际操作,譬如数学,要想透彻地理解定理、公式,就要以大量的习题做基础;物理学中的电学、光学、力学,都与客观实际密切相关;化学中的物质反应是客观物质世界变化的结果。我们的老师在教授学生知识的时候,切记要理论联系实际,还要向居里夫人那样注意言传身教。让我们的学生懂得知识是客观世界规律的反应。只有多实践才能更好地领会和理解理论知识,只有更好地学习科学文化知识,才能做一个对社会发展有用的人才。

228. 达·芬奇画蛋

达·芬奇是意大利著名的画家,从小爱好绘画。他 14 岁的时候就进入著名画家和雕塑家维罗齐奥主持的艺术工厂学习绘画。

维罗齐奥对学生要求很严,训练的方法也非同一般。他开始指导达·芬奇学画时说:“我先不给你讲绘画理论,也不让临摹古人名画,而是给你一个鸡蛋,先照着它画,你看如何?”

“我一定按老师的指教,好好学画。”达·芬奇望着老师点头说道。

达·芬奇开始很有兴趣,照着鸡蛋非常认真地画着。但是一段时间过后,老师仍然让他画鸡蛋,达·芬奇有些厌倦,不耐烦了。他边画边想,鸡蛋这么容易画,为什么老让我画它呢? 这样怎么能提高。

一天,达·芬奇感到实在没意思,便鼓足了勇气向老师请教,说:“绘画的对象是复杂的,技巧是多样的,老师为什么只是叫我画一个简单的鸡蛋?”

维罗齐奥耐心地对他说:“我早就料到你会有这种情绪和想法。孩子,你知道吗,鸡蛋虽然简单,但在一千个鸡蛋中,却找不出两个完全相同的蛋,即便是同一个蛋,只要将它变换一下角度,它的形状也会有所不同。”

达·芬奇听了之后,仍不解地问道:“老师即使把这些不同的蛋画得再好,把这些蛋从不同角度画得再准再形象,不就是只画一个蛋吗?”

维罗齐奥笑了笑说:“要知道你能在纸上准确地把它表现出来,得有怎样的基本功啊! 我之所以叫你反反复复地画蛋,首先是训练你细心观察事物,准确地把握形象,再就是通过反复练习,达到眼手一致,随心所欲地表现事物。有了这种基本功,那么无论画什么东西,不就得心应手、应付自如了吗?”

达·芬奇听了,点了点头,说:“老师,我明白了,绝不辜负您的期望。”

后来,经过不懈努力,他终于成了意大利文艺复兴时期的绘画大师。

品读:学生在求知和做事的时候,容易出现好高骛远的毛病,为师为家长者,就是要启发他们加以克服,打好基础。维罗齐奥要求达·芬奇画蛋的故事给我们的启发是深刻的。维罗齐奥耐心启发达·芬奇提出的疑问也体现了教师对学生负责的一种品质。

229. 财富

一天, 小哈瑞回到家后说:“妈妈,我们很穷,是吗?”

“不,哈瑞,我们并不穷。”妈妈说。

“不,妈妈,”小哈瑞难过地说,“我们就是非常穷,你在骗我!”

“哈瑞!”妈妈的口气中含有责备的意味。

“是的,妈妈,我们就是太穷,”他哭了。“伙伴们都有好多玩具,可是我一个也没有。”

这时候他的叔叔来到哈瑞家,当他了解到哈瑞哭泣原因的时候,就对哈瑞妈妈说:“我会让他知道自己的富有。”

“哈瑞,我正在做一个关于眼睛的试验,如果你肯把你的眼睛给我的话,你将得到两美元。”叔叔对哈瑞说。

“你是在开玩笑吗?”哈瑞吃惊地问。

“不,这不是玩笑。”叔叔一本正经地说。

“我想不行。”小家伙回答的语气非常坚决。

“你嫌得到的少吗?5美元、10美元、20美元……”叔叔接着问,但哈瑞总是摇头。

“不,1 000美元我也不干!”

“2 000美元?”叔叔又问。

“不!”哈瑞摇头,

“那么好吧,”叔叔说。他又从兜里拿出一个小瓶子,里面有些红色的药水,“如果你让我把这瓶子里的药水滴到你耳朵里的话。你将得到20美元。我想知道这些药水是否能让一个人的耳朵变聋。”

“不!”哈瑞摇头。

“3 000美元?”叔叔又问。

“不,不行!”哈瑞又摇头。

接着叔叔又要他的双手、双脚、鼻子,最后出价10万美元要他的“妈妈”。

哈瑞拒绝了所有的提议。

“哈瑞,现在你来看!”叔叔把刚才出的价都记在本子上了,“你真是太富有了! 这些钱加起来一共是105 000美元。”

“你不觉得放弃这么多的钱太可惜了吗? 我要告诉你现在反悔还来得及,我还在这里。”叔叔提醒道。

“不,我绝对不会后悔。”哈瑞坚决地说。

“那么,你为什么要说自己穷,让你妈妈那么伤心呢?”

哈瑞红着脸,泪水滑下了脸颊,他冲到妈妈的怀里亲吻着她的脸庞说:“妈妈,我知道了。其实我们每一个人都很富有,我能天天看见你,还有健康的身体,上帝真是太好了,他给了每个人一切。”

品读:为了不让孩子落入权势和财富的旋涡,不被现实物质的阴影笼罩他们纯洁的心灵,教师与家长有责任用通俗易懂的方法使哈瑞这样的学生懂得每个人都很富有,金钱并不是财富的全部,许多东西是金钱买不到的深刻道理。这种教育方法,真的令人耳目一新、拍手叫绝。

230. 光芒依旧

一名学生因为怕麻烦老师,所以总不敢问问题。

这个老师非常细心,经过长时间和学生们相处,老师终于发现了这个现象,就问他原因。

学生说:“老师,很抱歉,您给我的答案我又忘记了。我很想再次请教您,但我想到我已经麻烦您许多次了,就不敢再去打扰您了!”

老师想了想,对他说:“你先去点一盏油灯。”学生照做了。

老师接着又说:“再去多拿几盏油灯来,用第一盏灯去点燃它们。”学生也照做了。

这时老师笑着对他说:“其他油灯都是用第一盏灯点燃的,但是第一盏灯的光芒有损失吗?”

学生回答道:“没有啊!”

老师又对他说:“和你们分享我所拥有的知识,我不但不会有损失,反而会有更大的快乐和满足。所以,有问题的时候,欢迎你随时来找我。”

品读:读了这个故事,我非常敬佩这位老师。敬佩他的诲人不倦,敬佩他的启发艺术,而且我们应该学习这位老师晓之以理的技巧。正是这种教育艺术,使这位学生懂得了“惑而不从师,其为惑也终不解矣”的道理。一个人的知识是有限的,只有长时间的学习和请教,才能使自己的知识和底蕴有很大提高。

231.《春野》

3岁的珍妮,有一个律师爸爸,由于他的工作过于紧张、繁忙,所以他经常听一些音乐来放松自己的紧张情绪。

一天,爸爸下班回来后,放班德瑞乐团演奏的《春野》,正听得入迷的时候,珍妮跑过来问爸爸:"爸爸,这支曲子比别的曲子好听,叫什么名字啊?"

"班德瑞的《春野》,珍妮怎么觉得与别的曲子不同啊?"爸爸问。

珍妮陶醉地说:"听这支曲子,就像看见了鲜花、绿树,听到了水声和鸟的鸣叫声。"

爸爸惊讶地说:"珍妮竟然能从音乐中领会这么多,看来你对音乐很有天赋啊!"

从此以后,爸爸就经常放一些班德瑞乐团的作品,珍妮只要一听到这些曲子,就显得非常兴奋。

一天,爸爸问珍妮:"珍妮这么喜欢音乐,想知道它们是怎么被演奏出来的吗?"珍妮点点头。

爸爸接着又说:"爸爸带你去听现场音乐会,让你感受一下那里的环境和氛围,好吗?"

珍妮跟着爸爸来到大剧院,刚到现场就被那所有的一切吸引了。音乐会结束出场的时候,珍妮冲着爸爸兴奋地说:"爸爸,真是太棒了。我将来也要坐在那儿演奏美妙的音乐。"

看着珍妮开心的样子。爸爸说:"好的。我答应你每个周末都带你听音乐会。既然喜欢,我们去学钢琴怎么样?"珍妮开心地抱住了爸爸。

珍妮每天都到老师那学琴、练琴。而且非常投入、认真。每次去接她回家,她都赖着不愿意走。

有一天,爸爸去接珍妮晚了一些,推开门刚想喊珍妮,却发现她正在断断续续地弹着《春野》,这并不是老师教她的曲子。

"爸爸,你怎么来得这么早啊?为什么不再晚一点呢?"珍妮有些不高兴地问。

回家的路上,爸爸思索着,珍妮对于音乐的爱好不能只靠老师和她自己的努力,还应该给她创造一个好的音乐环境和条件,让她在这种环境下受到熏陶,尽情展现自己的音乐才能。

爸爸对珍妮说:"珍妮,我们买一台钢琴,好不好? 这样你就可以按照自己的意愿练琴了。再把你的房间重新布置一下,就像音乐厅一样,好吗?"

珍妮拍着手对爸爸高喊:"爸爸,万岁。"

功夫不负有心人,珍妮终于成功地迈上了属于自己的音乐舞台。当珍妮10岁的时候,她成功地为一个著名歌唱家的音乐会担任钢琴伴奏。当演唱会结束后,珍妮和她爸爸都为她的成功留下了幸福的泪水。

而在下面的一则故事中,我们却看到了这样的情形。

点点的父亲年轻有为,事业成功。他希望给儿子提供世界一流的教育,让儿子日后超过自己。他认为孩子具有很强的可塑性,所以怎样培养孩子、培养什么样的孩子,就在于父母的教育。

一天,5岁的点点从幼儿园回家刚一进门就跑向爸爸。

他着急地问:"爸爸,老师说蚯蚓断成两截后,会变成两条独立的蚯蚓继续生存下去,是真的吗?"

爸爸说:"我不太清楚。"

点点接着又说:"爸爸,那你帮忙给我抓一条蚯蚓,我想看看到底是什么样的结果。"

爸爸有些生气地说:"那东西多脏啊,抓它干什么。它是否变成两条独立的蚯蚓生存下去与你有什么关系。现在是学德语的时间,快去背单词,别在这儿浪费时间了。"

点点被爸爸逼进了自己的房间,心里很不高兴。

第二天,点点在学校抓回了一只蚯蚓,他把蚯蚓分成了两截放在了花盆里,正认真观察自己的"实验成果"。

这时爸爸回来了,看到点点不是在学习,而是在玩蚯蚓便生气地打了点点一巴掌。狠狠地说:"把花盆扔掉,然后回房间去学习。你怎么就不知道爸爸对你的希望呢。每天就知道玩。"

点点又一次被逼着将花盆扔掉,回到房间里。

星期六,这一天是爸爸检验点点学习成果的一天。

爸爸说:"点点,把这些天学的德文单词给爸爸读一下。"

点点站在那儿一动不动,也不说话。用他那双水汪汪的大眼睛瞪着爸爸。

爸爸接着又说:"你怎么不说话? 难道你没学会吗?"

点点气急败坏地说:“我不想学德语,以后我不学了。你怎么样都行。”说完跑回自己的房间,狠狠地将门关上。

品读:点点的爸爸想将儿子教育成才,却阻止孩子去观察生活,甚至对孩子感兴趣的东西都采取漠视的态度,而他却让孩子按照他的愿望去学习,不仅打击了孩子自发学习的欲望和积极探索未知世界的主动性,也严重影响了孩子的健康成长。

而今,许多家长都希望自己的儿女成龙成凤。他们从不考虑孩子的兴趣、孩子的感受,只是一味地让孩子学这、学那,不过是为了满足大人们的虚荣心、互相攀比的心理,殊不知这给孩子的身心健康造成极大的伤害,甚至有些家长,给孩子买钢琴、电子琴、小提琴…… 一旦不学了,就全扔下了,也造成不必要的物质浪费。而珍妮的爸爸,无意间发现了珍妮的天赋,就开始注重在这方面的培养。带她听音乐会,为她营造了良好的音乐教育环境,并因势利导、循循善诱地对她启发、教育。从没有逼迫孩子学这、学那,让孩子真正体会到了音乐的优美。

我们的家长,应该像珍妮的爸爸那样,拥有一双敏锐的眼睛,发现孩子的天赋,并因势利导,唯有如此才能真正地使我们的孩子满足我们的愿望——成龙成凤。

232. 灰姑娘的水晶鞋

美国波士顿州立小学。

上课了,孩子们欢快地跑进教室,因为这节课是他们最喜欢的老师爱利普·杰克逊女士的语言课。

爱利普老师一脸灿烂:“我亲爱的孩子们,今天我要告诉大家的是灰姑娘的故事。我相信,很多人早就知道这个美丽的童话了,有谁愿意把它说出来呢?”

一个金发碧眼的小男孩跑上讲台:“从前,在一个镇上有一个美丽的小女孩,名字叫辛黛瑞拉……她在舞会上玩得开心极了,突然她发现时间快到12点了,她想起老太太的吩咐:午夜12点之前一定要赶回来,因为到那时所有的东西都要变回原状。于是,她急匆匆离开舞会,匆忙之中在台阶上绊了一脚,一只水晶鞋掉了,她也顾不上去捡。第二天,王子拿着这只水晶鞋,挨家挨户请姑娘们试穿,并宣布谁能穿上这只水晶鞋谁就是未来的王后……”

故事讲完了。爱利普老师眨了眨眼睛,笑道:"谢谢你,吉姆,你讲得真棒!孩子们,看来你们对这个故事非常熟悉,那么,我也不多费口舌了。下面,请你们来回答几个问题,你们喜欢谁?为什么?"

孩子们立即跳着高儿地抢着给了爱利普老师一个满意的答案。之后,爱利普老师话题一转:"那么,孩子们,你们有没有发现这个故事有不合理的地方,它在哪儿?"

学生们惊奇地看着老师。

爱利普微笑着:"孩子们,这个故事真的完美无缺吗?"

过了好一会儿,一个名叫爱利斯的学生才迟疑地站了起来:"午夜12点以后所有的东西都要变回原样,可是,辛黛瑞拉的水晶鞋没有变回去。"

爱利普老师十分惊喜:"啊,天哪,爱利斯,你太棒了!孩子们,你们看看,就是伟大的作家也有出错的时候!所以,出错不是什么可怕的事情。我担保,如果你们当中谁将来要当作家,一定比安徒生更棒!你们相信吗?"

于是,孩子们欢呼雀跃。

品读:长期以来,我们的教育似乎达成了一种共识:课本上说的就是"真理",不容置疑。于是我们的学生也在这种氛围中形成一种"被动思维",课本上怎么说我们就怎么答。而美国老师却反其道而行之,引导学生找故事中不合理的地方。尽管这个故事已经深入人心,故事的作者安徒生又具有广泛的影响力。但爱利普老师并不是采用简单的否定故事内容的做法,而是采用了自然的引导方式,让学生自己去发现问题,同时还不失时机地告诉孩子们这样的道理:谁都会出错,而出错并不可怕。从而拓展了孩子们的思路,培养他们的探索精神,不迷信权威,树立远大的理想。

233. 快乐即成功

上个世纪初,有一位犹太少年,他做梦都想成为帕格尼尼那样的小提琴演奏家。他一有空闲就练琴。可是就连父母都觉得这可怜的孩子拉得实在太蹩脚了,完全没有音乐天赋。

有一天,少年去请教一位老琴师。老琴师说:"你先拉一曲给我听听。"少年拉了帕格尼尼24首练习曲中的第三支,简直破绽百出。一曲终了,老琴师问少年:“你为什么特别喜欢拉小提琴?”少年说:“我想成功,我想成为帕格尼尼那样伟大的小提琴演奏家。”老琴师又问道:“你拉琴快乐吗?”少年回答:“我非常快乐。”老琴师把少年带到自家的花园里,对他说:“孩子,你非常快乐,这说明你已经成功了,又何必要成为帕格尼尼那样伟大的小提琴演奏家不可呢? 你看,世界上有两种花,一种花能结果,一种花不能结果,不能结果的花更加美丽,比如玫瑰、郁金香。它们在阳光下开放,虽说没有任何明确的目的,这也就够了。”

少年完全明白过来,快乐胜过黄金,是世界成本最低、风险也最低的成功。少年心中那团狂热之火从此冷静下来,他仍然常拉小提琴,但不在受困于帕格尼尼的梦想。这位少年是谁? 他就是日后名震天下的物理学家阿尔伯特·爱因斯坦。

品读:素质教育已实施多年,课程改革也正在如火如荼地进行,但学生们学习的乐趣增加了吗? 他们过得快乐吗? 他们热爱学习吗? 回答显然不容乐观。为什么? 很有可能是我们老师和家长有意无意剥夺了学生学习的快乐。在很多时候和很大程度上,我们把自认为的预期“快乐”强加在学生的身上,如将来的工作、收入、事业等。当我们以功利的目的来主导学生的学习时,如案例中爱因斯坦心中的那个“帕格尼尼梦想”,反而会适得其反。新课改强调要“着眼于培养学生终身学习的愿望和能力”,这显然离不开学生对学习的喜爱,那种发自内心的快乐。

234. 他们也是你的资源和力量

星期六上午,一个小男孩在他的玩具沙箱里玩耍。沙箱里有他的玩具小汽车、帐篷、水桶和一把亮闪闪的铲子。在松软的沙堆上修筑公路和隧道时,他在沙箱的中部发现一块巨大的岩石。小家伙开始挖掘岩石周围的沙子,企图把它从泥沙中弄出来。由于男孩的年龄太小,而岩石却相当巨大,他能够手脚并用把岩石推到沙箱的边缘,却无法把岩石向上滚动,翻过沙箱边墙。小男孩下定决心,手推、肩挤、左摇右晃一次又一次向岩石发起冲击,可是每当他刚刚觉得取得了一些进展的时候,岩石便滑脱了,重新掉进沙箱。

小男孩使用全部的力气,但岩石再次滚落下来,砸伤了他的手指。

最后,他伤心地哭了起来。整个过程,男孩的父亲从起居室的窗户里看得一清二楚,他来到了男孩的跟前。

父亲的话温和而坚定:“儿子,你为什么不用上所有的力量呢?”垂头丧气的小男孩抽泣道:“我已经用尽全力了,爸爸我用尽了我所有的力量!”

“不对,儿子,”父亲亲切地纠正道,“你并没有用尽你所有的力量,你还没有请求我的帮助。”

父亲弯下腰,抱起岩石,将岩石搬出了沙箱。随后说:“人都有短处,你解决不了的问题,对你的亲人和朋友而言或许就是轻而易举的事,记住他们也是你的资源和力量。”

品读:随着科学技术的发展、人类文明的进步,科学也分工越来越细,全球经济一体化已势不可当,“协作”的话题更具现实意义。协作是一切事业成功的基础,个人和集体只有依靠团结的力量,才能把个人的愿望和团队的目标结合起来,超越个体的局限,发挥集体协作的力量,产生 1+1>2 的效果。

“协作”无论对一个人、一个家庭、一个集体,乃至一个国家,甚至全人类,都至关重要。协作是成功的土壤,是人类生存的必须,是世界发展的趋势。

作为家长和老师的我们,一定要让孩子懂得团结协作的重要性,正像那位父亲那样告诉儿子:把别人作为自己的力量和资源。只有这样才能丰富自己,发展自己。

235. 美丽的圈套

小英是个出了名的考试“不老实”。带着英语老师“一定要严格”的嘱托,方老师走进考场监考。突然,小英将手伸进书箱,“她想作弊!”方老师立即用眼睛制止她,直到她把手撤出来。可是一错眼神,她的手又伸进去……这节课方老师几乎成了小英一个人的监考。考试结束回到办公室,方老师整理自己的思路,想了好久,设下了一个小小的“圈套”:方老师把小英叫到办公室,请她辅导“奥数”。起初她有些紧张,在一番交流之后,她开始和方老师一起学习。下午放学后,她还带着数学老师的难题来考方老师。在她的监督下方老师开始答题,题目很难,于是方老师决定看看参考书。看到方老师伸手拿书,她急了:“方老师！这是在考试!”她很聪明,话音刚落就低下了头,“老师,我……”方老师会心地笑了,这是方老师送给她信任的微笑,她却转身跑了……在以后的考试中,再也没有一位老师反映小英考试作弊。方老师为她设计的美丽"圈套","圈"住了她的心。她在要求别人的同时,明白了道理,约束了自己。

品读:方老师设计的"圈套"是个美丽的圈套。对小英的作弊方老师没有指责,却使她认识了错误,这的确是一种教育的技巧。其实不仅仅是考试,很多时候我们都会面对教育中"两难的尴尬"。要严格,让学生懂得是非对错,知道没有规矩难成方圆,但也许会因此而造成对学生的伤害:要和蔼,让学生感受温暖,体验关怀,但也有可能因此而放纵学生的错误。这种影响是积极的,还是消极的;是乐观的,还是悲观的……都与学生的个体差异有关。方老师利用小英数学方面的特长,设计了一个小小的"圈套",使其认识了错误。这个方法用得好。教育很奇妙,有时是严厉的,有时是和蔼的,有时是激情澎湃,有时是心平气和的……无论是什么样的教育都要呵护学生的自尊,尊重学生的人格,使师生共同享受苹果从青到红成长过程带来的喜悦。即使是小小的"圈套"也会变得美丽。把学生的"心"放到自己的"心"上,那样当你的心在快乐地跳动时,会有无数的心跟你一起快乐地跳动。

236. 手机里的歌声

一位老师去农村支教,内容是作文观摩课《我的老师》。上课没几分钟,老师的手机忽然响了。坐在后面听课的老师窃窃私语起来,学生不约而同地注视着讲台。随即,学生们都笑出声来:"校歌,我们的校歌!"有几个活跃的学生开始哼唱起来。这位老师没有阻止,也没有接听电话,而是跟着学生哼的旋律一边轻打节拍一边说:"对,就是你们学校的校歌《永恒的理想》,让我们一起尽情地唱吧。"伴着手机的音乐,学生们放开了声音。

歌罢,教室里特别的安静,他们瞪着眼睛看着老师的一举一动。语文课上这种熟悉而又陌生的歌声犹如一块强大的磁铁,吸引住了学生。老师问:"你们知道这首歌的词作者是谁吗?""知道。他是我们的陈校长。""谁谱的曲呢?""我们学校一位已经退休的戴老师。"一个学生继续说:"陈校长和戴老师一起创造了许多校园歌曲,其中,一首《小天使》还在省里比赛中获奖。""那你唱几句好吗?""好。"说着这位学生张口就唱:"问问老师,问问自己,谁是快乐的小天使?……"

接下来老师说:"同学们,你们确实很幸福,有这么优秀的校长和老师为你们谱写校歌。”他顿了顿又说:“你们能谈谈唱自己的老师谱写的歌曲的体会吗?”学生们显得很激动,一个个争先发言:“唱校歌,我感到很亲切,因为它是我们自己的校歌。”“我们心中涌起的不仅仅是一种亲切,还懂得了什么叫自豪。因为校歌不是所有的学校都有,自己作词谱曲的更少。”“学校每天在午间播放校歌,这既是一种音乐艺术的享受,也是一种生动的尊师爱校教育。”……这时老师在黑板上写下了作文题目《我的老师》……

品读:从这个故事中我们可以发现,发自肺腑的语言说明学生对老师所设计的情景是非常喜欢的。在课堂上应用手机录下学校的校歌,这是一个细节,是一种创新,更是一种宝贵的实践。它既发掘了学校的德育因素,又营造了课堂气氛,提高了学生的兴趣。使学生在轻松愉快中进行习作训练,加深了对自己学校教师的了解和热爱。其实,这个教学设计并不困难,它源于教师在教育生活中,善于发现有价值的细节,善于筛选和利用这种细节。

西方有句名言:罗马不是一天能建成的。如果说良好的品质是“质变”,那么这种质变是经过“量变”的积累才形成的,这就是细节的力量,也是教师教育智慧形成的过程。

237. 黑点与白点

一天,老师走进教室,先拿出一张白纸,中间有个黑点。老师问同学看见了什么? 全班同学盯住白纸,齐声喊道:一个黑点。

老师沮丧地说,这么大的白纸看不见,只盯住一个黑点,将来你们的一生是非常不幸的。眼光集中在黑点上,黑点越来越大,最后整个世界就变黑了。

整个教室寂静无声。

在沉默中老师又拿出一张黑纸,中间有个白点。老师又问看见了什么? 全班同学开窍了,一个白点。老师欣慰地笑了,太好了,无限美好的未来在等着你们。

品读:这是一个非常有哲理的故事,我们做教师的就是要善于启发学生看问题要看光明的一面,美好的一面,才能使他们有美好的人生。一个人不可能没有污点,关键是要正视它,但不能放大它,那你的人生就会越来越美好。一个人可能优点不多，这并不可怕，只要看到它，发扬它也会走向光明的未来。

238. 一颗花生

有一个年轻人渴望自己能成功，但是在他短短的人生旅途中已经遭受了接二连三的打击和挫折。他处于崩溃的边缘，几乎要绝望了。苦闷的他仍然心有不甘，在彷徨和迷茫中，去请教一位智者。

见到智者后，他很恭敬地问："我一心想有所成就，可总是失败，遇到挫折。请问，我怎样才能成功呢？"

智者笑笑，转身拿出一个东西递给年轻人，他吃惊地发现放在自己手心的竟然是一颗花生。

智者问道："你有没有觉得它有什么特别之处呢？"

年轻人凑上前去仔细地观看了一番，但是仍然没有发现它和别的花生有什么差别。

"请你用力捏捏它。"智者见年轻人没有说话，接着说。年轻人伸手用力一捏，花生壳被他捏碎了，只有红色的花生仁留在了手中。

"请你再搓搓它，看看会发生什么事。"智者又说，脸上带着微笑。

年轻人虽然不解，但还是照着他的话做了，就在他轻轻地一捻之中，花生红色的皮也脱落了，只留下白白的果实。

年轻人看看手中的花生，不知智者是何用意。"再用力捏它。"智者又说。年轻人用力一捏，但是他感觉到他的手指根本就没办法将它毁坏。

"用力搓搓看。"智者说。

年轻人又照做了。当然什么也没搓下来。

"虽屡遭挫折，却有一颗坚强的、百折不挠的心，这就是成功的一大秘密啊！"智者说。

年轻人顿悟，自己遭受过几次挫折就要崩溃绝望了，这样脆弱的心理又怎么能够成功呢？从智者那里出来，他又挺起了胸膛，向前方迈开了脚步。

品读：智者从一颗小小的花生谈起，给了年轻人深刻的人生启迪。平常我们见过很多东西，但我们从没想过它给人们带来什么教育意义。看来，不是我们的眼睛缺少发现，是我们的心里缺少发现。人们常说：处处留心皆学问。作为一个教师或家长:处处留心皆育人。

239. 减法

一位老师布置学生写作文,其中一名学生只写了200多个字,而且字迹潦草,错别字连篇,但是文章的构思较为新颖。按惯例,这样的作文直接打60分也就差不多了。但是,这样做,对学生肯定不会有什么触动。于是,老师给他打了95－20－15这样一个分数,并在每个分数下面做了解释:95分——构思新颖,有创新精神;减20分——字数不够;减15分——书写潦草,还有错别字。

品读:同是一个60分,经过老师的演绎,效果便不可估量。这个带减号的60分,内涵丰富而深刻,既肯定了学生的创新精神,又具体指出存在的问题,形象而生动,比单个60分更具有艺术性、激励性和针对性。学生得到的不只是分数,是老师对他的信任、尊重和期望。教育无小事,育人无小节。许多看似简单、平常的细节、小事,其实包含了许多教育智慧,关键还在于我们有无敏锐的观察力,有无创新的精神和意识。世界上没有两片完全相同的树叶,也没有两个相同的学生,他们都是独一无二的。学生每天都会出现新情况,教师每天都在演绎着全新的教育故事,就会从石头中看到风景,从沙子里看到灵魂,也能从学生身上发现更多的优点,也就会从教育细节中得到更多的启发。

240. 右手比左手大百分之四

读小学时,我的班主任老师喜欢用“错一个小数点,卫星就不能上天”之类的话发出警告,要我们细心、细心、再细心,尤其在面临大考的时候。而我们把这些警告当成耳旁风,后来演变成我们的口头禅,成了开玩笑、嬉闹时的惯用语。再后来,一堂美术课后,我对这句话才有了深刻的认识。

有一天上课,美术老师偶然听见我们说这样的话。很遗憾地摇摇头,说:“你们这些孩子,不懂得卫星和小数点的意义,忽视了一个很严肃的道理。”那天恰好学习画人手,老师说:“手,看起来不复杂,但我先讲一个故事,之后你们可能就会认真学画了。”

“德国有一家服装厂,每年生产许多手套,都在附近的城市销售,销售量一直平稳。有一年,他们得知不远的地方新建了一家专门生产手套的小厂。由于这个小厂业务量不大,对他们似乎没有什么影响,就不太在意。但是,一年后,他们又发现:自己生产的手套在市场上不吃香了,而那个小厂生产的手套几乎占领了百分之八十的市场份额……”老师问:“你们猜猜这是为什么?”同学们七嘴八舌地列举了许多理由。老师对其中的部分答案表示肯定,但同时又一再鼓励我们继续猜。十分钟后,教室里没有声音了。老师神秘地笑了,说:“手套里有一个微小的数字,决定了它是否更讨人喜欢……”

——原来,那个小厂生产的手套,即使同一双,大小都不一样的,因为大多数人是右撇子,右手通常比左手大百分之四。所以,这种大小不一的手套,戴起来感觉更合适!

“这百分之四的区别,使小厂获得了百分之八十的手套市场份额——听起来是不是很有意思?”美术老师得意地说:“我知道,卫星离你们太遥远,但手套你们总见过吧!记住,以后不要轻易蔑视那些看似细小的事物,它们有时能决定事情的成败!”听了美术老师的故事后,同学们深有感悟。再也不把“错一个小数点,卫星就不能上天”这句话当成开玩笑、嬉闹时的惯用语了。

品读:由此我想到,我们老师在教育学生过程中,不妨向这位美术老师一样,将一些学生不愿意接受的大道理,通过讲故事的方式,给学生们设计一些值得思考的问题,启发学生,让学生参与到其中,真正从故事中受到教育,这样比干巴巴地讲一些大道理效果要好得多。

241.“锚定”

据说有这样一个故事:有两家卖粥的小店,左边的这家和右边的那家,每天的生意都不错,而且有趣的是顾客的数量差不多,可是晚上结账的时候左边的这家总比右边的那家多出百把元钱来。有人好奇地进行了研究,发现奥秘在于服务员的一句话的不同:左边这家利润高一点的服务员总是问,“您这碗粥加一个鸡蛋还是两个鸡蛋?”而右边那家的服务员问的是,“您要不要加鸡蛋?”左边的小店之所以每天都比右边的小店多出百把元钱来,是因为左边的服务员把顾客“锚定”在“加几个鸡蛋” 上。显然右边的服务员只把顾客“锚定”在“要不要加鸡蛋”上。在前一种情况下,顾客是在“加一个鸡蛋还是加两个鸡蛋”上进行选择或者说调整,很少有顾客跳出这个框架说不加鸡蛋。而后一种情况,顾客是在“加不加鸡蛋”上进行选择或者说是调整,所以左边的小店比右边的小店多出百把元钱就在情理之中了。

品读:这故事给我们老师的启示是,当遇到学生犯错误,需要他接受惩罚时,我们就不应对学生说你得怎么样怎么样,如果我们不会说:“你得向那位女同学道歉!”或者“你要不要向那位女同学道歉?”因为你“锚定”在“道不道歉”上,这样许多学生就不会答应道歉了,甚至向老师抗议使矛盾更加激化。而我们通常会说“你向那位女同学当面道歉还是书面道歉?”甚至还可以多给学生一些选择,于是学生就会马上做出选择一种自己可以接受的方式。因为是他自己的选择,所以他答应了之后也就没什么怨言,往往都是很乐意地去实行了,这样效果达到了,教师也就省事多了。

“锚定和调整启发式”是一个心理学术语,它是人们在作出决策和判断时经常采用的一种方法,即先把自己“锚定”在某个事物上,然后再在这个基础上进行调整。乍一听起来好像是比较深的理论,其实掌握了之后很简单,而且在生活实际中能经常碰到,我们做教师的在教育学生的过程中运用得好,一定会收到事半功倍的效果。

242.“明以教我”

《齐桓晋文之事》一文,记录了孟子说服齐宣王放弃霸图,实行王政的过程。孟子首先把齐宣王说高兴了,进而使他醒悟,愉快地表示“愿夫子辅我志,明以教我”,并放弃了霸图,接受了孟子的政治主张。

品读:这个故事,充分表现出孟子的聪明。这件事也使我联想到教育犯错误学生的事。只有使受教育者能像齐宣王那样,心悦诚服地认识错误,接受教育,才能达到教育的目的。然而在我们同行中,有人却不注意根据学生的心理特征,对他们的缺点错误施以恰当的教育,或失“爱心”与“耐心”,或不注意施教方法,甚至讽刺、挖苦、体罚,其结果使学生“视学校如囹圄而不肯入,视教师如寇仇而不欲见”,自暴自弃,破罐破摔。

教育犯错误学生时,态度和蔼还是冷酷;语气亲切还是生硬;讲清道理、辨明是非还是不明曲直胡乱批评;关心爱护,还是训斥一顿了事,其效果大不一样,应当谨慎行事,就前弃后。

为师者,一定要从爱出发,动之以情,晓之以理,导之以行,持之以恒,争取使犯错误的学生由"悦"而承认"吾惛",进而主动请求教师"明以教我"。只有达到如此地步,才会产生良好的教育效果。这也是教师智慧的体现。

孟子说服齐宣王之故事,确实值得教育工作者借鉴。

243."我也要成为怀特兄弟"

星期天,爸爸和两岁的大卫都在家休息。父子俩正在看动画片《怀特兄弟》,爸爸对大卫说:"大卫,怀特兄弟是不是很厉害啊!他们什么都知道?"大卫回答说:"嗯,他们好厉害。爸爸,我好羡慕他们啊!如果我能像他们一样就好了,那多威风啊!"爸爸笑了笑说:"大卫真乖,只要你不管遇到什么事都问个'为什么',等到有一天这些'为什么'就会使你像怀特兄弟一样,那么聪明,有智慧。"

大卫努力地点了点头说:"我也要成为怀特兄弟。"

午觉醒来后,大卫觉得热,就去冰箱拿冰块吃。可是不小心,冰块掉到了水杯里。

大卫喊:"爸爸冰块掉了,我们吃不成了。"可是不一会儿冰块却浮了上来,大卫很奇怪,用手按它下去,它仍然漂上来,反复几次都一样。

爸爸笑了笑说:"既然大卫不明白,爸爸就带你去图书馆,我们一起去那里找答案,好吗?"

大卫点了点头。通过查资料大卫找到了答案:水在结成冰的过程中,体积大约要增加十分之一,因此它的密度变小,同样体积的冰比水轻,所以会浮在水面上。

回家的路上,爸爸对大卫说:"如果以后遇到不能解决的问题,你就到图书馆去找答案,知道吗?"大卫答道:"知道了。"

品读:从这以后,大卫就养成了爱提问的习惯,并学会了怎样通过书寻找自己需要的答案。大卫爸爸在教育孩子时,注意从孩子感兴趣的动画片入手加以引导,培养孩子的探索精神,并营造使孩子主动探索的环境,让他养成多提问题的好习惯。当孩子面对具体事物或现象提出问题时，他并不直接给予解答，而是带他到图书馆去寻找答案，这就交给了孩子解决问题的途径。爸爸希望大卫可以通过自身的活动和亲手操作，用自己的感受，去充分感知事物，并以此来获取知识，发展智力。

在孩子很小的时候，家长们大多愿意直接教给他们更多的知识，如记住多少个字词，背诵多少首古诗。殊不知营造一个使孩子主动探索的学习环境，为孩子创造一个能够不断向他们提供科学信息，引导他主动探索未知世界的精神更为重要。老师在教育教学中也是如此，授之以鱼，不如授之以渔。这便是启发的艺术。

244. 种葫芦

《庄子》中有这样一个小故事：惠施和庄子比谁种的葫芦大。为了种出比庄子更大的葫芦，惠施特别用心，每天勤快地除草，施肥。在同一片土地上种葫芦的庄子的做法却与惠施不同，他每天去地里转转，从不施肥，见没什么异常就自顾去做别的事情。不久，惠施的葫芦相继死去，而庄子的葫芦却长得特别好，最后结出了一个个大葫芦。惠施不解，前去请教："先生，为什么我那么精心栽培，所有的葫芦苗都死去了，您从来不好好管理葫芦苗却长得好呢？"庄子笑答："你错了，其实我也是很用心的，看到它们长得好好的，我当然不用去管理它们，而你不顾它们的感受，拼命地施肥、除草，哪有不死去的道理啊！"

品读：同样一种工作，同样的目的，然而最后的结果却有天壤之别：一个是前功尽弃，吃力不讨好，一个是轻松自然而富有成效。《庄子》中这个故事说的不就是我们常讲的"教师是教育过程的主导，学生是教育过程的主体"吗？在日常生活中也常有这样的事例：有的教师从早到晚忙个不停，为了考试的分数甚至占用学生休息时间和其他所谓的"副科"时间来做大量的练习，往往得不偿失。相反，有的教师会让人觉得"不务正业"，课堂纪律不好，学生行为习惯不统一，时常把学生带出教室做游戏或游玩等。但事实证明，这样的学习会带来很好的效果。有人笑谈曰："有心栽花花无语，无心插柳柳成荫。"笑归笑，作为教育工作者必须重视这其中的道理——我们在教学中应该在确立教师主导的前提下相信学生的能力、重视学生的感受，给学生一片自由驰骋的空间。

245. 女孩的手表

一个女孩遗失了一只心爱的手表,一直闷闷不乐,茶不思、饭不想,甚至因此而生病了,神父来探病时问她:“如果有一天你不小心掉了10万块钱,你会不会再大意遗失另外20万呢?”

女孩回答:“当然不会。”

神父又说:“那你为何要让自己在掉了一只手表之后,又丢掉两个礼拜的快乐,甚至还赔上了两个礼拜的健康呢?”

女孩如大梦初醒般地跳下床来。有所领悟地说:“对!我拒绝再损失下去,从现在开始我要想办法,再赚回一只手表。”

品读:人生本来就是有输有赢,更是有挑战性的,输了又何妨,只要无愧于心,真真切切为自己而活,这才是真正的“生命”。

如果已经输了,请不要气馁,为自己制订一个“转输为赢”的计划吧!

生命的价值不要让昨日的沮丧令明天的梦想黯然失色。

作为教育者,我们应该教育孩子:人生的路很长,不要为昨天的失败而惋惜,重要的是要走好今天的路。

246. 四个小和尚

在一次班会前王老师给学生讲了如下一个笑话:有四个小和尚到一个道行很高的老和尚那里拜师。老和尚说:“你们如能通过‘禁口’的考试即可。所谓‘禁口’,就是通过一个长长的山洞,从走进去到走出来不许说一句话。做到了就可以收为徒弟。”四人觉得很简单,便开始考试。当他们努力地坚持到快走出洞口时,不巧一股风刮过,吹灭了他们手中的蜡烛。第一个人很惊慌,脱口而出:“哎呀!灭了!”第二个人猛地拽了一下他的衣服,提醒道:“师傅吩咐不让说话!”第三个人生气地抬手给了第二个人一巴掌:“不让说话你还说!”第四个人泰然自若地来了一句:“我反正什么都没说。”

学生听后有的低头品味,有的大笑,还有的窃窃私语。老师见学生的注意力仍然集中在那个笑话上，便问道："你们都在想些什么？有什么问题吗？"学生一下子活跃起来，纷纷发言。有的揭示出笑话的可笑之处：第一个人处于惊慌犯规情有可原，后三人在犯规时明明清楚记得考试要求，心里也十分希望顺利通过考试，行为表现却是自己远离目标，令人发笑。有的学生提出了问题："您为什么要给我们讲这个笑话呢？"我首先肯定了那些用心动脑的学生十分准确地揭示出了笑话的荒唐之处，又把后面学生的问题转提给大家，请学生思考讨论："老师为什么要给大家讲这个笑话？"

通过讨论，有不少学生意识到，自己就是那三个糊涂的"小和尚"。在课堂教学或其他集体活动中，有时需要一个安静的环境，即便是自习时也同样需要安静的状态。"遵守纪律"就是要集中注意不说话。关键是"不说话"每个人管住自己。

品读：王老师为解决班里学生随便讲话，影响课堂纪律的现实，没有讲大道理，而是通过讲述"四个小和尚的故事"，引导他们讨论，使他们悟出了其中的道理。这种做法，既符合学生年龄特点和兴趣要求，又具有启发性；既发挥了教师的主导作用，又体现了以学生自我教育为主的先进教育理念，值得我们学习。

247. 虚空才能纳教

南隐是日本明治时代一位著名禅师。

有一天，有位大学教授来向他问禅，他默而不答，只是以茶相待。他将茶水注入这位来宾的杯里，直到杯满，而后继续注入。

这位教授颇感纳闷，喝茶和禅有什么关系？

教授眼睁睁地望着茶水不断地溢出杯外，流得满桌都是，再也不能沉默下去，终于说道："师父，已经漫出来了，不要再倒了。"

"你就像这茶杯子一样"，南隐乘机说："里面装满了你自己的东西和看法，你不先把自己的杯子空干，教我如何对你说禅？"

教授听了忽有所悟，一面羞惭，一面伏地礼拜禅师。

品读：一个人要想真心实意求教别人，必须虚心，先把自己的观点、想法放在一边，才能听进别人的教诲。有的则因过分强调人的悟性，语义晦涩，做文字游

戏者也不在少数,尤其是"棒喝"(如马祖教诲百丈和尚)它固然可以强烈的刺激、暗示启悟对方,但能到"顿悟"境界毕竟不易,思维迟钝者往往棒喝之后仍然"丈二和尚摸不着头脑"。

禅宗这些教育方法,一些师徒相传的行当也在使用,如工匠、艺人。一位小铁匠打好的刀,刀刃始终是一条曲线,向师傅请教秘诀,师傅没正面回答,使劲用刀拍了一下他的背,小铁匠茅塞顿开:要想刀刃平直,必须锻打刀背。我想读了这个故事教师们对这种启发式的方法会有更深入的领会。

248. 云在青天水在瓶

唐代散文家、哲学家李翱是韩愈的学生,他做朗州刺史时,曾向惟严法师请教,惟严没有正面回答李翱,却用手上下指了指,问李翱:"你懂了吗?"李翱说:"不懂。"惟严说:"云在青天水在瓶。"李翱豁然开朗。他对惟严法师的"指教"是这样领会的:云动水静,一上一下,全要顺其自然。修行如此,为官亦如此。

品读:佛教在长期的发展过程中,形成了一套独具特色的教育方法。借用比喻、隐语、双关等方法让弟子去心领神会则是常用之法,体现着禅学大师的智慧。他们所言所行,讽喻幽默,饱含哲理,富有启发性,让人回味无穷。

启发永远是教学方法的最高境界,本故事也是一种"启发式"。与孔子所说的"不愤(思考而仍不得要领)不启,不悱(想说又未能说出来)不发"、荀子所说的"不问而告,谓之傲(急躁),问一而告二,谓之嘈(多嘴)" 以及后来的唐玄宗李世民"遇物则诲"的教子方法有异曲同工之妙。

启发必须要相信学生的悟性,让其经历痛苦的思维过程。孙志毅先生曾说:基础教育所学,多为前人证实了的现成结论。还有必要让学生经历前人的思维过程吗?是的,因为思维是训练出来的,它是一个加工器,而非单纯的储存器,不把现成答案和盘托出,教师只用片言只语点拨暗示学生,这是对学生能力的一种尊重,表面上,师生费了好大周折,有故弄玄虚之嫌,实际上学生受益最多,他们是经过艰苦的跋涉达到真理彼岸的。从中学会的思维方法也会终生受益。

249. 自己的幸福

一位教师教的是一群患有先天性残疾的学生。

一次,她讲到“幸福”这个词的时候,忽然顿住了,因为,她不知道该怎么向这些不幸的学生诠释这个美好的字眼儿。从小到大,他们似乎根本就没有过关于“幸福”的体验。

后来,这个聪明的老师,把他们分成面对面的两组,一组是失明的学生,一组是聋哑的学生。在她的引导下,失明的学生说:最期盼的是见到阳光,聋哑的学生打着手语说:最渴望的是听到声音。通过她的传递,两组学生互换了答案,于是不幸的学生们终于知道了什么叫“幸福”。

“幸福”并不遥远,它既在你的对面,也在你的身边。每个人都有自己的幸福。

品读:这位老师的确很聪明。面对一群先天性残疾的学生,要给他们讲清什么是幸福,而又让他们觉得自己也是幸福的,确实是一件很难的事情,但是,在这位智慧型教师的面前,解决起来又是如此之简单。当我们读完这个故事后,真的是豁然开朗,有一种“原来如此”的释然感。看来困难再多,总是有办法解决的,办法总比困难多!

250. 少年陈毅对对联

回家途中,陈毅随父亲坐了两天小轿,到达四川的万县城。在万县登上一艘火轮,逆长江而上抵重庆,再辗转跋涉返回乐至。

陈毅的父亲每当空闲的时候,总喜欢和儿子天南海北地聊天。他希望借机给儿子传授些社会知识和人世间的道理。陈毅也很爱听那些说古论今的事儿,还常常寻根问底哩!

乘船,是他们聊天的最好机会。

他们乘坐的轮船经过丰都下面一个峡口时,一只小木船被激流巨浪打翻。正在波涛中颠簸沉没。旅客们见了,都着急地蜂拥到甲板上和船舷上去观看,无不为之惊叹、惋惜。轮船开出峡口很远了,不少人还在议论着。

此时。陈毅的父亲倚着船舷的栏杆,凝视着浩浩荡荡的江水,侧着身子对陈毅叹道:"古人云,'水可载舟,亦可覆舟。'真是一点儿不假。"

"这话是谁说的,很有道理!"陈毅兴致勃勃地问。

"这是'孔子家语'中的一句。"父亲慢慢解释。"它的意思还深沉呢!孔夫子的原话是'夫君者舟也,人者水也。水可载舟,亦可覆舟。君以此思危,则可知也。'平时里,看起来水是柔和的,可以滋润出繁花硕果。但它泛滥起来就如狼似虎,会给人们带来巨大的灾难。民众也正如此,年年上税纳粮,听从各种使命,但一旦朝政腐败,百姓到了民不聊生、忍无可忍的程度,就会如洪水击舟,把它推翻。"

"这是不是就叫'物极必反'呢?"陈毅想起了前几日学过的一句成语。

父亲摇着头:"不完全是。物极必反,是指事物走到了极端,就像脓疮烂穿了就会慢慢好起来,必然要起变化。孔夫子这句话是说万事万物都是有利有弊的,都是在变化之中。要紧的是看你是否处理得当。这层意思,更为重要。

为了让儿子加深理解,父亲寻思良久,突又笑道:

"世俊,刚才谈到的孔夫子的那句话,我把它变成一句上联,你看能不能对出下联?"停了停,父亲一字一板吟诵起来:"水载舟,舟行:水覆舟,舟毁。"

陈毅在父亲和老师的教导下,很小的时候对诗句和对联就感兴趣,并且记住不少好诗好对,也听到不少历代名人吟诗作对的故事。他听了父亲出韵上联,微笑着不住点头。觉得极有趣味。

他们身旁的一位青年水手,一直在听着陈毅父子的谈话,此时连声感叹道:"这个上联好!这个上联好!就看这位小兄弟对不对得上了。"

另一位戴博士礼帽、身着西装革履的中年旅客也饶有兴趣地搭话:"这孩子要真对上了,我愿给奖。"他边说边从衣兜里摸出一个亮铮铮的"袁大头"。

陈毅没去看他手中扬起的银元,环视人们投来的充满期待和热忱的目光,笑嘻嘻地说:"先生,不用你赏。让我想一会,也许能对上。也许没法对上。"

这时,那位悬赏人的太太狠拉了一下丈夫的衣角,斥责道:"走走走,少管闲事,我们回舱去。"

可是,那位先生并不听她的,两腿如同柱子,一动不动,显然是要看个结果。

时髦太太恼怒地看了先生一眼,为了掩饰窘态速从小手提包里掏出一盒香烟,抽出一支含在嘴上,接着又掏出火柴,取出火柴棍在盒背上使劲擦起来。谁知"咔"的一声响,火柴头刚爆出一朵火花,就被江风吹灭了。她又擦燃一根火柴,瞬间又被江风吹灭了。她生气地一下取出两根,两手立即合拢,企图挡住江风,但不待她去点燃烟头,火苗又灭了。她很恼火,皱紧眉。好在她身边一位老年人正握着根烟棒在吸烟丝,那老人同情地对她笑了笑。"噗"的一声吹燃手中的火纸捻,两手捂住火苗,才为她点燃了香烟。

陈毅在一旁看着想着,刹那间,那老人手中的火苗好似点燃了他胸中的一盏明灯,心里一下亮堂了。他欣喜地思索了片刻,便高声对父亲说道:"我对起了!我对起了!你的上联是'水载舟,舟行:水覆舟,舟毁。'我对的下联是:'风生火,火燃:风灭火,火熄。'"

父亲听了,逐字逐句吟诵了两遍,高兴地说:"还好!还像那么回事。"

在场的人也赞不绝口。只是那位悬赏的先生有些尴尬,没再拿出他那个亮铮铮的大洋来。

品读:这则故事与"遇物则诲"有异曲同工之妙。父亲与陈毅的交流中处处都是对儿子的启发。同时,对联与其他文艺作品的共同特点都是来源于生活,父亲的上联是受小船被巨浪打翻的事件启发,陈毅的下联是受时髦太太在江风中点烟的启发。这也会使我们教师受到启发:要想使学生能写出好的作文,就要引导学生细致地观察体验生活。

251.宽容待人,不拘小节

楚庄王有一次大宴群臣,令其爱妾许姬敬酒,恰遇风吹烛灭,黑暗中有人拉了许姬飘舞起来的衣袖,许姬顺手摘下那人的帽缨,并要楚庄王掌灯追查。楚庄王说:"酒后狂态人之常情,不足为怪。"并请群臣都摘下帽缨后再掌灯。不久,吴国侵犯楚国,有个叫唐狡的将军屡建战功后,对楚庄王说:"臣乃先殿上绝缨者也。"

品读:宽容,这是领导者的一种美德和修养。"宰相肚里能撑船"这句俗语就形象地说明领导者要有宽大的胸怀和气量。倘若楚庄王没有宽广的胸怀和气量,就不可能有卫国戍边中战功显赫的唐狡。领导宽容待人,就是在组织内部创造友好和谐的气氛、民主平等的环境,这不仅是工作顺利开展的重要保证,而且有助于解除下属的后顾之忧,并最大限度地发挥他们的聪明才智。我们的教育工作者在教育学生的过程中,何尝不需要这种宽广的胸怀和气量呢?

252. 感情投资,事半功倍

《三国演义》第四十二回:长坂坡一战,刘备被曹操打得丢盔卸甲、仓皇逃命,连爱子阿斗也陷落敌阵。当赵子龙冒死救出阿斗来到刘备面前,把阿斗交给他时,刘备却将其丢在一旁:"为汝这孺子,几损我一员大将!"

品读:也许刘备爱子不如爱将,也许刘备"口是心非"耍诈术,但不管怎样,我们的着眼点应该放在刘备这一行为所产生的后果上:使赵子龙感到在刘备的心目中,他的位置比阿斗更重要,从而激发了赵子龙为刘备打天下的热情。刘备不但善于抓住任何一个机会"感情投资",而且方法独到,确实值得我们每一个教育者借鉴。

253. 大师,什么是气?

古时有一个妇人,特别喜欢为一些琐碎的小事生气。她也知道自己这样不好,便去求一位高僧为自己谈禅说道,开阔胸襟。

高僧听了她的讲述,一言不发地把她领到一个禅房中,落锁而去。妇人气得跳脚大骂。

骂了许久,高僧也不理会她。妇人又开始哀求,高僧仍无动于衷。妇人终于沉默了。

高僧来到门外,问她:"还生气吗?"

妇人说:"我只是为我自己生气,我怎么会到这种地方来受这份罪。"

"连自己都不原谅的人怎么能心如止水呢?"高僧拂袖而去。

过了一阵,高僧又问她:"还生气吗?"

"不生气了。"妇人说。

"你的气并未消,还压在心里,爆发后将会更加剧烈。"高僧又离开了。

高僧第三次来到门前时,妇人告诉她:"我不生气了,因为不值得气。"

“还知道值得不值得,可见心中还有衡量,还有气根。”高僧笑道。

当高僧的身影迎着夕阳洒在门外的时候,妇人问高僧:“大师,什么是气?”

高僧将满杯茶水倾洒于地。妇人视之良久,顿悟。遂叩拜而去。

品读:孩子在成长的过程中,伴随着身高、体重的增加,心里也在不断地走向成熟。但无论如何孩子还是孩子,他们的心里还有着诸多不成熟的表现。特别是他们在不同的家庭环境中长大,父母的行为模式、教育理念均给他们的心理带来不小影响。一个从小在家庭暴力的环境中长大的孩子,其行为模式也必然倾向于暴力的。由于升学的压力,孩子们从小就背负着学习的沉重包袱,背上的书包越来越重,课程越来越多。而随着家长对孩子期望值的增高,孩子在课外学习的课程也逐步增多,什么钢琴、绘画、书法、奥数……孩子除了上课还是上课,这一切都给孩子童真的脸上带来了阴影。可以说,我们的孩子在小小的年龄已经承受得太多太多。他们的心里也会郁积着许多不良情绪,某种情绪一旦从心中生发,就伴随着很大的能量,如果不能很好地释放,就会反过来对自己造成很大的伤害。我们的老师和家长,一定要很好地关注孩子的成长,不仅要关注他们的身体,更要关注他们的心灵,要和孩子做一种心灵的沟通。一旦发现孩子有诸多不良情绪,要很好地让孩子发泄,就像高僧指导妇人一样,同时要不断倾听孩子的心声。

254. 镜子里的老头

有一个女孩从小到大一直和父亲无穷尽地争执。

有一天,父女又吵得面红耳赤、怒目相对。女孩气得像火山一样就要爆发了。这时候,一阵风刁来,把窗子吹开了,正好反射出她的脸,像镜子一样清楚。

女孩子吓了一跳,那玻璃上的脸,不就是老爸的脸吗?脸色涨得红红的,眼睛瞪得鼓鼓的,那鼻子,那脸庞,都跟自己对面的那个老头一个样子。

女孩突然不生气了,她发现她正在欺负一个老人,父亲也正在欺负自己。自己的脾气,就像父亲的脾气;父母生了自己,父亲跟自己生气,就好像用他的左手打了他的右手,父亲真可怜。

女孩开始同情父亲,脸上的表情缓和了。奇妙的是,对面的那个老头的表情也缓和了,他们好像一面镜子,一起动作。

从此,女孩和父亲一不高兴,就去照镜子,改为对镜子里的自己发脾气,然后她就不生气了。当她不再生气,出去看父亲,他也就不生气了。

品读:一个良好的人际关系,需要以对人和对己的正确认识为基础。特别是在亲密关系中有一个很重要的特点,就是彼此之间的"情感卷入"非常深刻。任何一方的情感变化,都必然会引起另一方情感的变化。正是因为有了这种体验的经验,使得我们容易通过自己情感的变化去影响对方,甚至是控制对方。在亲密关系中,别人其实就是自己的一面镜子,自己好像在生别人的气,实际上,如果拿别人这面镜子来看看,就会发现是自己在生气。所以,相应产生的行为作用,也只能是惩罚自己,而不是惩罚别人。家长和孩子之间、老师和学生之间,他们的关系不可谓不亲密,甚至有的老师特别是班主任老师带一个班长达五六年,一个青年的成长有多少个五六年啊!所以,我们的家长和老师一定要管理好自己的情绪,不要乱发脾气,如果希望在孩子们脸上看到像花朵一样绽放的笑容,自己就得先变成和颜悦色,正如故事里的女孩一样。

255. 土拨鼠哪去了

有三只猎狗追一只土拨鼠,土拨鼠钻进了一个树洞。这个树洞只有一个出口,可不一会儿,从树洞里钻出了一只白色的兔子,兔子飞快地向前奔跑,三只猎狗围追堵截,兔子急了,"噌"的一下爬上了另一棵大树。兔子在树上,仓皇中没有站稳,一下子掉了下来,砸晕了正仰头看的三只猎狗,兔子乘机逃跑了。

故事讲完后,教师要问学生:"这个故事有问题吗?"

有的学生说:

"兔子不会爬树。"

"一只兔子不可能同时砸晕三只猎狗。"

……

直到学生找不出问题了,教师才说:"可是,还有一个问题,你们都没有提到,土拨鼠哪去了?"

趁学生思考之际,教师由此引发话题教育学生。

"土拨鼠是猎狗追求的目标,可是由于兔子的出现,猎狗改变了目标,我们的思维也在不知不觉中打了差,土拨鼠竟在我们的头脑中消失了。

“在追求人生的目标中,我们有时会被风光迷住,有时会被细枝末节打断,有时会被一些琐事分散精力,在中途停顿下来,迷失了方向,或走上了歧路,从而背离了最初追求的目标。

“同学们,人生的路很长很长,既有奇花异草的诱惑,又有山峦叠嶂的阻挡,你一定要常常提醒自己——土拨鼠哪去了,不要忘记你最初追求的人生目标。”

品读:追求人生的目标,树立远大的理想,这是每个孩子都无比向往的。我们的老师在教授他们知识的同时,一定不要忘了师德的传承。中华民族几千年的历史,拥有璀璨的文化,要让这些文化不断地发扬光大,唯有我们的老师接过前人的火炬,不断地点燃这些明天的太阳——我们的孩子。让他们懂得国家的发展有我们的党在制定着总的发展目标,而自己人生目标的确立,需要自己去设定,并为了实现这一目标而不断地努力、努力、再努力。

要让孩子们时刻提醒自己:自己的土拨鼠哪去了。

256. 小鸟与一小截树枝

有一种鸟,它能够飞行几万里,飞越太平洋,而它需要的只是一小截树枝。

在飞行中,它把树枝衔在嘴里,累了就把那截树枝扔到水面上,然后飞落在树枝上休息一会儿,饿了它就站在那截树枝上捕鱼,困了它站在那截树枝上睡觉。谁能想到,小鸟成功地飞越太平洋,靠的却仅是一截简单的树枝!如果小鸟衔的不是树枝,而是把鸟窝、食物等旅途中所需要的用品,一股脑儿全带在身上,那小鸟还飞得起来吗?人的一生飞越的又是怎样宽广的一个海洋呢?在飞的过程中所需要的又是怎样的一截树枝呢?

品读:常言道:授之以鱼,不如授之以渔。我们的老师,在教授学生知识的时候,常常是授之以鱼。每个老师教一块,并不考虑学生们能否消化。这样下来,学生们往往消化不良,当然也不排除有的学生吃不饱。其实,我们的学生也许只需要一截小树枝——一种有效地学习各科知识的方法。

257. 攀登另一种高峰的故事

一位攀登者和他的向导历经千辛万苦来到了世界之巅的珠穆朗玛峰,在此之前,世界上没有人到过这样的高度。世界之巅与他们只有短短的两米,其中一个人只要向前跨几步就可以成为这个世界的第一,而这几步,对于谁来说都易如反掌。这时这位从新西兰来的攀登者对向导说:“这是你的家乡,你先上吧。”这位老实的夏尔巴人并没有听清楚戴着氧气罩的朋友的话,只是从他的表情和恭让的手势中明白了他的意思。丹增向前走了几步,登上了世界之巅,他在那里留下了人类的第一个脚印——他是人类有史以来,第一次登上珠穆朗玛峰的。攀登者随后跟上,他们在世界之巅紧紧拥抱,他们高呼着:“我们成功了。”攀登者名叫希拉里,向导叫丹增,他们冲顶的时间是1953年5月29日。身居都市的希拉里知道这几步对于自己的意义,他最大的理想甚至是活着的最大希望就是能够第一个登上顶峰。但在巅峰前的几步,他战胜了自己的欲望,而把这个机会让给了身居此地的夏尔巴人,他认为只有和珠峰朝夕相处的夏尔巴人才有资格第一个登上珠峰。人最难战胜的是自己的欲望,欲望的高度要比珠峰高得多。但50年前的那一刻,让我们看到了人性中最为善良、最为灿烂的光辉,比起冲顶的那一瞬,或许更加辉煌。

品读:告诉学生,在他们学习的过程中,可能出现的最大挑战,不是面对的问题有多难,而是自己有多懒。告诉他们,人生的过程就是攀越巅峰的过程,而最难攀越的巅峰,就是人自身的欲望。教师自己其实也面临同样的问题,我们内心的欲望的高度要比珠峰高得多。我们战胜自己的欲望了吗?

卷九

没有惩戒的教育是不完整的教育

——惩戒的艺术

现在的学校普遍提倡“赏识”教育(激励教育),少用惩戒性的手段,认为惩戒只能伤害学生的自尊心,使学生丧失改正错误的动力。而且不知从什么时候开始,老师不能批评学生了,唯恐学生寻短见,这种认识也值得我们反思。我总觉得,教育不能没有惩戒,然而,必须强调,惩戒是以尊重学生人格为前提的,切不可把惩戒视为伤害学生身心的体罚和心罚,如果是这样,那就大错而特错了。

《未成年人保护法》给体罚套上了紧箍咒,然而,不少学校体罚和变相体罚现象仍时有发生,只是手段变了,隐蔽性强了,对学生的伤害也更深了。一位校长在批评老师打学生时,对全校老师说:“对孩子你语言再过分,只要不留下体罚的痕迹,都不会有事,就是不要动手,动手就会留下皮肉之伤,家长会揪住不放。”这无疑是一种暗示:“君子动口不动手”。于是,对学生的语言伤害多了起来。诸如:“猪脑袋”、“臭狗屎一堆”、“你学习不好,长得也不好,连当坐台小姐都不够格。”等,殊不知语言伤害比肉体伤害更为严重,必须严格禁止。

我们必须克服“对学生错误的惩戒,就是让学生的身体和心理受到负面刺激”的片面认识,因为,这种“负面刺激”往往把惩戒变成伤害学生自尊、伤害学生身心的行为,会触犯法律。学生犯了错误,当然需要惩戒,没有批评和惩戒的教育是不完整的教育。但是,惩戒又是一种艺术,是以尊重学生人格为前提的。因此,有人说:“不会惩戒的教育是愚蠢的教育,不会惩戒的教师是尴尬的教师。”如果,我们能先把惩戒变成一缕春风,其效果肯定会事半功倍。

惩戒必须建立在热爱学生的基础上,而且需要智慧。许多教师对犯错误的学生、学习相对落后的学生,往往缺乏这种爱心和智慧。一些教师总把体罚和变相体罚说成“恨铁不成钢”而掩盖其不尊重学生人格的错误,却缺乏把铁炼成钢的耐心与艺术。其实呢,这只能说“恨铁”的人在教育工作中有些黔驴技穷罢了。教育往往如打铁,你不但要给铁加热,还必须具有锻铁的纯熟技术,才能打造出理想的成品。这部分的故事中就告诉我们这个道理和技巧。

258. 杀狗后的惩罚

在英国皮亚丹博物馆中，有两幅引人注目的藏画，一幅是狗的骨骼图，一幅是狗的血液循环图。能够摆在这家博物馆里的画，人们都以为是什么大画家的作品。其实不然，这两幅画都是一名叫约翰·麦克劳德的小学生的作品。

上小学时，麦克劳德对什么都好奇，一天他突发奇想，要亲眼看看狗的内脏是什么样的，于是，他鼓起勇气杀了一条狗，把狗的内脏一件件地分割、观察。谁知这条狗正是校长韦尔登家的宠物，韦尔登失去自己漂亮的小狗，非常伤心，十分生气，并决定惩罚麦克劳德，怎么惩罚呢？当校长得知约翰·麦克劳德杀狗的原因后，决定罚他画两幅图。这就迫使麦克劳德认真研究狗的内部结构，并由此对动物的组织结构产生了浓厚的兴趣，有了进一步深入研究的欲望，正是这种惩罚式的激励使麦克劳德成为著名的解剖学家，并获得1923年诺贝尔生理学和医学奖。

品读：好奇是孩子们的天性，也往往是发明创造的萌芽。韦尔登校长深谙此理，于是，他站在学生的立场上，对麦克劳德的行为表示理解，但必须给予惩罚，于是让他画了狗的骨骼和血液循环这两幅图。这种方式实在是别出心裁，也恰恰是这种方式激励麦克劳德这种梦想的种子（创新）得以发芽、开花、结果。

没有韦尔登校长的宽容和智慧就不会把惩罚变成强有力的激励，也不能唤醒麦克劳德内心深处对知识的执著的追求。这种教育的艺术我们的确该好好学习了，切不可把惩罚都视为伤害学生身心的行为，如果是这样那就大错而特错了。

259. "体罚"

在美国某学校弗洛斯特女士，是一位有名的严师，而且令大家服膺于心。在一次数学考试之前，弗洛斯特女士照例从墙上把那块尽人皆知的松木板子取下来说："我们的教育以诚实为宗旨，我决不允许任何人在这里自欺欺人，虚度时日，这是浪费你们的时间，也浪费我的时间，而我早已年纪不轻了，奉陪不起——

好了,下面开始考试。”班里有这样两位女孩:一个叫兰妮·麦克穆林,一个叫伊丽莎白。兰妮·麦克穆林勉强做了一半,就被卡住了,任凭绞尽脑汁也无济于事,她顾不得弗洛斯特女士的禁令,暗暗向伊丽莎白求助,并把她传来的纸条上的答案抄在试卷上。

这次作弊使两个姑娘度过了一个难熬的周末,于是两位姑娘决定去自首。周一下午两位姑娘战战兢兢地站到老师身边说:“我们知道错了,以后永远不干这样的事了……”“姑娘们你们能主动来认错,我很高兴,这需要勇气,也表明你们向善之心。不过大错已铸成,你们必须承受后果,否则你们不会记住!”说着老师拿出一个松木板子,要对她们进行惩罚。老师叫她们各自趴在中间隔着一张大办公桌的两把椅子背上,不许相互看。“啪”的一声,惩罚开始了。麦克穆林觉得伊丽莎白在替自己挨揍,她流着眼泪哀求老师不要打伊丽莎白,而应该打自己。但接着又是“啪”的一声,似乎板子打在伊丽莎白的身上,而在伊丽莎白听来,板子却是打在麦克穆林身上。过了一会儿,她们几乎同时抬起头来,看到老师在加了垫子的木椅子上重重地“啪”了一下,这才恍然大悟。这便是她们接受到的“体罚”,并无肌肤之痛,却永志不忘。

品读:读过这个故事的老师们都说,弗洛斯特女士处理这次学生作弊问题表现出她高超的教育智慧和教育艺术,有的还说:这是一次最富魅力的“体罚”了。这个观点我是赞成的,但为什么呢?我想起码有两条理由。

一是,这是一次不是“体罚”的体罚,考试作弊的两位姑娘的屁股没挨一板子,却痛哭流涕,懊悔万分,终生崇拜这位严格的老师,终生不忘这次特殊的体罚,这恰似《孙子兵法》上所说:“不战而屈人之兵,善之善者也。”教育何尝不是如此!

二是,她一方面肯定了学生主动承认错误需要勇气,另一方面又让学生知道:“大错既已铸成,必须承担后果。”如果不罚,学生就不知道纪律的神圣。另外,犯了错误的学生,一旦认识自己错了,如果看到别人代自己受罚,会更加懊悔自己。老师正是出于对儿童心理的这种准确把握,才决定实施“打板子”这一惩罚手段,然而体罚毕竟是不允许的,如何能让犯错误的学生心灵受到震撼,又不伤害儿童的身心健康,老师在这一点上表现出高超的教育艺术。弗洛斯特成功地运用了儿童心理学知识。

260. 奴隶和哲学家

有一个国王和一个波斯奴隶同坐一条船,而奴隶从来没有见过海洋,也没尝过坐船的苦,他一路哭哭啼啼,战栗不已,大家百般安慰他,他仍然哭闹。

国王被他闹得不能安宁,大家始终想不出办法让他安定下来。船上有位哲学家对国王说:“您若允许我来试试,我可以使他安静下来。”

哲学家立即叫人把那奴隶抛到海里去,沉浮了几次,人们才抓住他的头发把他拖到船上。他连忙双手紧紧地抱着船,坐在一个角落里,不再做声。

国王非常赞许,便开口问道:“你这方法奥妙何在?”

哲学家说:“原先他也不知道灭顶之灾的痛苦,便想不到稳坐船上的可贵。大凡一个人总要经历过忧患才会知道安乐的价值。”

品读:哲学家的做法不免有些残忍,但是要坚信惩戒也是一种教育,可以使学生体会到犯错误在屡教不改的情况下,通过适当的惩戒就可以使他们懂得必须承担的后果。另外有一个俗语叫做:“纸上得来终觉浅”,真知的获得、情感的体验,只有在亲身“躬行”后,才能明白其中的真味。在孩子的教育问题上,尽管我们一直强调要培养孩子的动手能力、社交能力,但一旦孩子真正去实践时,却又害怕这样和那样的实践活动会影响孩子的学习和安全。所以,当我们抱怨现在的孩子越来越不懂得感恩、珍惜和分享的时候,为什么不学一学哲学家的做法,放手让他们自己去实践、经历一番呢?

261. 此时不罚胜有罚

美国前任总统里根11岁那年在踢足球时,不小心踢碎了邻居家的一块玻璃,人家向他索赔12.5美元(当时合人民币三千多元)。闯了大祸的里根向父亲认错后,父亲让他对自己的过失负责。当时,里根畏难地说:“我没钱赔人家。”父亲说:“这12.5美元我借给你,一年后你还我。”从此,里根开始了艰苦的打工生活。经过半年多的努力,他终于挣足了这笔钱,还给了父亲。后来,里根回忆这件事说,通过自己的劳动来承担自己的过失,使我懂得了什么叫责任。

品读:这个故事中里根的父亲运用的就是自然惩罚法,意在让小里根为自己的过失负起责任。

“惩罚”是教育不可缺的方法之一。那么,如何实施惩罚才既不伤害孩子又能起到教育作用呢?记得斯宾塞在他的《快乐教育》中建议教育者多用“自然惩罚”,少用“人为惩罚”。所谓“自然惩罚”,就是在孩子犯错误之后,让它自然而然地承担错误所带来的不利后果。“人为惩罚”则是由父母或老师根据孩子的错误行为给予的处罚。

如果一个孩子做错了事情,不让他自己去承担责任,也就是剥夺了他对一件事情的真实的、完整的体验。现实生活中还有这样一个故事。

孩子去夏令营,妈妈问,东西都准备好了吗,孩子说,都好了,你就别管了。这个妈妈一看,衣服带得不够,手电没带,就问孩子,那边的气候你知道吗?衣服够不够?晚上活动的东西都准备了吗?孩子回答,没问题。这位妈妈就没再说什么。第二天,孩子背着包就走了。一个星期后,孩子回来,妈妈问旅行遇到什么麻烦没有?孩子说,冻死了,没想到山里那么冷,而且没带手电,晚上活动很不方便。然后,这位妈妈告诉他,以后得像你爸爸一样,出差之前好好咨询一下,需要什么,列个单子。孩子体验到自己过失的结果,就会慢慢“学乖”。

老师们,读了这两个故事,我们一定会受到很大的启发,会使我们在教育学生(孩子)时变得更聪明。

262. 设障

一对农村夫妇40岁得子,因而宠爱有加。在蜜罐长大的儿子养成了一意孤行的脾气,做事毛毛糙糙,就连走路也走不好,时常跌进水田里,很是让望子成龙的父母焦心。

儿子7岁那年,顺理成章上了小学。顽皮的他走路喜欢东张西望,不是弄湿了鞋子,就是弄脏了裤子,哭鼻子成了家常便饭。做母亲的整日跟在后面洗,也无法让他穿得干净。

一天,孩子的父亲带着一把铁锹,在儿子上学必经的田埂上面断断续续地挖了十几道缺口,然后用棍棒搭了一座座小桥,只有小心才能通过。那天放学,儿子走在田埂上,看见面前一下子多出了这么多的小桥,很是诧异。是走过去,还是停下来哭泣?四顾无人,哭也没有人啊,最终他选择走过去。当背着书包的他晃晃悠悠地通过一座座小桥时,竟出一身冷汗。他第一次没有哭鼻子。

吃饭的时候,儿子跟爸爸讲了今天走过一座座小桥的经历,脸上满是神气。做父亲的坐在一旁,夸他勇敢。以后,他在上学的路上再也没有惹过麻烦。妻子对丈夫的举措有些不解,丈夫解释道:"平坦的路上,他左顾右盼,当然走不好路;坎坷的路途,他的双眼必须紧盯着路,因而走得平稳。"

品读:原来带一把铁锹,把孩子前进的平坦大道挖成崎岖小路,让孩子勇敢走过去,这样,他就会专注于脚下的路,才不至于误入歧途。在孩子前进的道路上设置沟壑,培养他们脚踏实地的习惯,他们今后的人生就会少些失败,多些成功。

263. 撒谎的孩子

校长给亚历克的妈妈打来电话,告诉他两天前亚历克在休息时间打了某个同学,老师让他带张字条回家让父母签字,但是,亚历克并没有把父母签名后的字条带回学校。

当然,妈妈对字条的事全然不知,她谢过校长,答应等亚历克回家后她马上处理这件事情。妈妈知道亚历克的脾气很暴躁,以前就经常惹是生非。

亚历克放学回家来了。"你好,妈妈!"他像天使一般。

"你好!"妈妈强压怒火。她努力提醒自己小孩子常常会做这样的事。

"今天学校没有东西要交给我吗?"妈妈想给亚历克最后一次机会。

"没有呀。"亚历克一面若无其事地回答,仔细地在饼干罐中翻找着。

"我刚接到你们校长的电话。他说几天前你就应该给我一张字条,上面说你在休息时间行为不当。字条还得由我签名。"她直截了当地告诉他,是因为觉得没有必要再问他"你肯定吗"之类的问题,那只会给他再次撒谎的机会,并使自己受挫。

"哦,我弄丢了。"亚历克低头看着地板说。

妈妈点点头说:"我知道了。那你至少也要告诉我这件事。"

"我忘记了。"亚历克耸耸肩膀说。

"但是我很怀疑。你可能只是希望我不会发现吧!"

亚历克又耸了耸肩膀。

“亚历克,你应该清楚我不喜欢你总是惹祸,我想了解你究竟作了什么。让我更难过的是你不该说谎。”

“我没有！我什么也没有说。”亚历克抗议说。

“那就是说谎。没有把条子带回家就等于说。‘我没收到字条’,事实上你收到了。”妈妈做出解释。

“我很抱歉。”亚历克温顺地说。

“因为你已经长大了,我该惩罚你两天不能看电视。你知道爸爸和我已经跟你说过了很多次,这次你还不把字条给我们,因此我要罚你4天不准看电视。”

亚历克大叫:“这不公平。”

“这很公平,因为你说了谎。我们家是不准说谎的。而且,亚历克,你以为会发生什么事？你当然知道我们早晚会发现字条的,你以为我会怎么做?”

“我不知道……”亚历克咕噜道,“我知道你会大发雷霆。”

“那又怎么样呢?”妈妈平静地说,“就算我大发雷霆又怎样呢？我还是爱你的。即使你24天不能看电视,那也是很短暂的时间。你现在明白了说谎会得到加倍的惩罚了吧?”

亚历克没有再说什么,默默地回到自己的房间。

几乎所有的孩子都曾撒过谎。虽然亚历克撒了谎,但和妈妈的对话却让他摆脱了心理上的包袱。其实,他内心明白父母早晚会发现的,而现在他只得到了惩罚,虽然令人不快,却并不恐怖。他告诉自己下次他会承认错误,他才不会错过一个星期《猫和老鼠》的电视节目。

品读:孩子小时候由于是非观念不清而说谎,他们大多数会说出其实是他希望的结果,对于父母而言,让孩子知道无论在家里还是在外面,说谎多会让人陷入更糟糕的麻烦中,是很重要的。

264. 一篇调查报告

在澳大利亚,一个孩子在与同学野炊时生火做饭,因为柴火湿,他点不着火,很着急,偏偏这时一只笑鸟在他的头顶上怪声怪气地叫,那孩子很生气,就用树枝打伤了它。这就违反了有关保护笑鸟的地方法规,被同学告到了老师那里,老师决定惩罚他,怎么惩罚呢?让他就“笑鸟的习性、笑鸟与人、笑鸟与环境……”等八个方面的内容写一篇调查报告,一周内完成。结果,这孩子在限定的时间内,跑图书馆、进书店、上网查找资料,走访鸟类学者……终于完成了一篇内容翔实、认识深刻的文章,受到了老师的好评,还得到了一份精美的奖品。

品读:从惩罚到奖励,整个过程使我们看到这位老师的用心是何其良苦,他是多么善于为学生创造在实践中获取知识的机会,又是多么懂得教育的规律,使被动的“惩罚”具有了积极的意义。我们教育工作者应该在如何实施惩罚教育这一问题上进行积极的探索和创新,如果孩子犯了错误,如果不得不罚,那么我们应倡导积极的有意义的“惩罚”。

265. 拒绝谎言

我16岁那年的一个早晨,父亲说他要去一个叫米雅斯的村子办事,一路上可以把汽车交给我驾驶,但条件是在他逗留于米雅斯村期间我要替他将车子送到附近的一个修车铺检修。要知道,我当时刚刚学会开车,但却极少有实践的机会,而到米雅斯村有将近20英里,足可以让我狠狠地过一把开车的瘾。在修车铺的师傅检修车子时,我去附近的一家电影院看电影,我接连看了四部。出了电影院,我一瞧手表,已经是6点钟了。比我与父亲约好的时间迟了两个小时!

我知道,如果父亲得知我是由于看电影而迟到,一定会生气,可能因此就不再让我开车了。于是,我编了瞎话,告诉他汽车需要修理的地方很多,所花时间也相应地长了。他向我投来一瞥。“贾森,你为什么一定要撒谎?”“我没有撒谎,我说的是实话。”“四点钟的时候我给修车铺打了电话,他们说车早就检修好了。”我的脸顿时羞得通红。我向他承认了看电影的事实,并解释了决定撒谎时的想法。父亲认真地听着,脸上蒙上一层阴霾。“我非常生气,但不是生你的气,而是生我自己的气。我想,我是一个不称职的父亲,我让你感到对我撒谎比说实话更有必要。我要步行回家,好在路上深刻反思自己这些年来子女教育方面的失误。”不论我如何肯求,如何道歉,他都置之不理。父亲大步踏上了乡村崎岖的泥路。我赶紧跳上汽车,驱车跟在他后面,希望他能回心转意。我不停地央求他,不断地自我批评,但均无济于事。将近20英里的路程他就是这样走过,平均每小时走了五英里。看着父亲承受着疲惫和痛苦,作为儿子,我却无能为力,这是我生平有过的最难受的经历,也是最让我刻骨铭心的一课。从此以后,我没有对父亲说过一句谎话。

品读:什么是有效的教育?这就是有效的教育!虽然它是一种惩罚,一种固执得有点极端的惩罚,不是温情,也不是暴躁,却直击人的心灵!

如果有一种方法可以使学生永远不再撒谎,我一定会去用;如果有一节课可以让学生刻骨铭心,一辈子难忘,我一定要上这节课。

这样的课每一位教师都应该多积攒一些,用一生的时间。

266. 孩子,饿着吧

亚里克刚上学时,爸爸和他约定:每月十五号给他寄500美元的生活费。

亚里克用钱既无计划也不节制。三天两头和同学到校园餐馆挥霍,结果第一个月还没过完,他口袋里就只剩下几个钢镚儿叮当响了。第一个月爸爸容忍了儿子的无节制作法,提前把第二个月的生活费寄了过来。然而亚里克却不知悔改。第二个月、第三个月还是一如既往。

终于在离第四个月的收款日还遥遥无期的时候,亚里克又捉襟见肘。万般无奈之下他只好拍了一封电报回家,内容简短明了:"爸爸,我饿坏了。"爸爸很快回了电报,也非常简短:"孩子,饿着吧!"

生活真是太奇妙了。在那之后只有20美元的十天里,亚里克绞尽脑汁节衣缩食,出手之前必须细细打算,竟然也把艰难的日子熬过去了。

从此以后,亚里克开始精打细算,并且发现,其实只要稍稍节制一下不必要的开支,每月400元生活费就足够了。这样一来他每月还可以积攒一些钱,用这些钱买了许多自己喜欢的书、磁带、唱片,做了一些如旅游、捐款等有意义的事情,当然也没有忘记偶尔和朋友们到餐馆聚聚。

亚里克的大学生活比以前过得充实而丰富了。

品读:没有惩罚的教育是不完整的教育,不会惩罚的教师是尴尬的教师。尽管我们强调师爱、强调宽容,但也绝不是迁就、放纵,不要惩罚。这个故事也给我们教师深刻的启发。教育学生,有时应该温和,有时必须严厉,甚至狠心。严是爱,松是害,一味地容忍学生的恶习,对他们的成长是很有害的。所以,该狠心的时候,就要像亚里克父亲那样狠心,把他们逼到很为难的境地,让他们自己想办法解决一些问题。

267. 拉车与烧钱

古时候,有位父亲发现儿子不求上进,不务正业,便把儿子叫到堂前,要他去拉车,并且每天把工钱拿回来。孩子的娘知道了,她把儿子藏起来,到了晚上她给儿子一张钱,让他到父亲那里去交差。这位父亲顺手把钱丢进火炉里,儿子毫不在乎。于是,父亲照样吩咐他去拉车,母亲又照样作弊,父亲照样烧钱,儿子也照样怡然。父亲终于发现了问题,第三天便把妻子送回了娘家,儿子无奈,只好去拉车,晚上父亲接过钱仍然照旧处理,可儿子却拼命过去抢救那张已经着了火的钱。从那以后,儿子再也不花天酒地挥霍无度了。

品读:看了这则小故事,我们不得不佩服这位父亲爱儿子,观察、教育儿子的独特匠心了。作为父母就应该这样,物质条件越优越,越要注意培养孩子的自立意识和自立能力,但是,当前不宜采取此方法了,作为当今如果烧钱是一种违法行为。

268. 小猫之死

家乡有个女孩喜欢画猫。我喜欢轻轻地看小女孩泛滥她的童趣。一次我静静地看她不断地往盘子里给猫添食,一边在练习本上勾勾画画。这时女孩的母亲走过来:“又画猫了,看你怎么考得上中学!”我对女孩的母亲友好地笑了笑,意思是说:“没什么,让她画吧!”

可是女孩的母亲向丈夫告了女孩的状,女孩的父亲向我诉苦说:“这孩子,就不爱学习,你看,又在数学作业本上画猫,真想不出好办法治她! 画画吧,画得又不像,猫头那么大!”我当然不会关心女孩画得像不像,只要她在画,那就使人感受到一种和谐的美。

我向女孩的父亲介绍说,艺术对儿童来说,和成人很不一样,儿童把它作为表现自己的手段。尽管我十分婉转地向孩子的父亲表达了我上述的意思,但他还是不能接受。

也可能是为了孩子能把精力转到学习上吧,第二天一早,父亲带上小女孩,并让小女孩抱着她亲爱的小猫到工厂去了。干什么呢?女孩回来说,父亲让她亲眼看着他把亲爱的小猫扔进锅炉,并且看着小猫在炉火中如何挣扎,如何瞬间化为看不见的轻烟和看不见的灰烬……女孩伤心地哭着。

后来我离开了家乡,再后来就收到女孩的父亲写来的信,说女孩常常在梦中惊叫着爬起来,说孩子学习成绩更差了。说孩子积郁成疾,说孩子已经休学了。

品读:这是发生在20世纪80年代末的故事,那时一些家长尚在愚昧中沉睡,在不知不觉中扼杀了孩子的天性。时至今日明智的家长越来越多,他们深知培养儿童良好的道德情操,对塑造他们健全的心理和人格,以及陶冶高尚的审美情趣,都有十分重要的意义。可惜的是这对夫妻不仅对小猫进行残酷的杀害,这和近来发生的一女士用高跟鞋虐杀小猫事件如出一辙,而且有过之而无不及。因为这对夫妻的做法还是对儿童心灵的极大戕害,我们做教师的也应当引以为戒。

卷十

学生不仅听你怎么说的，更看你是怎么做的

——身教的艺术

教师的人格是指教师的精神面貌，是与其意识倾向性相关的理想、信念、世界观以及气质、能力、性格和品质等因素的总和。教书育人的核心是培养学生健全的现代人格，教学生学会做人。在这个教育过程中，教师特别是班主任教师的人格是一种无声的命令、无形的感召、无穷的动力，对学生的心灵具有强烈的辐射力、震撼力和同化力，因此，发挥着感染、激励和促进的作用，伟大的俄国教育家乌申斯基曾经深刻地指出："教师的人格就是教育工作的一切。因为只有人格才能影响人格的发展和定型，只有性格才培养成性格。"教师的人格属于教师职业道德的最高层次，其人格特征主要包括热爱祖国、无私奉献的师魂；热爱事业、热爱学生的师德；"全面发展基础上个性发展"的师观；勇于探索、开拓创新的师能和严于律己、严谨求实的师风。这也恰是我们教师特别是班主任教师人格自塑的目标。

叶圣陶先生说过："教育工作者的全部工作就是为人师表。"为师就要有知识、为表就应有美德。教师要完成教书育人的历史重任，首先要成为具有崇高人格的人，并以此取信于学生、熏陶学生。教师课外、校外的道德失范，将是对其课内、校内施教时的宣言的自我否定，势必会在学生心里失去人格的影响力。可见，教育的成败与教师人格的信度与力度，知识的广度与深度，存在着必然的因果关系，因此，有志于教育工作的教师应该清楚：厕身教育、忝为师表，必须诚惶诚恐，在自己平凡而伟大的岗位上，终身学习，严于自律，做一天教师，为一天师表，这便是向理想人格迈进一步。

教师塑造自身完美人格需要一个长期艰苦的修炼过程，是一个自我否定与

自我肯定的过程，它需要以健康的心理素质和全面的文化修养为基础，并在深化改革教书育人的实践中不断磨炼、严格自律，逐步从现实自我走向理想自我的过程。为此，教师特别是班主任教师必须增强人格自塑意识，其中包括自尊自爱意识、自警自省意识和自控自律意识。

“自尊心是一个人灵魂中的伟大杠杆”（别林斯基语）。教师的自尊自爱是一种积极的行为动机，有助于克服自身的缺点，促进人格的完善。教师还要在自己日常生活中保持自警自省，要提高自我认识，坚持自我警省，做到“吾日三省吾身”，以便时时处处自觉遵守教师职业道德规范。教师的自警自省意识越强，就越能自觉做到“慎独”，不断提高自己人格修养的水平。要想使自己的人格逐步完善，还必须做到严格自律，提高自控能力。具有完善人格的教师特别是班主任都是自控最强、自律最严的人。自我控制的前提是对理智与情感关系的正确把握和对行为后果的深刻认识。自律严的教师善于解剖自己，勇于去“恶”扬“善”。在自己教书育人实践中能够主动把一切不利于人格提升的因素消灭在萌芽状态。

教师总是处于学生最广泛最严格的监督之中，承担着独特的人格责任。因此，教师必须“以人为镜”，坚持严格自律，不断修炼自己完善的人格，真正承担起“以素质培养素质”“以人格塑造人格”的历史重任。

269. 季羡林看行李

北大开学了。一位外地来的年轻学子，背着大包小包行李走进校园，实在太累了。他把行李放在路边，这时，一位老者迎面走来。年轻学子走上去说："您能不能帮我看一下包？"老人爽快地答应了。一个多小时过去了，年轻人办完各种入学手续回来时，老人还在尽职尽责地帮他看着行李。几日后，在开学典礼上，年轻学子惊讶地发现，那位给他看包的老人，竟是大名鼎鼎的大学者、北京大学副校长季羡林！一种崇高的道德形象强烈地震撼着他……

品读："人格效应"即教师的人格示范效应。季羡林老先生在学术界有极高的声誉，除了他有精深的造诣，严谨的学风外，他的高风亮节让人尊敬。季羡林先生在这件事情中，没有一句说教，但此时无声胜有声，其身教、其人格形象的作用更大。德育作为一种人格教育，是使学生获得做人的范式或按一定的范式做人。这是取得德育实效的最重要因素。

270. 向学生道歉

阳光真好。校园里树绿花红，芳草萋萋。和煦的春风摇曳着柔嫩的枝条，温暖的阳光洒满了宽阔的绿地。我一进校门，就看见学生自我设计、自我制作的提示牌，雨后春笋般地"长"出来，在花坛里，在花丛中，在草坪上……"我很弱嫩，不要踩痛了我。""不要摘走我，我要向所有的同学问好。""少一个脚印，多一份绿意。"……如是的语言，发自纯真的心灵，孩子们深情地提示着同伴，也在表达着对生命的关怀，热爱自然、保护环境的意识随着童心飞扬。

我真的被感动了，看着别致新颖的造型，如赏佳品；读着颇有意蕴的内容，如英华……突然，一个小姑娘迎着阳光向我招手，我连忙走近她，和蔼地问："你有事吗？""老师，我想……"小姑娘的脸一下子憋红了。

"有什么话，你尽管说。"

"老师，我给您提个醒，您也不要践踏草坪。"

这一回，我的脸"腾"的一下子红起来了。

“噢……”我机灵一变,“我在检查标牌上有没有错别字。”

“……”小姑娘似信非信地眨了眨眼睛。

“你瞧,那个‘少’字的一点没有点好。”

“哦。”小姑娘点了点头,笑容满面地向我敬了一个礼,转过身,连蹦带跳地走了。我抬起有点沉重的头,看到她发梢上的头花在阳光下,格外耀眼鲜亮。

我突然为自己的“机智”惭愧,难道为了检查错别字就可以践踏小草吗?我这不是在教给孩子们犯错误吗?面对提示牌,我决定明天清晨上学时,在校门口等着她,向她说:“对不起,昨天是我一时疏忽踩到了小草。你的意见对!”

品读:师者,范也。要想把阳光洒向学生的心田,自己的精神世界更须阳光明媚。这位老师敢于自我为非,进行自我批评,已向高尚人格迈了一步,也为我们树立了榜样。我想学生听了老师的自我批评会受到更有说服力的教育。

271. 叶老教我……

我被调到叶先生身边工作,开头个把月,经我手的文稿,没见叶先生改正一个错别字。不料有一天,叶先生忽然对我说:“看得出你从小临过帖,受过严格训练,基本上没有笔误。我说‘基本上’,因为你还有几个习惯性的错字。”说着就在纸上一边写一边讲:“一个是‘初’,你写‘衣’旁常少一点;一个是‘束’,中间的‘口’常少一横;一个是‘祭’,你常把左边写成‘夕’,应该有两点。这类习惯性的错字很难改,因为已经写了千百遍,成了‘条件反射’。但是下决心改,还是有办法的,只要从源头上重新认识这些字,加深印象。‘初’指做衣服的第一道工序——剪裁,所以从‘衣’不从‘礻’。‘束’字是‘木’和‘口’组成的。‘口’是一圈绳子用它拦腰捆住一堆木柴,就成了‘束’。”我开头还有点紧张,听叶先生这样讲法,禁不住接茬说:“我少写一横,绳子短了一大截,就捆不成‘束’了。”叶先生笑了,说:“对!对!就是这个理儿。‘祭’字更加有趣,更加好记。右边是只手,拿着左边的一块肉,放在高脚盘子上,就是举行‘祭祀’。”我笑着说:“我的那块肉少了根排骨,真是大不敬了。”叶先生笑着问:“这三个字你以后还会再写错吗?”我说:“真是一辈子受用不尽,再也不会错了。”叶先生说:“‘一辈子受用不尽’这句话好。我想,做老师的最爱听学生讲的,应该是这句话。”

叶先生兴犹未尽,笑着说:“我还想到一层意思,这类习惯性的错字,不改行不行？我想有的不能不改，有的不改也行。像你这样'初'字'祭'字少写了一点，'束'字少写了一横，三个错字在打字机上的字盘和排字房的铅字架上都没有，排出来的还是'初'、'束'、'祭'，从当前考虑，不会造成损失。所以我发现以后没有改正。但是从长远考虑，非改正不可。有些字是来不得半点差错的，'戊戌变法'的'戌'，就差在这一点和一横上。这是第一。你的工作不限于抄抄写写，很可能排个名单什么的，按姓氏笔画为序，你按三个错字排，'赵朴初'、'皇甫束玉'、'蔡畅'就会排错位置。这是第二。你给我当助手，我还是中国文字改革委员会委员，将来要参加汉字改革和印刷通用汉字的字形整理工作，你现在就得开始准备，熟悉每个字常用的形、音、义，写字看稿都要一丝不苟。这是第三。将来你也许独当一面做编辑工作，让你编字典，你不改正那三个习惯性错字，就会把'初'字放到'衤'部，把'束'字放到'木'字部的二画里，几万、几十万、几百万的读者，大多是中小学师生，在'衣'部查不到'初'，在'木'部三画里查不到'束'，是不会原谅你的。这是四。想想这四条，三个错字非改不可。这也是防微杜渐，消除隐患。你说是不是？"

那天晚上，我想得很多，翻来覆去睡不着，就给父亲写了长长的一封信，讲了我来京以后遇到了一位好领导好老师，具体介绍了叶先生的启发式、讲道理的教育方法，含蓄地批评了父亲不讲理的打骂式教育方法。十天以后，接到父亲的回信，父亲很替我高兴。说当年失了业，情绪不好，把气出在我身上，回想起来常觉得后悔；对我的两个弟弟，他一定学习叶先生的启发式的讲道理的教育方法，还叮嘱我一定要像对待他那样对待叶先生。我把父亲的信给叶先生看了，叶先生说："老人家身体好像不太健康，不必再让他改变什么教育方法了吧。"

品读：这是史晓风先生撰写的，缅怀叶圣陶先生的文章。史晓风先生是叶老的秘书，在叶老身边工作了四十年，常被先生的高尚品格所感动。文中所记实属一件小事，小事都展现了一代师表的人格风范和字里行间流淌着对党的事业的无限忠诚，对后代的教诲。他那细心、耐心的启发式讲道理的方法和所流露出的伟大师爱，也是我们学习的榜样。

272. 萧伯纳与小女孩

英国著名的剧作家萧伯纳到莫斯科旅游，在街上遇到了一位聪慧的小女孩，两人十分投缘,站在街上天南海北地聊了很久。临别时,萧伯纳对小女孩说:"回去告诉你妈妈,今天你在街上和世界名人萧伯纳聊了很久。"小女孩抬头看了萧伯纳一眼,也学着他的口气说:"回去告诉你妈妈,你今天和漂亮的苏联小姑娘安娜聊了很久。"这个出乎意料的回答让萧伯纳大吃一惊。他马上就意识到自己的自傲是不当的。萧伯纳颇有感触地说:"一个人不管有多大的成就或地位,对任何人都应平等对待,要保持谦虚。这个苏联小姑娘安娜给我的教训,一辈子都记得。"

品读:尽管我们一直在强调要尊重孩子的人格尊严,要把孩子当做一个独立的"人"来看待,但在现实生活中,我们往往会犯萧伯纳的错误,习惯于带着成人的一种优越感和压迫感,以居高临下的姿态和思维来教育孩子。这样,我们的教育出发点就偏离了教育的目标航道。好在萧伯纳及时发现了自己的问题,汲取了苏联小姑娘的深刻教训,并发出"我会一辈子都记得"。应该说这是萧伯纳的明智之举。我们做教师的更不能对学生盛气凌人,在做出事关学生发展的决定之前,首先应该听听学生的意见。

273. 有眼不识泰山

鲁班的徒弟泰山,聪明过人,勤学好问,不仅尊师,也敢非师。一次鲁班精心设计了一个制作方案,泰山却提出了异议,使颇负盛名的匠行大师大发脾气,并将泰山撵出班门。从此,倔强的泰山开始了新的生活。

泰山来到南国,看到丛丛翠竹,心想:师傅在木制技艺上造诣很深,我何不在竹子身上下工夫。于是,他办起了竹器作坊,收徒传艺,架竹房、编竹椅、做竹箱……泰山的竹器,花样繁多,工艺精美,因此,作坊所在的巷道竟被命名为"竹椅子巷"。

一年之后,鲁班出游杭州,发现这些精美的竹制家具,竟出自于被他开除的徒弟泰山之手。他感慨万分,自愧弗如。在师徒重逢时,鲁班自责道:"初,吾有眼不识泰山也!"

品读:读了这个故事,我们不禁要问:"初",鲁班何以"不识泰山"?听了泰山的不同意见何以勃然大怒?无非是因为他唯我独尊,唯我正确,致使"一叶障目,不识泰山”。联想到今日的教坛,为师而“不识泰山”者,恐怕不乏其人。究其原因大致有:自视高明,唯我正确,听不进他人特别是学生的意见;明知错了,又放不下架子,强不知以为知,强不是以为是;不重视保护学生独立思考的积极性,一旦学生的认识和见解失之偏颇,便以逞能和有意为难教师严加训斥。其结果当然也会出现如泰山那样不怕挫折、自强不息的学生,但是,还会有不少学生由于遭到教师的训斥,可能会产生自卑感,失去进取的勇气,使迸发出的智慧火花瞬间熄灭。

与泰山相比,当代学生的思想更为活跃,思维更敏捷。他们知识面宽,敢于对教师讲解提出质疑,大胆反驳或撇开教师思路而另辟新径。这种独立思考的探索精神和敢于向教师挑战的勇气,是非常可贵的。为师者应该鼓励学生超过自己,并为他们创造获得成功的条件。人民教育家陶行知说得好,“教师的成功是创造出值得自己崇拜的学生”。我们教师就应当有这样的胸怀和见识,以培养出适应现代化建设的合格人才。

另外,鲁班从内心发出“有眼不识泰山”的自责,正说明他对泰山超过自己而感到兴奋,其精神是难能可贵的。如果我们能从鲁班“不识泰山”的自责中吸取教训,以获“前车之覆而后车之鉴”之效,就更有现实意义了。

274. 承诺

虽然父亲大字不识几个,却对我的念书成才抱了很大的期望。在我上小学的头一天,他在饭桌上用筷子戳着我的脑门说:“我们乡下人过好日子的诀窍是‘穷不离猪,富不离书’,你不用劲把书念出头是没出息的。”然而,那时的我,似乎笨拙到了极点,到二年级时,学习成绩还是没有越过“及格线”,弄得父亲很是着急,以为我没有用劲把书读进去,就使出逗鸡哄鸭的土办法来刺激我动脑子的积极性。三年级开始的第一天,他笑眯眯地叫我到他跟前说:“娃呀,这学期你要考个80分,我就带你进县城看汽车去。”那时,我们深山沟里的孩子是没有见过汽车的。我当然高兴得忘乎所以。

父亲这个重大许诺,对我产生了非同一般的激发力,自然我便会为能去县城看汽车而奋发。然而,到期末,考试分数公布时,我的语文、数学离80分都还远着呢！拿着倒霉的成绩通知单,我着急犯愁了。为不失去进城看汽车的机会,在几个小伙伴的怂恿下,我便大着胆子,使成绩单上的分数“变”成了父亲规定的分数。放学时,我忍着第一次撒谎的剧烈心跳,把那"修改"过的成绩单递到了父亲的手里。

第二天吃中午饭前,我正想象县城里汽车奔跑的热闹景象时,父亲粗声恶气地把我叫到他跟前,没问我任何话,只将一条竹板劈头盖脸地在我身上抽打起来,直打得我抱头求饶。我迅速明白了他打我到底为了什么。这是我来到这世界以来,父亲头一回打我,打得那样厉害,那样凶猛,连经常打我的母亲也在一旁惊诧得目瞪口呆,不敢吱声。从此,我就再也不敢撒谎,学习上更加用功,到四年级上学期,我的成绩远远突破了父亲规定的"硬杠子"。父亲也没有忘记他的许诺,那个夏天他真的领着我进城,看了车水马龙的热闹景象后,还给我买了个全校最好的新书包和文具盒。后来父亲说,那回进城看汽车,差不多花去了半头肥猪钱。我知道,为了我能进步,他是从不吝惜他手头本已捏得出汗的钱的。我一直在想,我今天的成功,很大程度是跟父亲那一顿暴打分不开的。

品读:这位大字不识几个的父亲,在教育孩子成才方面,确实让我们做教师的自愧不如。这里既有对孩子上学应当到什么标准的要求,又有对孩子学习意识落后的等待和激励;既有谆谆的教导和对犯错误的严厉惩罚,更有为履行承诺,不得不花去半个猪的血汗钱。而且用的都是那样的恰到好处,其在教育孩子的过程中表现出的大爱、大智跃然纸上。

275. 吾亦梦周公

《钟伯敬古书秘笈15种》里有这样一个故事:一学究时时戒子弟勿昼寝。一日,弟子见学究方睡,请曰:"先生戒人而自蹈之何也?"曰:"吾梦周公耳。"子弟次日故睡,先生蹴之起,曰:"吾亦梦周公。"先生曰:"且道周公有何言?"曰:"亦无他语,只道昨日实不曾会得先生。"

品读:文中学究就是教育者,其言谈举止本应做学生表率,但由于言行不一,致使学生仿师之言行,闹出了这个笑话。笑话虽短,却有力地说明了一个教育工作者言行一致的重要性。

这个故事也说明了:要求学生做到的自己首先应该做到。不能像这位学究那样言行不一。也说明了身教的重要性。正如孔子所说:"其身正不令则行,其身不正虽令不从。”

教师的崇高人格是身教艺术的源泉,教师的人格魅力来自于他的完美形象。并通过言行一致确定下来,而成为强大的教育力量。

276. 新竹高于旧竹枝

记得,我国著名遗传学家谈家桢有个学生,在研究微生物遗传方面颇有建树。有人和谈老开玩笑说:“你得加快跑步了,否则学生可要追过你了。”谈老却兴奋地说:“这样好,如果学生始终停留在老师的水平上,那就是教育的失败。”而且谈老在教学实践中,一直坚持这样的信念:“培养学生的目标,是让他们超过自己。”

品读:这个故事使我想起了一次“假如我是老师”的主题班会,一名学生慷慨激昂,直抒胸臆:“如果我当老师,一定让学生大大超过我。”话音刚落,便赢得了热烈的掌声。可会后,这位班主任谈及此事,却说:“超过老师,荒唐!”何言其“荒唐”?我百思不得其解。

我虽然孤陋寡闻,但也知道一些“青出于蓝而胜于蓝”的事实:东汉王充,曾“师事扶风班彪”,然而,他的成就却使班彪望尘莫及,总不会有人说是“荒唐”吧!

谈家桢的信念倒使我觉得“荒唐”论者的荒唐了!

当代学生在听课、做作业、辩论问题时,喜欢独出心裁,喜欢对老师的讲解提出质疑,喜欢撇开老师的解题思路而另辟新径。我觉得这是一种极可贵的精神。正如伟大的人民教育家陶行知所说:“好的学生,在学问和修养上,每每喜欢和老师赛跑,后生可畏,正是此意。”为师者理应“抱有学生能有一天跑在我们前头,这是我们对于后辈应有之希望。学术之进化在此。”我想读了陶行知先生具有辩证哲理的论述后,“荒唐”论者一定会和我们一样茅塞顿开!

“新竹高于旧竹枝,全凭老干为扶持;明年更有新生者,十丈龙孙绕凤池。”为师者之责任就是帮助学生超过老师,超过得越多对国家越有益。

277. 丹麦警察的责任心

一位丹麦警察正在街上巡游,忽然发现对面有一辆自行车飞驰而来。警察习惯性地打开测速表,发现自行车跑的是汽车的速度。于是他毫不客气地将自行车拦下。车上跳下一个满头大汗的学生:"先生,我要迟到了。"

警察说:"先生,你超速了。"

"要罚款吗?"学生问。

警察说:"当然,你是哪个学校的? 叫什么名字?"

学生如实告诉他。警察将交罚款的时间和地址告诉了学生,然后说:"你可以走了。"

学生违规,警察管事,这时似乎就结束了。但在一周之后,学生所在的学校收到一封来信:欢迎你校的学生斯卡斯代尔参加本俱乐部,这里将为自行车训练提供最好的条件。

信是丹麦最有名的自行车俱乐部写来的。信中还夹着一份警察测定的"自行车时速表",显然是那位执法如山的警察向俱乐部推荐了斯卡斯代尔。

数年后,丹麦出了位奥运会自行车赛冠军,他就是斯卡斯代尔。

品读:读了这个故事之后,实在令人感慨:丹麦的这位警察,他在管教一个人的同时,又发现并推出一个人才。在做好本职工作的同时,他还做了一件分外的事,并且做得极有责任心。

教师的本职工作应是"发现人,推举人,培养人",但在实际工作中,教师似乎并没有把这事当成"主业"。许多老师实际上只是承担"警察"的工作——一味地"管教人",以把学生们"管住"为根本要务,甚至会扼杀一些人才。

如,一位老师在教室的后窗户发现有个学生在听歌。这位老师很快将学生扯到办公室,把学生的录音机摔得粉碎,然后让其墙根罚站。很长时间后,老师转过身,喝道:"以后还敢不敢听!"学生低首微言道:"不敢听了。"中国师生的故事就这样结束了。没有问问学生"为什么听歌?""喜欢唱吗?""唱得如何?",更没有根据学生的实际才能像丹麦警察一样帮学生指指路。我们心里不禁涌动一丝凄凉:一个可能的"音乐人"死掉了。

"应试教育"的余孽仍促使一些老师不得不整日违心地当"警察"。但是我们可以这样想想丹麦警察在当好警察的同时,还"咸吃罗卜淡操心"地去管了回"闲事"。那么,我们中国的教师,决不应该只是一味地"管理人、压制人",却忘了"发现人才,培养人才",因为这才是我们的"本业"呀。

丹麦警察将自己的工作错位成教师之职,很有戏剧色彩,而中国教师将自己的工作错位成“全职警察”,悲剧色彩就很重了。但愿这种错位现象越来越少,直至被根除。

278. 妙招

在一列开往西北方向的列车上,一位作家问一位农民父亲:“您把两个孩子都送进了重点大学,请问有没有什么绝招啊?”农民父亲的回答出人意料:“其实也没啥绝招,——我只不过让孩子教我罢了!”

原来,这位农民父亲小时候家里很穷没念过书,自然也就没什么文化教孩子了,但他又不能由着孩子瞎混,于是,就想出一个办法——每天等孩子放学回家,就让孩子把学校老师讲的内容给他讲一遍,然后和孩子一起做作业,弄不懂的地方就问孩子;如果孩子也弄不懂,就让他第二天去问老师。这样一来,孩子自己既当学生又当先生,孩子劲头别提多大了!哪怕是别的孩子在外面玩得热火朝天,他的孩子也不为所动,就这样,孩子的学习成绩从小学到高中一路攀升,直到考上重点大学。

品读:读完这则故事,我不禁对这位农民父亲肃然起敬。让孩子教自己学习,和孩子一起写作业,这是一个一举多得的妙招。首先,营造了浓厚的“学习型家庭”的氛围。难得的是这位近乎文盲的父亲,不顾农忙之累,还积极地参与到孩子的学习中,这无疑就是最好的身教,这无意识之中对孩子进行了人格熏陶。家长在外面累了一天,还如此关心自己的学习,跟自己一块学,一块写作业,这本身就可以激起孩子的责任感,使他懂得只有努力学习才不辜负父母的期望。

279. 特级教师

一所乡村小学好不容易请到了一位省特级教师来上一节公开课。学校里的老师都没有见识过特级教师,有的对特级教师不以为然,有的认为特级教师是凭关系、熬教龄评上的……

特级教师来了,没想到竟是一位年轻美丽的女老师。特级教师说,上课时她将随便走进一间教室上课。谁也没想到,她走进的恰恰是一个全校闻名的后进班。

讲台上乱七八糟地散落着粉笔,桌面铺着一层厚厚的粉笔灰。特级教师用目光扫视一周后,迅速收拾好桌上的粉笔,然后走下讲台,绕到前面,背对着学生,面对着黑板,轻轻吹去桌上的粉笔灰。片刻的鸦雀无声后,教室里响起一片掌声,所有观摩教师和学生用掌声给她的"开场白"打了最高分。

课上她出了几道题让学生做,然后讲解了这几道题的做法。讲完之后,她说了一句:"请做对的同学扬一扬眉毛,暂时没做好的同学笑一笑。"

此刻,所有的老师似乎都明白了什么样的教师才是特级教师。

品读:读完这个故事,我很感动,也深受启发。尽管特级教师向我们展示的是一节平常的不能再平常、朴实的不能再朴实的一堂课了,然而我却深信所有在场听课的老师和学生都会被她的人格魅力和教育行为所感动。"讲台上乱七八糟地散落着粉笔,桌面铺着一层厚厚的粉笔灰",她没有流露出丝毫的不满,只是"用目光扫视一周",迅速收拾好桌上的粉笔,背对着学生,轻轻吹去桌上的粉笔灰。她的这一举动无疑是用行动为学生做出了一个完美的示范。

除此之外,让我们学习的地方还有很多,如她对学生的宽容、关爱和尊重,她对学生的暗示性批评和对学生自尊心的呵护……

280. 当学生骂我时

"于老师,新来的那个姓尤的同学骂您了。"一天早晨,于永正老师刚跨进学校门,一位男孩从操场上跑过来,一副"义愤填膺"的样子对于老师说。

"她昨天在路上骂的,我们俩亲自听到的。"他的声音更高,显得"怒不可遏"。

"有这样的事?她骂我什么了?"

"她骂得很难听,说不出口。"

"我知道,无非骂我'大坏蛋'呗。"

"不是骂'大坏蛋',是骂您'大笨蛋'!"第二个小男孩说,"她说'肃'字她明明写对了,您却给打了个'×'。她说,哼,大笨蛋还当老师!于老师您还不把她撵走!"

于老师说:"犯错误可以批评教育,把人家撵走是不允许的。"

"我找她谈谈去,竟敢骂老师,太不像话了!"不知什么时候,和我配班的侯老师站在旁边。他听了学生的话后，气的眉毛都竖起来了，他的脾气倔，眼里容不得半粒沙子。

于老师阻止了他。然后转过脸来，对两位学生说："这样吧，等小尤来了，你们悄悄告诉她：你昨天骂于老师的事，有人报告于老师了。一定要小声说，别让旁人听见。同时要让她感到你们二位是关心她、向着她的。你们一定要照我说的办！"

到了办公室，于老师对侯老师说："我读个历史故事给您听。这个故事叫《绝缨会》。"说完，他从抽屉里取出一个读书笔记本，打开，然后念起来：

周定王六年，楚庄王平定了斗越椒之乱，大宴群臣于渐台之上，命爱姬为大臣们敬酒。席间，忽然一阵狂风吹灭了所有的灯烛。一个人乘黑暗之机去牵许姬的衣袖，许姬翻手扯下了他的帽缨，这个人惊慌放手。许姬把此事告诉楚庄王，要求掌灯查出帽子上无缨之人。楚庄王不但不下令掌灯，反而要求百官统统把帽缨去掉。然后下令点灯，尽情同饮。这样一来，那个行为不轨的人就无法辨认了。事后，楚庄王对许姬说："酒后狂态，人之常情。若察而罪之，必伤将士之心，使群臣不欢而散。所以不能那么办。"许姬叹服。

后来，在一次吴兵伐楚的战役中，有一个位叫庄狡的人为了保卫楚国，奋不顾身，英勇作战。楚庄王问他为何如此勇敢，他回答："臣，先殿上绝缨者也。"他表示，要拼死效力，以报庄王不查之恩。

念完了，于老师说："这个故事是水至清则无鱼，人至察则无徒的一个很好的例证。'酒后狂态'是定性，'人之常情'是换位思考。孩子犯错误，上帝都会谅解，没有大不了的。这个'性'要定准。换位思考，会使我们冷静，与同事相处我们都要容人之过，谅人之短，念人之长，何况对小学生呢？"

一席话，说得侯老师直点头，连声说："是的，是的。"

上课了。于老师像往常一样，和颜悦色，谈笑风生，小尤不敢正眼看于老师。这时于老师请小尤和另一位女同学到黑板上默写。一共默了七八个字，其中有个"啸"字。小尤把"啸"字中的两点写成"丷"了。于老师表扬她写字工整，告诉她"啸"字的两点规范写法是"𠁼"。于老师说："这不能怪你，怪老师没有强调。如果强调一下，像你这么聪明的学生是绝对不会写错的。"只字没提她昨天把"肃"字写错的事。

第二天，于老师和侯老师带学生们到云龙公园赏菊。休息时，小尤拿出一个大苹果硬往于老师手里塞。一会儿侯老师来了，她很有礼貌地又拿出一个让侯老师品尝。于老师和侯老师相视而笑。

强迫学生勉强说“我错了”,除了能使老师得到心理上的平衡外,不会有别的作用。

当然,宽容不是放任,也不是不负责任,更不是回避。宽容是一种心境,一种超脱自我的心境。

品读:于永正老师被一个学生骂了,听见的学生怒不可遏,要求于老师把这个学生撵走,于老师却说犯了错可以批评,撵走人家可不允许。在场的侯老师说:“竟敢骂老师,太不像话了,我找她谈谈。”于老师却阻止了侯老师,把《绝缨会》讲给他听,说孩子犯了错,上帝也会原谅。在第二节课上,略施小计让那个学生到黑板上默写,巧妙地纠正了学生写错的字,却丝毫没提骂老师的事。还主动承担了学生写错字是自己强调不够的责任。这个故事充分体现了于老师的教育智慧和宽广的胸怀,更体现了他那崇高的人格。

281. 俺家的太阳从北边出来

1978年,陈老师在一所农村小学教书。一天上午,他给学生上自然常识课,领着学生来到院子里,面对教室,告诉学生,前北后南,左东右西,太阳每天都从东边出来。学生们被这种活灵活现的教学方法吸引了,兴趣盎然。

第二天上课,他让学生回答问题:太阳从什么方向出来?学生们都回答太阳从东边出来。然后,他又问学生还有什么疑难问题。一个学生站起来问:“老师,为何学校的太阳从东边出来,俺家的太阳从北边出来?”学生们哄堂大笑,他也觉得奇怪,问那个学生:“你根据什么说太阳从北边出来?”学生回答:“就是按您说的办法,回家一做,结果太阳就从北边出来了。”他点点头,没再说什么。

星期天,他去这个学生家家访,一进到院子,他恍然大悟:原来学生家的房子是坐东朝西的,学校的教室是坐北朝南的。他暗自庆幸当时没在课堂上批评学生。

星期一上课,他说:“同学们,我犯了一个错误,我们辨别方向时,不能面对房子,因为房子有坐北朝南的,也有坐东朝西的,还有其他方向的。上次说太阳从北边出来的同学上课很认真,是老师教学的错误导致他回答错了,我向他道歉。”这时,那个学生满脸幸福。随后,他又讲了正确辨别方向的方法。

品读:这个故事深深印在我的脑海里,每读到它,我都很受启发。每当面对学生的错误回答时,我都告诫自己,不要简单地给予批评否定,要深入调查,研究学生犯错误的原因,反思自己教育教学的失误,属于自己工作的失误要勇于承担责任,并公开表示歉意,这不但不会降低威信,也在给学生作出人格示范。正是在这个故事启迪下,我们还要不断提高自己的教育教学水平,逐步成长为一名成熟的受学生欢迎的教师。

282.“不做假秀才”

当时,由于陶行知常遭国民党反动派通缉,家人流离,不得安宁,致使其子陶晓光思想悲观、孤独。陶行知当时虽在远离祖国的欧美宣传抗日,在困难的条件下,仍以书信教子。他在给晓光的信中说:“世上一切困难都要用冷静之计划去克服,忧愁伤心是双倍的牺牲,于事无补”,鼓励晓光要“从家庭的世界中把自己拔出来,投入到大社会中去,你不久就会乐观、高兴,觉得生活有意义。”陶晓光在回忆这段生活时说父亲的信“引导我去追求有意义的生活,帮我找到了思想上的病根和改正的方向”。

1904年陶晓光到一家工厂工作,需要一张文凭。他绕过父亲,请马侣贤副校长开了一张晓庄学校的毕业证书。陶行知得知后,立即电报追回,并给晓光写信说:“我们必须坚持‘宁为真白丁,不做假秀才’的主张。”教育晓光要“追真理做真人”,不可丝毫妥协。绝不像虚伪的社会陋习妥协。“你记住这六个字,终身受用无穷,望你必须努力朝这方面修养,方识真学问。”

对此,陶晓光深情地说:“父亲这封信,给了我屈从世俗的行为以当头一棒,使我思想受到很大震动。”

品读:伟大的人民教育家陶行知认为:“对于儿童有两种极端心理,都于儿童有害。一是忽视,二是期望太切。忽视则任其像茅草一样自生自灭;期望太切不免揠苗助长,反而促其夭折。”他在教育子女时,就力戒这两种有害心理。

陶行知教育子女从小动手做事、劳动,不要学少爷、小姐,孩子大了便教育他们“自助助人”“自立立人”,树立“独立不拔”的信念。这是陶行知的人格影响力,对陶晓光的人格成长发挥了重要的作用。

283. 令行禁止,以身作则

《三国演义》第十七回记载了曹操"割发代首"的故事:曹操出兵攻打张绣时,恰逢麦熟季节,沿途老百姓因兵至而纷纷逃避,不敢割麦。曹操知晓后便严申军法:"大小将校,凡过麦田,若有践踏者,皆斩首。"不想曹操乘马正行,忽然麦田里惊起一鸠,那马眼生,蹿入麦田中,践踏坏了一大块麦田,曹操即叫来军主簿,拟议自己践麦之罪。主簿问:"丞相岂可议罪?"曹操答:"吾自制法,吾自犯之,何以服人?"于是拔剑就要自刎,众人急忙救住并以"法不加尊"的《春秋》古训来说服曹操。曹操沉吟良久,终于"割发代首"。

尽管后人说这是曹操故作姿态,但我们又不得不承认这一"示范行为"所产生的效果:从此曹操成为令行禁止,威震千军的人物。

品读:读完这个故事,我觉得一名教育工作者也一定要做到言出必行,作学生的表率,教师的一举一动、一言一行都直接对学生起着潜移默化的暗示作用。车尔尼雪夫斯基说:"教师把学生造就成什么人,自己就应当是这种人。"尤其是班主任,他的世界观、他的品德、他的行为、他对每一现象的态度,都这样或那样地影响着全体学生。美国成功心理学家拿破仑·希尔博士曾经说过:"播下一个行为,你将收获一个习惯;播下一个习惯,你将收获一种性格;播下一种性格,你将收获一种命运。"愿我们广大的教育工作者都能以自己伟大的人格魅力,给学生以积极的心理暗示。

284. 最后一次考试

期末考试的最后一天,在一幢楼的台阶上,一群即将毕业的高年级学生挤作一团,正在讨论几分钟后就要开始的考试,这是他们最后一次考试。他们的脸上刻满了自信,因为他们相信自己一定可以通过跟以前一样的考试。

一些人开始谈论他们暑假的计划,另一些人则谈论他们将会得到的兼职工作。

亨利老师走了过来,说:"这是最后一次考试,你们可以带着书或笔记本,但不能相互说话。教室里需要保持安静。祝你们顺利。"说完,大家立刻安静下来。

当老师把试卷分发下去,学生们注意到只有5道评论类型的考题时,脸上的笑容更灿烂了。"太简单了,看我们谁做得最快!"大家相互调笑着。

但两个小时过去了,没有人提前交卷。亨利老师开始收试卷。学生们看起来不再自信了。他们的脸上是一种恐惧。

教室里更加安静了。亨利老师俯视着他面前这些焦急的面孔,然后问道:"完成5道题目的有多少人?"

没有一只手举起来。

"完成4道题目的有多少?"

仍没有人举手。

"3道题? 两道题?"

学生们不安地在座位上扭来扭去。

"那么一道题呢? 肯定有人完成一道题的。"亨利老师最后问道。

但整个教室依然沉默,亨利老师放下了试卷。

"这正是我期望得到的结果。"他说。

"亲爱的同学们,你们手里的试卷,对于你们来说,确实比较困难,因为这些问题你们根本没有接触过。"他接着说:"所以你们没有做出来,一点都不奇怪。相反如果有人做出来,反而会让我感到惊讶。"然后微笑着补充道:"我很高兴,因为你们每一个人都通过了这次考试。一次有关品德的考试。那就是诚实,很高兴你们没有让我失望。在这个最后的时刻,我需要对你们说的是希望你们一直保持这种品德,因为你们很快会发现这会给你们带来幸福和快乐!"

随着时间的流逝,老师的名字已经被遗忘,但是他的这堂课却没有一个学生遗忘。

品读:一次考试成绩并不能评定一个人,但要做到实事求是、表里如一,这才是最重要的。

为什么这次考试会使学生们终生难忘? 恰恰是因为他们在这次特殊的考试中,没有让亨利老师失望。亨利老师高度重视对学生诚信品德的考核,并借此告诫他的学生:保持这种品德会给人生带来幸福和快乐。他为自己的学生能够通过这次考试而高兴,这也充分体现了亨利老师把诚信作为做人做事的基本原则和必守的本分。我们做教师的应当以亨利老师为榜样,把诚信教育贯穿于教育教学的全过程。而且他的这种特殊的教育方式也值得我们借鉴。面对当前学生考试作弊的现象,我们有必要千方百计地引导学生正确对待考试,做一个诚实守信的人。

285. 梨的轮回

有一个叫桑迪的孩子,父母经常教育他要敬老爱幼。当家人每次买回梨后,父母都要教育桑迪,要把最大的梨送到奶奶跟前,奶奶笑着夸奖孙子:“桑迪真是个好孩子,奶奶牙不好,你吃吧。”接着,他又会把梨送到爸爸和妈妈面前,他们都有不吃梨的各种理由。最后,经过一轮回,梨又回到桑迪的手中,于是,桑迪拿着那个最大的梨坐在椅子上独自享受。这时,家人都会快乐地看着这个孩子吃梨。

一天,爸爸的朋友来家做客,懂事的桑迪马上从装水果的盘子挑出了一个大梨,送给客人吃。家人见了都非常高兴。那个朋友高兴地说:“你们家的孩子真懂事。”虽说这个朋友不是很喜欢吃梨,但出于对桑迪的尊重,他还是接过了那只梨子。谁知,他刚咬了一口就惹来了麻烦,只见桑迪生气地冲着客人喊:“你怎么这么贪吃呢?太不要脸了!”那位朋友感到很尴尬,咬在嘴里的梨咽也不是,不咽也不是。他脸上露出了迷惑不解的神情,这孩子怎么这样啊!

桑迪恼怒地坐在一旁,不停地盯着客人手中的梨。这最大的梨向来是虚晃一枪,最终会落到他手上,他这次一点思想准备都没有,再说也没遇到过这种事,于是跟客人急眼了。

桑迪的父母自然更是尴尬万分,他们也没有想到会发生这样的事,于是赶紧向朋友解释,说大梨向来是谦让一番,最后必定又会回到桑迪的手中。那位朋友终于明白了其中的缘由,于是赶紧起身告辞。父亲看着朋友离去的身影,无奈地叹了一口气。

品读:这则小故事是我们常常会遇到的场景。过去,在物质生活匮乏的年代,我们很少能吃到新鲜的水果,所以,总是买几个尝尝,为了能给孩子吃,我们尽量地找借口不吃或少吃。其实,我们的举动是一种对孩子的爱。但久而久之,孩子们就以为我们真的是牙口不好或者怎么样。我认为无论家长或老师,爱孩子就要表达出来;教育孩子尊老爱幼,我们首先要用行动做到尊老爱幼而不是用形式;在家里,无论我们多么爱孩子,也不要给孩子以特殊的物质待遇,要创造一种和谐、平等、关爱的家庭氛围，孩子只有在这种家庭氛围下生活才能更好地健康成长。

286. 别做声

安利柯和母亲按照新闻上所宣传的那样，把家里不用的布送到一个住在贫民窟的卖菜的好人家里，看到在那潮湿阴暗的小屋里背对着门写字的小孩，正是自己的同班同学克洛西。惊讶的安利柯把这告诉他的母亲时，他母亲说："不要做声。如果他觉得自己的母亲受朋友母亲的施舍，多么难为情啊，不要做声。"可是恰巧，这时克洛西回过头来了，安利柯不知怎样才好。克洛西对着安利柯微笑，母亲背地里在安利柯背后一推，安利柯就势跑向克洛西。克洛西忙起来握住安利柯的手。两个孩子紧紧地抱在一起，形成了人类童年又一美好的一瞬间，永不消失的一瞬间。

品读：从这个故事中我们清楚地看到一位母亲对人性的看法：尊重别人，人与人之间平等互助，对别人充满友爱，不能因自己富有而鄙视他人，这位母亲做的只是一件小事，让自己的孩子"别做声"。这就使自己的孩子认识到了尊重别人的自尊，不要使别人难堪。这是一种何等高尚的人格啊。学习这位母亲吧，真是细微之处见精神啊！

287. 掌心有爱

在一次语文课上，陈鑫老师指导学生学习《拍手谣》。班里55个学生，除了"智力低下"的小强正好一对一。陈老师让孩子们各自寻找合作伙伴后，大家一起高声唱歌谣。很快陈老师发现，在"你拍一，我拍一……"的歌声中，夹杂着他毫无美感的吼声，口齿不清，令人生厌。陈老师正想上前阻止，眼前的一幕却让陈老师震惊不已，只见他用自己的双手相互拍打着，脸上露出单纯满足的笑容。陈老师呆住了——原来自己竟是这样残忍。"智力低下"又如何？这不是他的错，他只是一个孩子啊，他也有享受生活、享受快乐的权利。那一刻陈老师忽然警醒，他的内心也一定和正常孩子一样，渴望被爱，渴望大家的认可，渴望与大家沟通,甚至这种渴望比其他孩子更强烈。想到这儿,陈老师立即走到他的身边,伸出手说:“来,老师和你拍。”话一出口,教室里立刻炸开了锅。一位调皮的男生直着嗓子喊:“老师,他傻乎乎的肯定不会。”一位女生也叫起来:“老师,他手脏,你和他一起玩,会弄脏手的。”

听到这些话,小强脸上仅有的一点快乐马上消失了,同时握紧了拳头,仿佛随时准备反击。陈老师意识到,老师、同学甚至不相干的人是怎样带给他一次次无情的伤害。陈老师带着深深的自责,微笑着鼓励他:“你一定能行,老师相信你。”小强的眼神依然有些呆滞,充满着怀疑。陈老师继续微笑着向他伸出双手。这时,小强也慢慢地伸出了小手,手上满是颜料和泥巴。陈老师毫不犹豫地伸开手掌迎上去。在陈老师和小强的击掌声中,周围也响起了掌声。这时,小强的眼里闪现出奇异的光彩。那一脸灿烂的笑动人心魄。

陈老师每次想起这节语文课,愧疚、感动、庆幸一起涌向心头,她在为自己的失职愧疚,为孩子的笑容感动,为自己的醒悟庆幸。

品读:老师是平凡的,教育却绝不平凡。用自己的真心关爱每位学生,用自己的真诚开启每位学生的心门,无论他的成绩是否优秀,不管他的智力是否超长,这是我们教师的使命和职责,也是教师崇高人格的体现。

288. 考查诚实

古代有一位国王,要从他四个儿子中选一个接班人。于是,把他们召集到眼前,发给他们每人一包花种子。说:“明年春天谁培育的花最美丽,谁就可以继承王位。”到了第二年春天,四个儿子来到国王身边,大儿子、二儿子、三儿子都端来一盆开得鲜艳美丽的花,只有四儿子端着一个空花盆,站在那里,表示自己没能培育出鲜花,辜负了父王的期望。可是,国王最后宣布由四儿子继承他的王位。原来国王发给儿子们手中的花种子事先已经煮过,不可能发芽。国王这次测试的目的很明确,就是要选出最诚实的人来继承王位。

品读:这位国王不仅把诚实作为选择接班人的标准,而且体现了他考查接班人的巧妙方法。这无疑也是一种智慧的体现。

教育部2005年重新修订颁布了《中(小)学日常行为规范》增加了“诚实守

信”等七项新内容。这对培养学生诚实待人,讲信誉守信用,树立责任心方面有着极大的益处。

诚实是人的基本品质,是做人立身之根本。他要求人们的言行必须和内心思想一致,不论说话还是做事都要实事求是,讲究信用。诚实是守信的思想基础,守信是诚实的外在表现。

诚实是人类一种具有普遍意义的美德,讲究诚信反映了一个人对自我人格完善的不断追求。不论在哪个年代,哪个国家诚信都是最受重视和最值得珍视的品德。

289. 美丽的手

戴西·马文生活在一个富裕的家庭,她的父亲是一个很有名的商人。她聪明美丽并接受了很好的教育。闲暇的时候,她会用一双修长的手弹奏钢琴,毫无疑问,那双修长的手指发出的音乐非常动人,得到了很多人的夸赞。“我的手是最美丽的!”戴西常常这样想。而她的同学玛丽的手却又红又肿。“哦,罗伯特小姐,玛丽·查瑟普的手看起来很粗糙啊!”戴西·马文与老师在回家的路上这样说。

“戴西,在我看来玛丽的手是我们班上最漂亮的了。”罗伯特小姐和蔼地回答。“为什么这么说? 罗伯特小姐,她那双手又红又肿,如果她用它来弹钢琴,不知那会弹成什么样子?”戴西扬起小脸,十分不解。

罗伯特小姐握着戴西的双手说:“戴西,你的双手非常柔软洁白,但是,它只是在弹钢琴时好看,它们仍然缺少玛丽的手具有的那种美,能让我告诉你为什么吗?”

“好吧,请说吧,罗伯特小姐。”戴西更好奇了,迫不及待地想知道为什么。

“是这样的,玛丽的双手是忙碌的,她要洗盘子,生火做饭,洗晒衣物,还有许多繁重的家务,她总是用这双手去努力帮助自己穷困的母亲。还用这双手为小孩洗衣穿衣,修理玩具,给洋娃娃做衣服,有时候还为隔壁生病的小女孩洗头。她富有同情心,善良地对待所有有生命的动物。我曾看到她用那双手在街上轻轻抚摸疲劳的马匹和瘸腿的狗。她时刻准备着去帮助需要帮助的人。”“我从来没有认为玛丽的手很难看,罗伯特小姐。”

“我很高兴听到你这样说,戴西。我必须告诉你,她的手之所以美丽,是因为这双手总是欣然地接受并且高兴地做她的工作。”

“哦,罗伯特小姐!我对我开始说的话感到非常惊讶,也非常抱歉。”

戴西眼含泪水看着老师说。

“那么,亲爱的,那就通过你真诚的行动来表达你的懊悔吧。心灵美才是真正的美。”

品读:直面这则小故事,让我们看到了罗伯特老师通过戴西和玛丽比较手的漂亮这件小事而让戴西认识到:只有劳动的手才是最美丽的,只有心灵美才是真正的美。罗伯特老师没有夸夸其谈品德高尚啊、为人民服务这些人生大道理,而是通过一些小事让学生感触。

今天,在我们的校园里,也充斥着追求名牌、追求高档生活和学习用品风。但我们的老师还没有更好地把品德教育和学生们的思想现状很好地结合起来。

这又让我想起一句话:教育无小事。思想品德教育不单单是思想品德教师和班主任的责任,而是我们每一位教师的责任。让我们的教育工作者能像罗伯特老师那样不失时机地对学生进行品德教育吧。

290. 是要付出代价的

一位樵夫过桥时不小心把铁斧落在水里。过了一会儿,水神从水里冒出来,左手拿着金斧,右手拿着银斧,问樵夫:“哪把是你的?”樵夫说:“哪把也不是我的,我的是铁斧。”诚实的樵夫因此得到了水神的赞扬和赐福。

台湾漫画大师萧言中先生把这个故事“改编”了一下:水里冒出来的水神不是笑眯眯地拿着金斧、银斧,而是脑袋上插着樵夫的铁斧,怒气冲冲地大叫:“这是谁的斧子?”这时,可怜的樵夫吓得战战兢兢,冷汗直冒,自然不敢说实话……

品读:这么一改故事寓意更加深刻,它告诉我们,诚实不那么简单,就如樵夫,面对金斧、银斧的诱惑,他能做出诚实的选择;而面对头上插着自己铁斧的水神,做出诚实的选择就不那么容易了。

读了这个寓言,我思绪万千。很多时候,诚实是要付出代价的,对学生来说,这样的代价可能使他们稚嫩的心灵负担不起。当学生面对着一而再、再而三的训斥、惩罚时,他们恐怕就得掂一掂诚实的分量,为了避免“灾难”不得不选择谎言了。人总是难免犯错误的,何况青少年。他们是是非观念尚来成熟的孩子。教师不能因为学生犯了错误就把他们当做坏孩子。他们的错误大多是心理问题,而不是道德问题。他们的行为动机往往是纯真的,不能轻易或盲目地定性为品德问题。他们是通过不断地从错误中吸取教训而成长起来的。学生看起来最不值得爱的时候,恰恰是最需要爱的时候。学生犯了错误,他们希望的是理解和帮助而不是粗暴的惩罚。我们更不能把他们的错误描绘成水神头上的铁斧。面对"血淋淋的铁斧",学生很可能选择谎言。作为教师不能人为地把诚实的代价抬得过高。因此处理学生的错误,我们要冷静,批评和惩罚要掌握分寸,努力化消极因素为积极因素,从美好善良的动机出发,晓之以理,动之以情,鼓励他们勇敢地面对,大胆地说实话并对错误承担应有的责任。达到这个目的,不仅需要教师有一定的工作方法和教育艺术,更需要以自己的崇高人格为基础。

291. 我不能失信于你

一位成年人在回忆往事时,讲了自己亲身经历的一件事,他说:

"在我上大学二年级的时候,一个周末下午,有堂选修课。教师是从另一所大学请来的,当时开学不久班里的同学都忙得不亦乐乎,谁也没心思上什么辅导课了。

我正准备参加一场年级足球赛,成天在球场上训练,当然也不准备去听课,尤其是这种辅导课。跑到球场,才发现没带足球鞋,只好回教室找,当我一头冲进教室,脚步却不由自主地停住了:教室里空空荡荡,只有一位埋头擦汗的白发老人坐在前排。我不觉一愣,才知道下午有课。不知为什么,我心里有点紧张,便把脚步放慢向座位走去。"来上课的?"一个沉重的声音响起,我感到一种深邃的目光在望着我自己。我没敢吭声,坐在座位上套好鞋套,就在我刚想站起来的时候,他突然转过身来,一字一句地对我说:"一个人这课也要上,我不能失信于你。"

这句话如同一枚钉子,把我钉在凳子上。他走上讲台,打开厚厚一叠教案,转身写下一行工整的板书,他的声音沉着而洪亮,在教室里响起一种震撼人心的回声。我悄悄脱掉足球鞋,用虔诚的心情去捕捉老师的每一句话……

以后,我没有再遇到过这位老师,可他说的那句话却深深铭记在我的心里。他的那种人格的力量始终影响着我。真的,不论遇到什么困难,我们都不该辜负别人的信任。也许,只有这样真诚地对待生活,回首往事时,我们才不会有什么愧疚和遗憾。”

品读:听了这件事后,我深深地感到教师人格力量的感染力之强大。有位教育家讲:“以人格培养人格是最简单、最明了、最有效的教育方法。”这种人格的教育对学生的影响,深刻而久远。“师者,人之模范也。”“为师之道,端品为先。”“经师易得,人师难求。”教师的人格力量是一种无穷的榜样力量。在实施素质教育中,我们切不可忽视教师人格的潜在作用,应该充分发挥教师人格独具风采的魅力。教师应不断加强自身修养,严格要求自己,不断学习,不断反思,不断提高思想认识和道德觉悟,以良好的师德形象、以自己的人格力量去感染学生、影响学生、造就学生,努力为学生良好品德行为的形成贡献一份力量。

292. 曾参劝妻杀小猪

曾子名叫曾参,是孔子的学生。

有一天早晨,曾参的妻子忙完了家务,就想上街买点东西。正在门口玩耍的小儿子看见了,高兴地跑了过来,缠着妈妈带他一块去。

曾参的妻子没有答应,摇了摇头说:“妈妈去办事,不是去玩!”

小儿子又哭又闹,拉住妈妈的衣服,“我要和你一起去吗!”

曾妻被闹得没有办法,回过头去,她看见了自家院子的那头小猪,又想起了儿子最喜欢吃肉,就随口应允说:“好乖乖,妈妈回来就把小猪杀了,炖肉给你吃!”

听到妈妈的保证,小儿子高兴极了,这才放她走。

曾参的妻子从街上回来,还没有进家门,她就看见丈夫正在院前的大树下准备杀猪,那头小猪被捆了四蹄,“嗷嗷”地叫着,雪亮的尖刀搁在水盆边……

一见这个情景,她大吃一惊,马上明白了是怎么回事,赶忙制止曾参说:“哎呀,这猪太小了,你怎么能现在就杀呢。”

曾参指了指站在一旁热心观看的小儿子,问道:“你早上跟他说的那些话,难道不记得了吗?”

“我是和孩子说着玩的呀,你怎么当真杀猪呢?”

曾参语重心长地对妻子说:“孩子是不能被欺骗的。他年龄还小,不懂事,只会学父母的样子，相信父母的话。咱们今天说话不算数，那么孩子也就学会了说谎。再有，他以后还信不信咱们的话啦？”

曾参终于说服了妻子真的把小猪杀了。

品读：这个故事起码可以使我们坚持几条教育原则：

一是教育孩子诚实守信，必须从幼年做起，因为“人在少年，神情未定”（颜之推语），他们可塑性很大，教育者对其“染于苍则苍，染于黄则黄”（墨子语），青少年像河水那样，“决诸于东则东流，决诸于西则西流”。所以，教育孩子诚实守信应该从幼年开始。

二是言必有信，言行一致。这是教育者必须具备的重要品质，也是思想品德教育的重要原则。教育者必须以言行一致的表现，去影响和教育学生。曾子以实际行动回答妻子对孩子的许诺正是言行一致的具体表现。

三是教育者必须为人师表。师不为表，贻害于人。思想品德教育有一个重要的方法，就是榜样示范法。可以作为榜样示范作用的最直接、最经常、最有影响力的，就是教育者本身，尤其是家长和教师。曾子正确地指出：现在你欺骗孩子，实际上就是教育孩子欺骗人。这就说明，教育者的一时之错，就会给孩子以不良影响，这是我们应引以为戒的。曾参夫妇以实际行动影响自己的孩子，值得我们借鉴。

293. 打游戏也要省子弹

我租住的是一幢三层小楼，房东名叫玛丽，是个寡妇，一个人带着儿子约翰尼生活。一天，我到玛丽房间交房租，看到约翰尼坐在电脑前正热火朝天地玩射击游戏。玛丽好像对此并不反对，一边和我聊天，一边关注着“前线”的战况，及时为约翰尼颁布口头嘉奖令。在妈妈的鼓励下，小家伙越战越勇，捷报频传：报告妈妈，我又过了一关！报告妈妈，我换装备了！就在这时，玛丽突然对儿子叫道：“约翰尼将军，请马上停止战斗！”约翰尼马上按下暂停键将游戏定格，扭过头来一脸迷茫地望着妈妈。我也十分不解，只见玛丽脸上毫无笑容。严肃地说：“刚才那架飞机，明明一枚导弹就能将它击落，你为什么要用三枚导弹？你知道一枚导弹的价格是多少？至少300万马克？你知道现在世界上还有多少人饿着肚子等待救济？你……”

约翰尼的脸涨得通红,泪水在眼眶里直打转,眼看就要大哭起来,可妈妈丝毫没有妥协的意思。我连忙说这只是游戏而已,不必那么认真。“打游戏也要节约子弹。”玛丽根本不买我的账,一直到约翰尼低头认错并且写下保证以后打游戏不再浪费时才善罢甘休。

品读:从这个故事中,我们看到一个母亲能设身处地体验儿子处境和感受的过程。这个过程,被心理学家称为“共情”。儿子取得了成绩妈妈及时给予嘉奖,即使是在游戏中,母亲也不失时机地对他实施养成教育,让他懂得要节约不要浪费的道理。

而我们有些家长们一提到孩子玩游戏就深恶痛绝,他们采取的是“堵”和“阻”的方式,很少有人能够利用游戏的方式与孩子“共情”,更不用说利用游戏里的情节、场面实施人格教育了。

294. 永远的一课

那天的风雪真暴,外面像是有无数发疯的怪兽在呼啸厮打。雪恶狠狠地寻找袭击的对象,风呜咽着四处搜索。

教室里,学生们都在喊冷,读书的心思似乎已被冻住了。一屋的跺脚声。

鼻头红红的欧阳老师挤进教室时,等待了许久的风席卷而入,墙壁上的《中学生守则》一鼓一顿,开玩笑似的卷向空中,又一个跟头栽了下来。

往日很温和的欧阳老师一反常态:满脸的严肃庄重甚至冷酷,一如室外的天气。

乱哄哄的教室静了下来,学生们惊异地望着欧阳老师。

“请同学们穿上胶鞋,我们到操场上去。”

几十双眼睛在问。“因为我们要在操场上立正五分钟。”即使欧阳老师下了“不上这堂课,永远别上我的课”的恐吓之词,还是有几个娇滴滴的女生和几个很横的男生没有出教室。

操场在学校的东北角,北边是空旷的菜园,再北是一口大水塘。

那天,操场、菜园和水塘被雪连成了一个整体。

矮了许多的篮球架被雪团打得“啪啪”作响,卷地而起的雪粒雪团呛得人睁不开眼张不开口。脸上像有无数把细窄的刀在刺在划,厚实的衣服像铁块冰块,脚像是踩在带冰碴的水里。

学生们挤在教室的屋檐下，不肯迈向操场半步。

欧阳老师没有说什么，面对学生们站定，脱下羽绒衣，线衣脱到一半，风雪帮他完成了另一半，“到操场上去，站好！”欧阳老师脸色苍白，一字一顿地对学生说。

谁也没有吭声，学生们老老实实地到操场排好了三列纵队。

消瘦的欧阳老师只穿一件白衬衫，衬衫紧裹着的他，更显单薄，后来，学生们规规矩矩地在操场站了五分多钟。

在教室时，同学们都以为自己敌不过那场风雪，事实上，叫他们站半个小时，他们都顶得住，叫他们只穿一件衬衫，他们也顶得住。

面对困难，许多人戴了放大镜，但和困难拼搏一番，你会觉得，困难不过如此。

品读：正如生命中的许多伤痛一样，其实并不如自己想象的那么严重。如果不把它当回事，它是不会很痛的。你觉得痛，那是因为你自以为伤口在痛，害怕伤口的痛。

欧阳老师用自己的行动告诉了孩子们：困难并不像我们想象的那么大，我们只要鼓起勇气，战胜自我，一定会战胜困难的。我们应该很好地锻炼孩子，让孩子不断地克服困难，鼓足勇气走好人生之路。

295. 郑板桥改诗

清代著名画家郑板桥从小就十分聪明，深得老师的喜爱和人们的称赞。

有一次，他随老师到野外散步，经过一座桥时，看到桥下有具少女的尸体，老师见此景，随口吟道：“二八女多娇，风吹落小桥。三魂随浪转，七魄泛波涛。”

郑板桥听后，立即问老师：“你认识此女吗？”老师摇摇头道：“不认识。”

“那你怎么知道她16岁呢？”郑板桥又问。老师无言以答。

郑板桥问：“您一定看到此女被风吹落桥下了？”老师又摇了摇头

“您看见她的三魂七魄随着波涛打转了吗？”老师又被问得哑口无言。

老师自知理屈，反问郑板桥道：“你说该怎么表达呢？”

郑板桥吟道：“谁家女多娇，何故落小桥？青丝随浪转，粉面泛波涛。”

老师听后欣然折服。

品读:这个故事告诉我们郑板桥的老师仅凭主观臆断随意编了几句诗,因其未必真实而不能服人。而郑板桥坚持了朴素的唯物主义,他的几句诗不仅如实地反映了当时的情况,而且恰如其分地提出了还没有明确的问题,因而使他的老师佩服,也令后人传颂。而且说明了看待任何事物,都要坚持唯物主义观点,如实地描述和反映客观存在,只有这样,才能更准确地认识事物,收到好的效果。我们做教师的更不能忽略这位老师知错就改的精神,做教师的必须具有坚持真理、修正错误的勇气,这才能为学生树立榜样。

296. 最高尚的行为

1937 年,爱因斯坦已是世界闻名的大科学家了。当他提出引力波是不可能存在的理论后,有人却认为是错误的。对此,爱因斯坦并没有因为自己的地位和声誉而自以为是,掩饰自己的观点。他经过反复论证,证明了别人的见解是正确的。后来,他在做关于引力波的报告时,毫不回避地谈到了这段曲折的经历。因为,在爱因斯坦看来,一个人在科学探索的道路上,走弯路、犯错误,是不可避免的,并不是坏事,更不会损害一个人的形象和降低他的威望,恰恰相反,人们因此更崇敬他。

品读:英国科学家利斯特说:“我能想象到人的最高尚的行为,除了传播真理外,就是公开放弃错误。”事实确实如此,只有坚持真理、勇于改正错误的人才能受到人们的尊敬,才能推动科学的进步、认识的深化、社会的繁荣。

作为教师更应具有这样高尚的行为,以此为学生树立人格榜样。

297. 马克思的家书

伟大的无产阶级革命导师马克思非常关心孩子们的成长,在他一生中,有许多封家书都是教育子女们如何做人的。马克思在1882 年4 月中旬给他二女儿劳拉·拉法格的一封信中讲了这样一个阿拉伯寓言:一位船夫在波涛翻滚的河中熟练地驾驶着小船行走,船上坐着一位要过河的哲学家。他们边过河边聊天,哲学家问船夫："你懂历史吗？"

船夫回答："不懂。"

哲学家说："那你就失去了一半生命。"

船夫对此毫不理会，过了一会儿，哲学家又问："你研究过数学吗？"

船夫又回答："没有。"

哲学家说："那你就失去了一半以上的生命。"

正当二人还在继续交谈的时候，一阵大风将船刮翻，哲学家和船夫都掉进河里了，这时，船夫喊道："你会游泳吗？"

哲学家慌忙道："不会。"

船夫不慌不忙道："那你就失去了你整个的生命。"

品读：马克思给女儿的信中给她讲这则阿拉伯寓言，绝非只是告诉女儿一个笑话，他是通过这个笑话暗示女儿劳拉·拉法格：当学到一点知识后，绝不要以此为满足，而自以为是，目空一切。正如常言道：活到老，学到老。讲的就是学无止境的道理。这也是我们从中得到的一点启示吧。

298. 学会谅解

一天，一个年轻的犹太妈妈带着儿子去拜访朋友。在公共汽车上，一位背着大包的青年挤进了车厢，妈妈被大包撞到了一边。

儿子关切地问："妈妈，没事吧？"同时，他恼怒地看了那位青年一眼，喊了一句："太可恨了！"

年轻的妈妈看着儿子，说道："可不能这么说，这位叔叔不是故意的。"这时，那位青年也连连向她道歉。儿子听到这些，惭愧地低下了头。

几天以后，妈妈早早下了班，她骑着车子来到学校，准备接儿子回家，结果发现儿子的手破了皮，血一滴滴往下流。妈妈心疼极了，赶快找来一些纱布，将他的伤口包好。然后就去问老师是怎么回事，老师也很纳闷，因为她既没有看到他来报告，也没有听到他哭过。

妈妈不解地问："为什么不告诉老师呢？"

他笑着说道："妈妈，小朋友不是有意碰伤我的呀！为这事，他已经深感不安了，如果我再去告诉老师，他会更加自责的。"

妈妈听了非常高兴,她摸着儿子的头说:“好孩子你已经学会了谅解别人。”

品读:母亲对青年的谅解,深深地感动了儿子,因此,使儿子也学会了谅解。为师为家长者都应该为孩子们做出榜样,做到身教重于言教,这也就是人格的魅力。

299. 王羲之的“秘诀”

晋代大书法家王羲之有个儿子,见父亲的字写得那么好,非常羡慕。他很想把父亲的这手绝活学会。于是,就向他父亲请教:“书法这门艺术,有什么成功的秘诀?怎样才能使我的字有很大的进步呢?”

王羲之指着家里研墨汁用的18个水缸说:“写字的秘诀就在这些缸里面,你把18口缸的水写完之后,就知道了。”

儿子听完后,恍然大悟,再也不提什么“秘诀”了,以后他终日苦练,终于也成为一代书法名家。

品读:晋代书法家王羲之的这个故事是很值得我们深思的。它说明这样一个道理,没有量的积累,就不会出现质变。世界上任何物质的发展、变化都是如此。王羲之之所以能成为书法家是与他持之以恒的勤学苦练分不开的,正因为他在写字方面下了工夫,并对写字的规律有了深刻的认识,从而取得了成功。现在,有些青年人在学习和工作中不愿意下工夫,却想取得好成绩,于是,他们到处找什么成功的“秘诀”,自以为“秘诀”一到手,就可以“天上掉馅饼”、成功在望了,而实际上,这样做的结果,不仅不能成功,反而浪费了大好时光!愿王羲之说的“秘诀”对这些人有所启示。同时,王羲之对于儿子说的话,是一种积极的暗示,而且取得了良好的效果,儿子从此像父亲那样坚持练习写字,天天照着父亲的字练习,终于成了书法家。我们做教师的要向他学习,在教育引导学生时要善于运用积极的暗示,也要为学生做出表率。

300. 毛泽东的身教

20世纪50年代初,有一天,毛泽东同家人一起吃晚饭,餐厅就在中南海菊香书屋毛泽东办公室外一间小小的过厅里。不大的一张方桌上,摆着几小碟普通的炒菜,另有一碟毛泽东爱吃的干煸朝天椒。桌旁边还放着一瓷盆米饭,这是准备添饭用的。当时毛泽东的大儿媳思齐吃完了一碗饭,又添了半碗,添完饭就回到椅子上坐下了:由于她没有注意,盛米饭的小瓷盆旁掉了约有半个鸡蛋黄大小的一团米饭。这时毛泽东发现了,慢慢地站起来,走到小瓷盆旁,轻轻地夹起那团米饭送进自己的嘴里。正当思齐非常羞愧的时候,毛泽东笑了笑,意味深长地说:“粮食嘛!”

事隔不久,还是在那张饭桌上,毛泽东的女儿李讷吃饭时没留神筷子一拨拉,拨拉出了几个米粒撒在她面前的桌子上。毛泽东见了,又伸出筷子慢悠悠一粒又一粒夹起来送进自己的嘴里。李讷看到毛泽东这样,吃惊得目瞪口呆,手足无措。面对发呆的女儿,毛泽东随口吟了两句古诗:“谁知盘中餐,粒粒皆辛苦。”

毛泽东这种珍惜粮食的言行,深深地印在儿女等后人的脑子里,他们暗暗地在心里发誓:从今以后,绝不再浪费一粒粮食。

品读:众所周知,1950 年,中华人民共和国成立不久,国家处在百废待兴的阶段。而且,毛泽东刚刚作了《为争取国家财政经济状况的基本好转而斗争》的书面报告,号召全国人民克服困难,努力建设富强的中国。

毛泽东为国家大事日理万机,在家庭中对自己的子女等后人也言传身教,要求他们在生活上艰苦朴素,注意节约。这个平常的小故事,让我们异常感动,一位伟大的领袖为我们所有家长树立了榜样。无论是家长教育子女,还是教师教育学生,都要坚持身教重于言教,要求他们怎样做,自己首先要做出样子。不忘身教重于言教的道理。